윤준병의
파란 주전자 이야기

KI신서 8759

윤준병의 파란 주전자 이야기

1판 1쇄 발행 2019년 11월 20일
1판 3쇄 발행 2019년 12월 3일

지은이 윤준병
펴낸이 김영곤
펴낸곳 (주)북이십일 21세기북스
출판사업본부장 정지은 **인문기획팀장** 양으녕
책임편집 이아름 **디자인** 제이알컴
마케팅팀 배상현 김윤희 이현진 이주영
출판영업팀 한충희 오서영 윤승환
제작팀 이영민 권경민

출판등록 2000년 5월 6일 제406-2003-061호
주소 (우 10881) 경기도 파주시 회동길 201(문발동)
대표전화 031-955-2100 **팩스** 031-955-2151 **이메일** book21@book21.co.kr

(주)북이십일 경계를 허무는 콘텐츠 리더

21세기북스 채널에서 도서 정보와 다양한 영상자료, 이벤트를 만나세요!
장강명, 요조가 진행하는 팟캐스트 말랑한 책 수다 〈책, 이게 뭐라고〉
페이스북 facebook.com/jiinpill21 **포스트** post.naver.com/21c_editors
인스타그램 instagram.com/jiinpill21 **홈페이지** www.book21.com
유튜브 youtube.com/book21pub
서울대 가지 않아도 들을 수 있는 명강의! 〈서가명강〉
네이버 오디오클립, 팟빵, 팟캐스트에서 '서가명강'을 검색해보세요!

© 윤준병, 2019

ISBN 978-89-509-8415-1 03300

윤준병의
파란 주전자 이야기

서울을 바꾼 최고의 정책가, 정읍·고창 활로 찾기

•윤준병 지음•

21세기북스

Contents

3장
나의 건배사는 주전자 — 36년 공무원 시절 이야기 2

6장
걱정 많은 사람들 — 정읍·고창 정치 이야기

고향 산책

윤준병은
파란 주전자가 되고 싶습니다

어린 시절, 소를 뜯기고 돌아오던 길에서 애호박 하나를 몰래 따온 적이 있습니다. 부침개를 부쳐달라고 애호박을 내밀었을 때 어머니는 하늘이 다 보고 있다고 호되게 혼을 내셨습니다.

방장산 너머 고창 상하가 외가이고, 입암산 아래 정읍 입암이 친가인, 수줍음 많은 산골 소년이 공직 36년, 차관급 서울 부시장까지 올라간 건 그날의 애호박 덕분이었습니다. 청렴을 공직의 원칙으로 이끌어주신 어머니의 힘 덕분이었습니다.

시민의 편리와 이익을 위한 정책을 세우고 집행해서 시민의 삶을 바꿀 수 있을 때 행복했습니다. 난제를 해결하는 창조적인 정책으로 2002년 제1회 '서울정책인대상'과 행정의 달인상을 받고 시민의 영웅, 난제의 해결사, 구원 투수 갓준병이라는 별명으로 불릴 때면 칭찬받은 고래처럼 춤을 추고 싶기도 했습니다. 2016년 광화문 촛불집회 때는 주말마다 우렁각시처럼 깊은 밤까지 광화문 거리의 교통을 책임졌습니다. 전봉준 장군의 얼굴이 그려진 깃발을 들고 광화문 촛불집회에 오신 정읍·고창 분들의 행렬을 보며 가슴이 뭉클하기도 했습니다.

2018년 종로에 동상으로 다시 오신 전봉준 장군처럼 용기와 소신으로 꿋꿋하게 불의에 맞서는 일도 많았습니다. 단지 고향이 전라도라는 이유로 이명박 시장 임기 4년 내내 한직으로 떠돌았지만 결코 고개 숙이지 않았습니다. 방송국의 가짜 뉴스에 맞서 팩트로 대항하다 직위를 잃고 외국으로 유배를 당하기도 했습니다. 경찰의 부당한 수사에서 부하 직원을 구하기 위해 사표를 내기도 했습니다. 가난한 철거민들의 피해를 줄여주었다가 감사원의 징계 요구를 받고 감사원을 바로잡기 위해 감사원을 대상으로 소송을 하기도 했습니다. 당장은 고통과 불이익이 있었지만 시간이 흐른 뒤 정의가 승리한다는 믿음을 확인할 수 있었습니다.

열일곱 살, 한 달에 쌀 한 말을 하숙비로 어깨에 메고 고향을 떠나 고등학교에 다니면서부터 쉰일곱 살, 서울의 삶을 정리하고 귀향할 때까지 고향은 늘 아낌없이 주기만 했습니다. 소를 팔고 논밭을 팔아 도시에 있는 자식들 학비를 보내고 결혼 비용을 보내고 집값을 보태면서 고향은 더욱 가난하고 쓸쓸해졌습니다.

저는 목소리가 큰 사람도 아니고 호언장담을 즐겨 하는 사람도 아닙니다. 오히려 지금도 여전히 수줍음이 많은 사람입니다. 그런 제가 국회의원이라는 새로운 공직에 도전하게 된 이유는 걱정 많은 고향, 정읍·고창을 최선을 다해 살리고 싶기 때문입니다. 촛불로 바로 세운 민주 정부 집권 여당의 인재 영입 요청을 받았기 때문입니다.

재정 자립도 10%도 안 되는 정읍·고창은 중앙 정부의 예산을 지원받는 일이 무엇보다 중요합니다. 예산 확보를 위해서는 지역의 어려움을 해결할 정책과 사업을 기획하고 국회와 정부의 협조를 받아야 합니다. 어려운 사람을 먼저 살리고 다수의 사람에게 고루 이익이 분배되는 일자리 경제 정책, 쾌적하고 안전한 환경 정책, 지속 가능한 미래를 위한 교육 문화 정책이 기본입니다.

어린 시절 모 심는 날이면 노란 주전자에 시원한 우물물을 채워 출렁거리며 논둑을 달려갔습니다. 가장 목마른 사람부터 시원하게 주전자의 물로 목을 축이던 일은 지금도 잊지 못할 기쁨으로 남아 있습니다. 가뭄으로 타들어가던 고추 모, 참깨 모도 해 질 무렵 주전자로 물을 소복하게 주면 이른 아침 싱싱하게 다시 살아났습니다.

갈수록 시들어가는 정읍·고창 지역 경제를 살리기 위해서는 큰 주전자가 필요합니다. 집권 여당 민주당의 파란 주전자가 필요합니다.

제가 파란 주전자가 되고 싶은 이유입니다.

정치인이 된다면 주전자 같은 사람이 되고 싶습니다. 가장 목마른 이들을 먼저 챙겨 살리는 사람. 고개 숙여 겸손하게 자기를 내주는 사람. 주전자 뚜껑처럼 구멍이 있어 늘 소통하는 사람. 뜨거운 난로 위에 자기를 올려놓는 용기 있는 사람. 입신양명 출세나 더 높은 권력에 대한 야망으로 가득 찬 정치꾼이 아니라, 지역과 사람을 살리는 민생 활력 전문 정치인이 되고 싶습니다.

저 윤준병을 정읍·고창의 파란 새 주전자로 사용해주십시오.

1장

노란 주전자의 추억
– 어린 시절 이야기

애호박 때문에

보리타작, 밀 타작이 끝난 여름이면 천원역 기차가 지나는 철로가에는 해마다 호박 넝쿨이 무성했다. 노란 호박꽃들이 쨍쨍한 햇빛 아래 큼직큼직 피었다. 아마 초등학교 5학년 여름 방학이었을 것이다. 냇가로 소를 몰고 가서 배가 빵빵해지도록 풀을 뜯기고 소에게 먹일 꼴까지 베어 망태에 담아 오던 어느 날이었다.

배가 고팠다.

길을 지나오는데 호박잎 아래 올망졸망 애호박들이 보였다. 나는 얼른 손을 내밀어 호박전 부치기에 딱 좋은 호박 하나를 땄다. 어머니께서 둥글납작하게 썰어 호박전을 부쳐주시면 참으로 맛날 것이었다.

그러나 그날 나는 어머니께 된통 혼이 나고 말았다. 애호박을 내밀자 어머니는 호박이 어디서 났냐고 물으셨다.

"철길 호박 넝쿨에서…."

말이 채 끝나기도 전에 어머니 손바닥이 내 등을 아프게 후려쳤다.

"긍게, 누가 너한테 남의 호박을 훔쳐 오라고 가르쳤더냐?"

등짝이 너무 아파 나도 모르게 불퉁거리는 말이 튀어나왔다.

"기차 철길에 땅 주인이 어디 있어라우?"

"야가 그래도 말귀를 못 알아듣고. 세상에 주인 없는 호박 넝쿨이 어디 있다냐. 구덩이에 거름 주는 손 없이 저절로 열리는 호박은 세상에 한나도 없는 법이여."

어머니는 말대답한다고 내 등을 한 대 더 때리셨다.

"바늘 도둑 소도둑 된다고 혔어. 애호박에 손댄 놈이 가실 되면 누렁 호박 욕심내고 그러다 신세 쫄딱 맹치는 법이다. 사람이 양심을 지켜감서 살아야지. 못된 짓 허면 하늘에서 다 보고 있다가 언젠가는 벌을 내리시는 거여. 동네 사람들이 네가 호박 딴 걸 보면 윤선생 집 아들이 도둑질한다고 흉보고 그러면 돌아가신 증조할아버지 이름에도 먹칠을 하는 것이여."

어머니의 훈계가 이어졌다.

화가 났다. '호박 하나 딴 것이 그리 잘못인가?'

어머니는 뽕나무 오디를 따먹고 입술에 검정 물이 들어도 혼내셨다.

시골에서는 여름이면 개울가에서 놀다가 족대로 피라미를 잡아 속을 훑어낸 뒤 고추장과 된장을 풀어 매운탕을 끓이곤 했다. 사방을 휘둘러 눈에 보이는 호박 넝쿨에서 풋호박을 따다 매운탕에 툭툭 쪼개 넣는 건 흔한 일이었다. 누가 봐도 나무라지 않았다. 그런데 입암산 호랑이같이 무서운 어머니께서는 애호박 하나에 유달리 질

색하시는 것이다.

학교에서는 친구들이 수박이나 복숭아, 옥수수를 몰래 서리해서 먹은 것을 신나게 떠들어댔다. 달걀을 훔쳐 구멍을 내서 날로 쏙 빨아 먹은 뒤 쌀과 물을 붓고 구워 먹으면 얼마나 맛있는지 자랑했다. 겨울 방학이 지난 후에는 닭서리도 모자라 아버지의 인삼주를 들고 나와 친구들과 몰래 마신 이야기까지 들려주곤 했다. 하지만 윤 선생 집 아들인 나는 어머니가 무서워 그런 신나는 놀이에 끼지 못하고 부러워만 했다.

어머니는 방장산 너머 고창 상하면 송정마을 순천 박 씨 종갓집 장녀로 태어나셨다. 어머니는 밤이면 윗목에 앉아 호롱불 아래 바느질을 하시며 어린 시절 이야기를 자주 들려주시곤 했다.

"우리 할아버지가 고창에서 이름난 학자셔서 공부를 배울라고 사방에서 흰 새 떼처럼 제자들이 몰려들었거든. 해리, 무장, 아산, 공음 지역의 유생들이 사랑방에 가득 앉아 글 읽는 소리가 안채까지 들렸지. 방아 찧어 그 제자들 밥해대느라 종부이신 우리 어머니 허리 필 날이 없으셨응께. 할아버지 돌아가시고 장례를 치르는데 제자들이 나서 9일장을 치러야 한다고 맘대로 정해부렀지. 담 밖에 변소를 여러 채 짓고 손님을 맞으니 1,000리 밖에서도 제자들이 달려와 엎드려 통곡을 하셨제."

어머니는 유학자 할아버지께 교육을 받으셔서 우리 형제들에게도 엄하셨다. 별생각 없이 남의 애호박에 손댄 나를 무섭게 혼낸 것도 어머니께는 배운 사람의 도리에 어긋나는 일이었기 때문이다. 집을 떠나 객지 생활을 할 때 반찬에 호박나물이라도 나오는 날이면 그날 일이 떠오르곤 했다. 어디에 있든지 언제나 어머니의 눈길이 곁에 있었다.

외할머니는 하나뿐인 딸을 종갓집 큰며느리로 시집보내지 않으려 하셨다. 하지만 외할아버지 뜻을 꺾을 수 없어 어머니는 파평 윤씨 종가의 맏며느리로 시집을 오셨다.

"6·25전쟁이 끝난 뒤였지. 네 아버지는 그때 고등학생이었는데 나는 새색시니 대문 밖에 한 발자국도 못 나가지. 날마다 담장 안에서 얌전히 다듬이질 옷 짓고, 방아 찧어 밥 짓고 살았제. 시할아부지, 시아버지, 시어머니, 시아재 층층시하 4대 식구가 북적이며 한집에 살았으니 살림에, 제사에, 잠시라도 어디 쉴 틈이 있었간디…"

어린 내가 보기에도 어머니는 캄캄한 새벽부터 늦은 밤까지 농사일, 집안일에 몸을 쉬시는 법이 없었다. 하지만 꼿꼿하고 엄정하신 말과 자세는 흐트러지는 법이 없었다. 아버지는 우리가 잘못하면 알아서 매를 꺾어 오라고 하시고는 살살 세 대만 종아리를 치셨다. 그래서 우리 형제들은 어머니보다도 아버지를 좋아했다.

그러나 살아보니 부모의 역할은 상대적이다.

우리 집 아이들은 엄마보다 아빠인 나를 무서워했다. 사랑이 넘치는 엄마 품에서 아이들이 버릇없이 자랄까 봐 엄하게 혼을 내는 역할은 나의 몫이었기 때문이다.

할아버지가 되면 또 달라진다고 하는데 과연 그럴까? 증조부를 떠올려보면 그럴 수도 있을 것 같다.

방장산과 증조할아버지

증조부의 제사는 음력 12월이다. 나는 그때마다 항상 고향으로 제사를 모시러 간다.

　내가 여섯 살 때였다. 지금도 나는 그날 울고 있던 내 모습이 또렷이 떠오른다. 증조부의 꽃상여가 방장산을 바라보는 선산으로 둥실둥실 떠가고 여러 색깔의 만장들이 바람에 날렸다. 밤이면 팔베개를 베고 잠들었던 증조부께서 관 속에 누워 땅속으로 들어갈 때 나는 엉엉 소리쳐 울었다.

　무엇 때문이었는지 기억나지 않지만, 어느 날 나는 잔뜩 골이 나서 증조부에게 돌을 던지며 소리를 질렀다. 어머니가 보셨으면 천둥벼락을 치셨을 텐데, 증조부는 그런 나를 나무라기는커녕 흰 수염이 무성한 얼굴로 허허 인자하게 웃으며 지켜보셨다.

　증조부께서는 장손인 형과 둘째 손주인 나를 퍽 귀애하셨다.

　"기골이 장대하신 어른께서 풀 먹인 도포를 입고 집을 나서면 골목이 훤했지. 쌀강아지 같은 너와 형은 도포 자락 사이로 얼굴을 쏙 내밀고 할아버지 품에 안겨 다녔제."

　우리는 증조부와 겸상을 하는 밥상머리에서 숟가락 드는 법부터 교육받았다. 보리 위에 쌀 한 움큼 얹어 지은 밥을 살살 퍼 담은 증조부 밥은 보리보다 쌀이 많았다. 나도 형과 함께 증조부와 겸상을 했는데 꼭 밥을 다 드시지 않고 남겨주셨다. 그 밥은 참 달았다. 배가 불러서 남겨주신 밥이 아니라 아랫사람을 보살피는 도리를 실천하려 남기신 밥이었다.

증조부께서는 동네 정자나무처럼 기골이 장대하실 뿐 아니라 목소리도 쩌렁쩌렁 크셨다. 어머니는 증조부님을 태산 같은 어른으로 존경하셨다. 지금도 "그런 인물을 어디서 다시 보겠냐"며 늘 하시는 말씀이 있다.

"열녀는 많아도 열부는 흔치 않은 세상에 남은 평생을 오직 자손을 위해서 열부로 사셨다. 처녀장가를 다시 들라치면 왜 못 드셨겠냐마는…."

증조부의 한으로 남으셨던 나의 증조모는 6·25 때 돌아가셨다. 북한군이 내려오기 전 입암산 빨치산들이 마을을 점령했을 때였다. 증조부는 정읍 읍내에서 선생님을 하고 있던 작은아들 집으로 가족을 이끌고 피난을 가셨다.

읍내 피난 집에 가족은 많고 곡식은 금세 바닥났다. 어린 손주들의 배고픔을 도저히 보고 있을 수 없던 증조모께서 집에 다녀오시겠노라 하셨다. 몇 십 리만 걸어가면 가을에 거둔 곡식들이 광에 쌓여 있었다. 증조부는 위험하다고 말리셨다.

"다 아는 사람들이고, 동네 사람들 굶주리고 아플 때 모른 체하지 않고 베풀고 살았으니 나한테는 아무도 해코지 안 할 것이요."

그렇게 말씀하시는 증조모를 증조부는 더 붙잡지 못하셨다. 설이 다가오는데 가족이 다 굶고 있으니 말릴 수가 없으셨을 것이다.

증조모는 눈길을 나섰다. 읍내에서 초산 지나 당고개를 넘고 깻다리를 건너 영모재 산모롱이를 돌아 집으로 걸어가셨을 것이다. 동네 사람 누군가가 피난 갔던 지주댁 안방마님 증조모를 붙잡아 광에 가두었다. 그런데 또 누군가는 도망가라고 밤중에 몰래 빗장을 빼줬다.

증조모는 캄캄한 새벽 광에서 무사히 탈출했다. 아는 집에 숨으시려고 근처 10여 리 밖 대홍리로 바삐 걸어가셨다. 눈이 내린 뒤라 발자국이 눈에 똑똑 찍혀 있었다. 탈출을 알고 뒤쫓아 온 누군가가 옆 마을 대홍리에서 증조모를 찾았다. 그날 흰 눈이 피로 빨갛게 물들었다고 한다.

읍내에 있는 가족들은 소식을 전해 들었지만, 장례를 치르러 오기도 위험했다. 다행히 시신을 잘 수습해놓으신 손길이 있어 피난에서 돌아온 뒤 증조모를 선산에 모셨다.

어린 시절 대홍리 눈길을 걸어가는 날이면 얼굴 뵌 적 없는 증조모가 생각나곤 했다.

증조부 묘소를 둘러보고 가끔 방장산에 오르곤 한다. 증조부처럼 양팔을 벌린 방장산 정상에 오르면 사방이 환히 보인다. 방장산과 더불어 호남의 삼신산인 정읍의 두승산, 부안의 변산이 보인다. 또 고창읍을 비롯해 비산비야非山非野 들녘이 광활하게 서해까지 펼쳐진다. 순창 회문산과 광주 무등산까지 굽이굽이 보인다.

방장산이 삼신산이란 말을 누구에게 맨 처음 들었는지는 모르겠다. 어쩌면 증조부께서 하신 말씀인지도 모른다. 이 산의 정기를 받고 장차 큰 인물이 태어나리라는 전설 때문에 일본 사람들이 산맥에 쇠를 박았다는 이야기도 증조부의 팔을 베고 잠들던 어린 날에 들었을 것이다. 방장산은 호남을 지키는 삼신산의 하나로 산이 크고 넓어 모든 백성을 다 품어 보살피는 산이라는데, 내게는 증조부가 그렇게 산 같은 분이셨다. 연장자로서 지혜롭게 일 처리를 하시고 너그럽게 품어주고 의지할 수 있게 하는 태산 같은 리더십을 가진 분이셨다.

암탉 한 마리

대흥초등학교에 다닐 무렵 나는 조용한 학생이었다. 별명이 윤 선비였다. 키도 크지 않았고 덩치가 우람하지도 않았으며 간 큰 사고를 쳐본 적도 없었다. 장손인 우리 형은 란도셀 가죽 가방을 메고 운동화를 신었지만, 둘째인 나는 책보에 책을 둘둘 말아 어깨에 묶고 검은 고무신을 신고 다녔다. 동네 아이들 대부분이 나와 같은 스타일이었다. 나는 어머니께 나도 가방과 운동화를 사달라고 심통을 부리기도 했지만, 내 아래로도 동생이 줄줄이 있는 까닭에 그것은 실현 불가능한 소원이었다.

우리 학년은 188명으로 세 반이었는데 교실이 부족해 오전반과 오후반으로 나눠 학교에 다녔다. 내가 초등학교에 다니던 1970년대 당시 전교생이 1,000명을 넘었다. 한 학년이 10여 명 될까 말까 한 지금과는 비교도, 상상도 되지 않는 숫자였다.

학교 길은 10리.

입암평야 들판 가운데로 난 논둑길을 걷다가 징검다리 냇물을 건 넜다. 비가 많이 오는 날은 냇물이 불어 학교에 갈 수 없었다. 우산 도 없던 때라 비닐 비료 포대를 잘라 쓰고 머리와 책보를 가리고 고 무신을 찰박거리며 진등보까지 갔다가 흙탕물 소용돌이를 보고 그 냥 집으로 돌아오는 날도 많았다.

내가 초등학교 때 가장 좋아하던 책은 고우영의 만화 『삼국지』였 다. 그 책이 어찌해서 우리 집 작은방에 굴러다니고 있었는지는 지 금도 알 수 없지만, 내 인생에 첫 번째 운명과 같은 책이었다. 나는 배가 출출하면 고구마나 무를 깎아 먹으며 만리장성 같은 그 긴 이 야기와 수많은 인물에 빠져들었다.

몇 번이나 되풀이해서 읽었다. 나는 앞으로 인생을 살아가며 만나 게 될 다양한 인간 군상을 미리 보기 했던 것이다. 우유부단한 것처 럼 보이지만 덕으로 사람을 포용할 줄 아는 매력을 가진 유비부터 용맹하지만 자신의 감정을 다스리지 못했던 장비, 뛰어난 전략가였 지만 대업을 이루지 못하고 생을 마감한 비운의 제갈량, 특유의 추 진력과 통찰력으로 난세를 돌파해내고자 했던 지략가이자 모략가 인 조조에 이르기까지, 변치 않는 인간 유형으로 오늘날까지 여전 히 우리 곁에 살아 숨 쉬고 있지 않은가.

그중에서도 내게는 관우가 가장 매력적이었다. 세속적 이익에 연 연하지 않고 오로지 의를 좇는, 실로 담대한 인물이었다. 적으로 만 난 조조마저 품고 싶어 할 만큼 명장이었고 조조의 끈질긴 환대에 도 군신의 예를 굽히지 않은 의장이었다. 특히 옛 주군인 유비에게 돌아가기 위해 적토마를 타고 다섯 관문을 헤쳐나가며 조조의 여섯 장수를 죽이는 오관육참의 장면은 어린 마음에도 '참 멋있다'고 감탄하지 않을 수 없었다.

나는 청룡언월도 같은 긴 막대기를 들고 조조의 장수를 향해 돌진하는 관우처럼 마당에서 막대기를 휘두르며 우렁차게 소리를 치며 돌진하고는 했다. 어머니는 그럴 때마다 꽐꽐 대지 말고 조용히 하라고 나무라셨다.

내 머릿속은 강호의 영웅들로 가득했다. 그 수많은 영웅 중에 관우처럼 변치 않는 의리와 뛰어난 실력을 갖춘 장군이 되고 싶다는 열망과 제갈공명처럼 천하를 꿰뚫어보고 천하 통일을 위해 출사표를 던지고 싶은 마음이 자리 잡기도 했다.

만화『삼국지』와 교과서 외에는 읽을 책이 별로 없었기에 나는 방학 전 새 책을 나눠주는 날을 좋아했다. 집에 와서 책보를 풀어 재미있는 이야기가 실려 있는 국어책부터 읽기 시작했다. 그렇게 방학 동안 몇 차례 책을 읽고 나면 저절로 예습이 되었다. 나중에는 수업 시간의 내용이 다 아는 내용이었지만 얌전히 앉아 선생님 말씀을 귀 기울여 들었다.

우물 안 개구리였던 나를 정읍으로 데리고 나간 것은 5, 6학년 담임이셨던 손오영 선생님이셨다. 읍내에서 경시대회가 있으면 선생님은 아이들 몇을 뽑아 선생님 댁으로 데려갔다. 그리고 밤늦게까지 경시대회 문제 풀이 공부를 시키셨다. 밤이면 사모님과 아이들까지 모두 한 방에서 비좁게 잠을 잤다. 용문 장학생 선발대회 고사도 선생님 덕분에 치렀다.

산골 소년에게 옷가게가 있고 자전거, 버스들이 분주히 오가는 읍내는 별천지처럼 보였다. 장학생으로 뽑히지 못했지만, 나는 세상에 공부를 잘하는 아이들이 얼마나 많은지 알게 되었다. 또 내가 앞으로 당장은 눈에 보이지 않은 수많은 아이와 경쟁해야 하는 영역이 있다는 것을 알게 되었다.

젊은 선생님께서 아이들을 집에까지 데려다 먹이고 재우면서 공부를 가르치시는 것을 어머니는 너무나 고마워하셨다. 어머니는 어느 날 아침 학교에 가려는 나를 불러 망태에 담겨 고개만 쏙 내밀고 있는 암탉 한 마리를 내미셨다.

"준병아, 선생님 가져다드려라. 감사혀서 부모님이 보내는 거라고 인사도 잘 드리고."

외증조부께 자식을 맡겼던 부모들이 명절이면 그랬듯이 통통하게 살이 찐 데다 꺌꺌거리며 달걀까지 낳는 암탉 한 마리가 그 당시 어머니가 마련하실 수 있는 최고의 선물이었을 것이다. 그러나 나는 끝내 그 닭을 들고 가지 않았다. 왠지 모를 부끄러움 때문이다.

바쁘신 어머니께서 한복을 갈아입고 그 닭을 들고 징검다리를 건너 선생님을 만나뵙고 가신 것을 뒤늦게 알았다. 어른이 된 후 고향을 오가며 대흥초등학교를 지날 때면 선생님 생각이 나곤 했지만 직접 찾아뵙지는 못했다. 지금은 세상에 아니 계시니 그립다는 말도 죄송할 뿐이지만, 나는 지금도 어쩔 수 없이 그렇게 넉살 좋은 사람은 못 되는 것 같다.

기계충에 엿을 붙여준 송정 외숙

어느 해였던가 나는 머리에 기계충(피부병의 일종)이 생겨 고생했다. 짧은 머리카락 사이로 동그란 버섯처럼 머리카락이 빠지는 기계충은 그 시절 시골 아이들에게 흔한 질병이었지만 빨리 낫지 않으면 영원히 머리카락이 나지 않을 수 있다는 괴담은 사뭇 두려움을 심어주기도 했다.

지금은 그 균이 곰팡이의 일종이라는 것이 밝혀졌고 항생제와 연고로 간단히 치료되는 대수롭지 않은 병이지만 당시엔 치료 약이 없는 병이었다. 두부 발라놓은 것처럼 흰 구멍 난 머리로 평생을 살아야 한다면 어쩌나 심각한 고민이었다.

작은 외숙의 결혼식이 있는 동네로 가는 날도 어머니는 나의 기계충 자리를 굵은 소금으로 선득선득 문질러 몹시도 아프고 쓰라렸던 느낌이 생생하다.

면소재지에서 걸어서 송정마을에 도착했을 때 외가 가족들이 모두 모여 있었다. 외할아버지 외할머니와 외가 사촌, 팔촌 형제들도 죄다 모여 기와집 마당이 떠들썩했다. 그때 누군가 내 머리를 보고는 기계충에는 엿을 붙이면 곧바로 낫는다는 말을 했다. 새신랑 송정 외숙이 곧바로 내 머리에 엿을 붙였다. 머리에 엿을 붙인 채 결혼식 마당에 서 있자 다들 웃으며 한마디씩 했다.

나는 창피했지만 다른 도리가 없었다. 얼마 후 엿을 떼어낸 기계충 자리에 정말 놀랍게도 까만 머리카락이 자라 휑한 자리가 메꿔졌다. 새로운 일에 도전할 때면 나는 고정관념을 깨고 기계총에 엿붙이듯 일단 시도해보는 쪽을 택한다. 모험이 실패한다 해도 검증의 과정으로 받아들이면 된다.

그날 결혼식이 있었던 고창 상하면 송정리는 순천 박 씨 집성촌이다. 외할머니의 효열비가 지금도 마을 앞에 서 있다. 외가 친척 집에 갔다가 구시포해수욕장에서 달리기를 하고 갯벌에서 쫄장게를 잡던 추억도 있다. 산허리의 동백꽃이 진하게 피어 숭어리 숭어리 절벽 아래로 떨어져 바닷물에 떠다니던 심원 포구도 봄이면 늘 다시 가고 싶은 곳이다.

고창 송정 외숙은 세상을 뜨신 지 오래다. 얼마 전 외가 마을을 다시 찾았다. 아무도 살지 않는 외갓집은 쇠락했다. 사랑채, 안채, 대문도 허물어졌다. 머리카락이 하얀 팔순의 노모께서는 팔랑개비처럼 뛰어놀았던 옛 마당에서 먼지 가득한 마루를 손바닥으로 쓸며 한숨만 쉬셨다.

항아리가 늘비하게 햇빛에 반짝이던 장독대도 잡초에 묻혀버렸다. 감나무에 까치가 울고 석류나무가 가을바람에 하얗게 석류 알을 보이던 풍경은 기억에만 오롯하다. 온 동네 사람들이 빽빽하게 모여 병풍 앞 신랑 각시 맞절하는 혼례식 구경을 하고 떡과 국수를 마당에서 푸짐하게 나눠 먹던 장터처럼 시끌벅적하던 풍경도 옛 추억이 되었다. 누가 다시 이 빈집에 들어와 살 수 있을까?

사람 없는 동네가 고즈넉하다. 집이나 동네나 사람이 살아야 생기가 넘치는데 닭 우는 소리도 개 짖는 소리도 아이 우는 소리도 없다.

어떻게 해야 동네가 살아날 수 있을까? 아직 우뚝한 대들보를 두드려보며 생각하고 또 생각한다.

노란 주전자

우리는 누구나 일을 했다. 학교에 다녀오자마자 망태 메고 논둑으로 소 먹일 꼴을 베러 갔다. 보리밭에서 보리 이삭을 줍고 논밭으로 깡통 들고 새도 보러 갔다.

　제일 힘든 일은 피사리였다. 진달래 필 무렵 싹이 튼 볍씨를 못자리에 촘촘히 뿌려놓으면 빽빽하게 모가 자랐다. 자운영 꽃이 논둑에 필 때쯤 볍씨는 한 뼘쯤 자라 피사리를 한다. 피는 볍씨 가문의 모와 비슷하지만, 엄연히 피 씨 가문의 피를 이어받아 나락이 아니라 피를 맺는 풀이었다. 피는 어릴 때부터 골라내야 했다. 먹을 수 없는 피는 벼보다 야생성이 강했다. 자랄수록 논의 영양분을 마구 흡입하는 것은 물론, 뿌리를 논에 완강하게 내려 모들이 치여 시름시름 앓게 만들기 때문에 애초에 못자리부터 피를 제거하는 일이 아주 중요했다.

　피와 모를 구별할 수 있는 때는 아침 해가 떠서 막 비칠 때였다. 모들은 햇빛에 연한 연두색으로 흔들리는데 피는 초록색으로 짙었다. 아침 햇살에 둘 다 본색을 드러내는 것이다. 어머니는 이른 아침에 우리 형제들을 깨워 피를 뽑도록 하셨다. 잠에서 막 깬 졸린 눈으로 고무신을 신고 논둑길을 걸어 못자리로 향하는 것만큼 귀찮고 괴로운 일이 또 있을까? 그래도 어머니가 무서우니 어쩔 수 없었다.

아직은 논물이 차가운 때라 고무신을 벗고 들어서면 잠이 싹 달아난다. 올챙이가 발가락 사이에서 꼬물거리는 것은 가렵지만 귀여운데 거머리가 뒤꿈치에 붙어 피를 빨아먹기라도 하면 큰일이었다. 거머리를 떼어내기가 쉽지 않았기 때문이다. 아침 햇빛 아래 정체를 감추지 못하는 피들을 하나하나 뽑아 한주먹씩 되면 해가 차츰 높이 떠 피인지 모인지 구분되지 않았다. 그러면 다시 집으로 돌아와 밥을 먹고 학교에 갔다가 다음 날 아침이면 또 피사리를 가야 했다.

모는 하지 무렵에 심었다. 모를 심는 날에는 학교에 가지 못할 때도 있었다. 동네 어른들이 못줄에 맞춰 모를 심으면 아이들이 뒤에서 못단을 얼른얼른 날라다줘야 했다. 하지만 모를 심는 날은 무척 즐겁기도 했다. 하얀 쌀밥을 마음껏 먹을 수 있었다. 닭도 잡아 삶고 갈치조림도 했다. 이렇게 맛있는 음식이 여러 가지였다. 못밥을 광주리에 그득 이고 가는 어머니 뒤에서 시원한 우물물이나 달착지근한 감주가 든 노란 주전자를 들고 졸래졸래 따라가는 일은 무척이나 즐거웠다. 작은아버지는 막걸리가 든 흰 술통을 지게에 지고 갔다.

모를 심으며 목이 말랐던 사람들은 물이 든 주전자가 도착하면 반가워했다. 아이들과 아주머니들은 감주를 나눠 마시고 아저씨들은 막걸리를 부어 드셨다. 들판에서 빙 둘러 못밥을 먹을 때면 동네 사람 누구나 오다가다 먹었다. 여러 사람이 먹어야 풍년이 든다고 했고 모 심는 날 밥이 부족하면 흉년이 든다고 했다. 동네 아이들도 엄마 아빠를 찾아와 함께 볼이 미어지게 쌀밥을 먹었다.

모내기가 끝나고 스무날쯤 지나 김매기에 들어간다. 어머니는 품 삯을 줘야 하는 놉을 안 얻고 우리 가족 열두 명을 데리고 논에 가서 김을 맸다. 땡볕에 김매기만큼 힘든 일이 세상에 없다. 고시 공부보다 어렵다. 거머리까지 달라붙기 때문에 더욱 고역이다. 김을 세번 매고 백중이 오면 김매기가 끝났다.

하지만 피사리가 남았다. 말복 더위에 피는 큰 이삭을 내밀어 정체를 확실하게 드러냈다. 우리는 거칠어진 벼 포기 사이를 걸어 피를 뽑았다. 이때는 이미 피가 거머리처럼 악착같이 뿌리를 내리고 있어서 힘을 세게 주어 뽑아도 여간해서는 뽑히지 않았다. 젖 먹는 힘까지 짜내야 했다.

말복 날마다 어머니는 삼계탕을 끓여주셨다. 봄에 알에서 깬 병아리들이 작은 닭이 되었는데 우리는 가족이 많으니 반 마리씩 나눠줬다. 고기를 맛보는 일이 1년에 몇 차례 되지 않기 때문에 닭 삶는 냄새부터 마음이 부풀곤 했다.

피사리만큼 힘든 것이 보리타작이다. 보리 꺼끄락이 몸을 콕콕 쑤시고 눈에라도 들어가면 아주 난리가 났다. 냇가에 가서 머리를 감고 온몸을 씻고 옷을 갈아입고 잠자리에 들었다. 그렇지 않으면 꺼끄락 때문에 밤새 잠을 잘 수 없었다. 보리타작 하는 날은 힘센 장정들이 도리깨를 휘두르고 우리는 풍로에 검불을 부치고 가마니에 그득그득 보리를 담았다. 그날이면 민물새우를 잡아다 애호박 넣고 끓인 새우탕과 들깨를 갈아 넣고 끓인 머위탕을 먹었다. 보리타작이 끝나면 동네 사람들이 모여 달빛 아래 약쑥과 왕겨로 모기 쫓는 불을 피우고 막걸리 통에 남은 술이 바닥이 될 때까지 마셨다.

봄가을에는 누에가 먹을 뽕잎을 땄다. 봄에는 오디가 익어서 좋은데 가을에는 오디가 열리지 않았다. 누에는 방에다 치기 때문에 뽕잎과 누에똥 냄새를 맡으며 잠을 잤다.

누에가 고물고물 어릴 때는 연한 뽕잎을 쫑쫑 채처럼 가늘게 썰어주는데 누에들이 크면 마지막에는 가지째 베어다줬다. 그때가 되면 누에들의 뽕잎 갉아먹는 소리가 방 밖에서 들릴 정도로 컸다. 그렇게 파도치듯 뽕잎 먹기를 마치면 누에들은 노랗고 투명하게 익어 뽕나무 가지 위에서 목을 꼿꼿이 세우고 실을 토해내기 시작했다. 그럴 때는 절대 문을 열어서는 안 되었다.

어머니는 누에 방 아궁이에 불을 지펴 누에들이 따뜻한 방에서 고치를 만들 수 있게 조리를 하셨다. 누에고치들을 흔들어 번데기가 따글따글 소리가 나도록 단단하게 마르면 추가 매달린 저울과 큼지막한 자루를 지고 고치 장사가 마을에 왔다. 집마다 들러 저울로 무게를 재고 돈을 주고 누에고치를 사갔다. 누에똥이 수북한 방을 청소하고 나면 누에치기가 끝났지만, 우리 몸에는 누에 냄새가 오래 남았다. 우리는 그렇게 여러 가지 일을 하며 어린 시절을 보냈다. 요즘 아이들은 상상도 못 할 것이다. 힘들기는 했어도 그때가 사람들 사는 맛이 있었다.

언제 끝날까 막막하기만 하던 피사리나 김매기도 온 식구가 힘을 합쳐 한 줄 한 줄 해나가면 마침내 해가 저물기 전에 그날 일을 마칠 수 있었다. 내가 계획을 세우고 차근차근 끈기 있게 일에 매달릴 수 있었던 힘은 어린 시절 몸으로 부딪히며 일했던 경험에서 비롯되었다. 일은 힘들기도 했지만 살아갈 힘을 길러주기도 했다.

당번

뒤돌아보면 나의 첫 공직은 노란 주전자를 들고 수돗가로 물을 뜨러 가던 당번이었다. 두 명씩 돌아가며 하루 동안 교실 일을 맡아 하던 당번 날은 다람쥐처럼 달려서 학교도 빨리 갔다. 쉬는 시간이면 칠판을 지우고 창문을 열어 칠판지우개를 탁탁 털었다. 선생님이 이름을 불러주시며 교무실에 가서 분필을 가져오라는 심부름을 시키면 어깨가 으쓱해지기도 했다.

눈이 펑펑 내리던 날의 당번 날을 지금도 기억한다. 잊을 수 없는 추억이 있기 때문이다. 당번의 일 중 가장 중요한 것은 물 길어오기였다. 커다란 주전자를 들고 운동장 수돗가로 달려가서 물을 넘치지 않을 만큼 담았다. 당번 친구와 함께 주전자 손잡이를 나눠 잡고 천천히 발걸음을 옮겨 교실로 들고 왔다. 물론 아무리 조심해도 주둥이에서 꼴록꼴록 물이 솟구쳐 고무신 한쪽이 젖기도 했다. 그렇지만 눈 오는 날은 누구나 젖은 양말을 들고 난로를 빙 둘러서서 말리곤 했으므로 별일은 아니었다.

난로 위의 노란 주전자를 보며 선생님이 하신 말씀이 있다.

"산업혁명은 말이여. 어디서부터 시작되었나 허면 저기 주전자 뚜껑이여. 뜨거운 난로에서 달구어진 주전자가 뚜껑을 떨어뜨릴 정도로 맹렬하게 증기를 뿜는 걸 보고 '오메, 증기가 엄청 힘이 세구나' 하고 생각한 영국 사람이 있었는디 이름이 와트여. 와트는 자꾸 생각했어. '아주 큰 주전자가 있다면 증기로 쇳덩이도 밀고 나갈 수 있겠구나.' 뜬구름 같은 상상이 마침내는 증기 기관을 만들고 기차를 만들었다 이 말이여. 한마디로 산업혁명은 주전자 뚜껑 혁명이고 주전자 뚜껑이 인류 역사를 바꾸었다 그 말이여."

우리 교실에서는 천원역에 멈췄다가 칙칙폭폭 다시 서울로 가는 기차 소리가 하루에도 몇 번이나 들렸다. 기차를 타고 서울에 가서 남대문을 보는 것이 산골 아이였던 우리들의 소원이었다. 나는 그날 주전자가 우리에게 물을 먹을 수 있게 하는 일 외에 참 대단한 일을 했다는 걸 알았다. 기차를 타지 않고 서울까지 걸어가는 건 너무나 멀고 힘들 것 같았다.

당번은 음악 시간이면 풍금을 가져오는 일도 했다. 여러 명이 우르르 몰려가 가마를 떠메고 오듯 풍금을 우리 반 교실로 가져왔다. 풍금 소리에 맞춰 불렀던 그 시절의 「등대지기」 노래를 지금도 좋아한다. "얼어붙은 달 그림자 물결 위에 차고 한겨울의 거센 파도 모으는 작은 섬 생각하라 저 등대를 지키는 사람의 거룩하고 아름다운 사랑의 마음을".

몇 번이나 노래를 부를 때 나는 얼어붙은 달그림자가 파도 위에 차는 어느 섬의 등대지기가 되고 싶다는 생각을 하기도 했다. 귀찮고 힘들었어도 당번은 책임감을 익히고 '거룩하고 아름다운 사랑의 마음'을 느끼게 하는 일이었다.

나도 1등 한번 해보고 싶어

입암면에 중학교가 없어서 아침저녁마다 1시간이 넘도록 걸어 정읍 읍내의 호남중학교에 다녔다. 천원역 철길을 따라 걸어 진산마을 영모재 산모퉁이를 돌아 깻다리를 건너고 헉헉거리며 당고개를 넘어 다니던 학교 길이 지금도 눈에 선하다.

읍내 중학교에 가니 공부 잘하는 아이들이 많았다. 특히 김덕년은 1학년부터 한 번도 1등을 놓치지 않는 수재 중의 수재였다. 나는 높은 산 같은 그 친구가 참으로 부러웠다. 한 번이라도 꼭 1등을 해보고 싶었다. 하지만 초등학교 때 설렁설렁 놀기만 했던 내가 1등 하기가 쉬울 리가 없었다.

예나 지금이나 나는 목표가 생기면 촘촘하게 계획을 짜고 독하게 집중하는 성격이다. 1등을 해봐야겠는데 동생들과 함께 쓰는 방은 시끄러워서 계획표대로 공부에 몰입할 수가 없었다. 그래서 헛간 같은 아래채 문간방을 치워 나 혼자만의 공부방으로 만들었다. 얼기설기 창문 틈으로 모기가 들어왔다. 나는 전기도 들어오지 않는 방에 호야등을 켜고 수건으로 손목과 발목과 목을 칭칭 감싸고 공부했다. 얼굴을 무는 모기는 철썩철썩 때려잡으며 밤늦도록 책을 파고 들었다.

　마을에 전기가 들어오고 텔레비전이 집에 생기면서 아버지는 가끔 "준병아 건너와 봐라"며 마당을 향해 소리치시곤 했다. 텔레비전에서 재미있게 볼 만한 게 나오면 나를 그렇게 부르셨다. 나는 안방으로 가서 텔레비전을 보다가 다시 아랫방으로 돌아갔다. 어머니께서 밤중에 찐 감자나 옥수수를 공부 새참으로 주시곤 하셨다. 더운 여름에 빈틈없이 꽁꽁 동여맨 내 몸을 보시며 "썩을 놈의 모기들"이라고 혀를 차시곤 했다.

　하지만 1등의 꼭대기는 입암산과 방장산 꼭대기에 비할 바가 아니었다. 2등까지는 가까스로 올라갔지만 1등은 난공불락이었다. 호남중학교는 1, 2학년 때도 수업이 늦게 끝날 때가 많았다. 어머니께서는 내가 늦을 때면 천원역까지 호야등을 들고 마중을 나오셨다. 2학년이 끝나갈 무렵이었다. 담임이신 양승언 선생님께서 고등학교를 어디로 갈 거냐고 물으셨다. 나는 정읍에서 우수 학생들이 많이 가는 익산의 고등학교 이름을 말했다.

　"이왕 집을 떠나서 댕길 거면 전주고 가야지. 너는 전주고 가야 한다. 전주고 갈라면 공부를 많이 해야 허는디 지금처럼 시골집에서 댕기면 힘드니 읍내에 방을 얻어 공부하는 것이 좋겠다."

　아버지께 들은 대로 말씀드리자 아버지는 아주 기뻐하셨다. 그 당시 전주고등학교는 경쟁률이 치열했다. 읍내에서 선생님을 하시던 아버지와 형과 함께 살 자취방을 구했다. 정읍역 가까운 신문 보급소가 있는 집이었다.

새벽 4시 30분, 자명종이 울리면 형이 나를 툭툭 찼다. 얼른 일어
나 연탄을 갈고 쌀을 씻으라는 신호다. 그때부터 지금까지 나는 4시
30분에 일어나는 것이 습관이 되었다. 우물가에 쪼그리고 앉아 쌀
을 씻고 있으면 새벽 기차에 실려 온 신문 보급소에 신문이 도착하
고 내 또래의 신문 배달 소년들이 와서 하얀 입김을 뿜으며 겨드랑
이에 신문 뭉치를 들고 달려 나갔다. 나는 그 모습이 지금도 잊히지
않는다. 아마도 그 신문 배달 소년들과 내가 다른 세계에 속해 있고
또 목적지가 다른 기차의 선로처럼 가는 길이 따로 정해져버린 건
아닌가 그런 복잡한 느낌 때문이었던 것 같다.

아버지께서 정읍고로 발령이 나셔서 구미동 산 아래로 자취 집을
옮겼다. 집을 다닥다닥 짓고 사는 산동네였다. 자취를 하니 일찍 등
교하고 공부에 집중할 시간도 늘었다. 선생님께서는 나에게 수업 태
도가 좋다는 칭찬을 자주 하셨다. 그리고 나는 마침내 소원을 이뤄
중학교를 졸업하기 전 1등 고지를 밟았다. 그리고 전주고등학교에
합격했다.

쌀 한 말을 등에 지고

전주고등학교는 학생 수도 많았다. 1학년 담임 선생님은 시골에서
온 애라고 귀여워하시며 여러모로 정성을 쏟아주셨다. 나는 한문을
제일 좋아했다. 어지러운 시대 천하 통일을 위해 출정하는 제갈공명

의 출사표를 한문책에서 읽을 때 가슴이 뛰었다.

나는 하숙을 했다. 어머니께서 농사지은 쌀 한 말을 하숙비로 주시면 쌀자루를 어깨에 메고 버스를 타고 전주까지 가져갔다. 쌀을 지고 전주로 가는 길 터미널에서 구두를 닦거나 버스 안내양을 하는 내 또래를 만나면 좀 부끄러웠다. '나는 운이 좋구나' 하는 생각을 자주 했다. 공부를 잘했다기보다 운이 좋았다. 부모님께서 고생 중에도 공부 뒷바라지를 해주셨으니까.

그때는 실력이 좋은 친구들도 고등학교에 진학하지 못하는 경우가 많았다. 특히 여학생들은 말할 것도 없었다. 공장에 취직하거나 식모살이를 하기 위해 고향을 떠나는 경우가 대부분이었다. 일찍 생활 전선에 뛰어들었다가 고생 끝에 안정적인 삶을 사는 친구들을 초등학교 모임에서 만날 때 가장 기쁘다. 서로 다른 길을 걸었지만, 나이 들어도 끈끈한 우정을 나누며 옛 시절 이야기로 하룻밤을 함께할 수 있으니 큰 복이다.

내가 쉰이 훌쩍 넘어 서울특별시 부시장이 되자 초등학교 친구들이 부시장실을 방문한 적이 있었다. 고향에서 꿀벌을 치는 친구 정근이가 말했다.

"준병아, 특별시 부시장 별거 아니다잉. 집무실이 당최 교장실보다도 못 허네잉."

"긍게. 딱 서무실 수준이구만."

그렇게 말하며 다들 웃을 수 있어서 참 좋았다. 도랑에서 피라미 잡고 산에 올라 다래를 따며 입암산 꼭대기에서 변산 바다를 보던 친구들이다. 기차가 칙칙폭폭 달려가는 북쪽, 우리가 한 번도 가본 적 없던 서울을 별나라처럼 이야기하던 친구들이다.

유랑 훈장 아버지

내가 전주고등학교에 합격하자 아버지는 몹시 기뻐하셨다. 평소에 좋은 일도 힘든 일도 내색을 크게 안 하시던 분이셨다. 평소 술을 잘 드시지 않던 아버지가 거나하게 취해 오셨다. 밤늦게 돌아오신 아버지는 내가 전주고등학교에 합격했다고 알려주시며 나를 업어주셨다. 기분이 좋아서 친구들에게 한턱내고 돌아오셨을 것이다. 술에 취하셔서 춤추듯이 나를 업고 방 안을 도시던 아버지의 등을, 아버지의 얼굴에서 풍기던 술 내음 담배 내음을 나는 지금도 잊지 못한다. 아버지의 등에 업힌 나는 빨리 어른이 되어 아버지의 빚을 다 갚아드리고 술도 받아드리는 아들이 되겠다고 다짐했다.

우리 아버지는 어머니가 두 분이셨다. 어머니가 2명이라니 이해할 수가 없었다. 아버지는 왜 어머니가 두 분이냐고 물어보면 어머니는 크면 알게 될 테니 조용히 하라고 하셨다. 본인보다 나이도 한참 적은 분에게 세배를 올리고 어머니라고 불러야 했던 아버지, 본인 자식보다도 한참 어린 이복동생들을 돌봐야 했던 아버지. 모두 할아버지께서 큰아들보다도 나이 어린 두 번째 부인을 두시면서 생긴 일이란 걸 나중에 이해하게 되었다. 그리고 한이 어린 음성으로 혼자 노래를 하며 모시 길쌈을 짜시던 할머니 뒷모습을 자주 봤다.

동네 사람들에게 큰 존경을 받았던 엄정했던 증조부님과 달리 조부님은 자유분방한 일탈의 삶을 사셨다. 조부님이 두 집 살림을 차리시는 바람에 아버지는 열세 형제의 장남이 되었다.

조부께서는 자유분방한 삶을 위해 장손으로 물려받은 땅문서, 집문서를 잡히고 사방에 빚을 내서 쓰셨다. 빚쟁이들은 선생인 큰아들에게 빚을 받으러 월급날마다 몰려들었다. 아버지의 봉급과 추수한 곡식들은 빚쟁이들 손에 떨어졌다. 조상에게 물려받은 토지를 남의 손에 넘기는 것이 집안이 망하는 지름길이라 여기셨던 아버지는 조부의 빚을 갚기 위한 애처로운 노력을 멈추지 않으셨다. 조부님을 평생 모셨던 아버지는 일탈 한번 없이 유교 철학의 엄정함을 지키며 성실하게 사셨다.

증조부께서 돌아가셨을 때 나는 여섯 살인데도 빚쟁이 할아버지를 붙잡고 울면서 소리를 질렀다. "할아부지 때문에 증조부가 돌아가셨다"고. 나는 할아버지를 좋아하지 않았다.

남부럽지 않은 토지를 가졌다고 근동에 알려진 우리 집이었지만 우리 식구는 먹을 쌀이 부족해 점심에도 저녁에도 돌아서면 배가 풀썩 꺼져버리는 나물 보리죽을 먹는 날이 많았다.

정읍 읍내로 중학교 다닐 적에 우리 형제는 버스도 자전거도 아닌 두 발로 걸어 다녔다. 우리에게 미안하셨던지 아버지는 월급봉투를 받으시면 우리 형제들을 불러 모아 돈이 어디에 쓰이는지 알려주시곤 했다. 학비로 빚으로 제사로 동생들 결혼식으로 우리 눈앞에서 한 장 한 장 세어진 돈이 나눠지면 아버지의 손에는 한 푼도 남지 않았다. 그래서인지 아버지는 술도 마시지 않았다.

집안의 기둥 역할을 하시던 증조부님이 돌아가신 후 아버지는 빚쟁이들 독촉을 받으면서 집안을 지탱하기 위해 어머니와 함께 안간힘을 쓰셨다. 일찍부터 집안 건사는 남의 일이었던 아버지, 다툼이 가시지 않는 두 어머니, 열두 명의 동생들, 아내와 다섯 자식. 그 무거운 짐을 소처럼 묵묵히 지고도 우리 아버지는 자식들에게 늘 자애로운 분이셨다. 담배로 캄캄한 속을 달래셨는지 몸에서는 늘 가장 값이 싸다는 새마을 담배 냄새가 가시지 않았다.

서울대학교 합격자 발표를 하는 날 새벽이었다. 갑자기 아버지가 나를 깨우셨다.

"옷 입어라. 서울 가자."

지금은 발표 즉시 누구나 인터넷에 접속해서 합격 여부를 알 수 있다. 그때만 하더라도 대학교 정문 앞에 합격자가 게시되고 지방의 수험생들은 며칠 후에나 우편으로 합격 통지서를 받는 시대였다. 나는 쿨쿨 잠을 잤는데 아버지는 밤새 주무시지 못하고 뒤척거리셨나 보다.

어머니가 지어주신 새벽밥을 먹고 천원역에 나가 서울 가는 기차를 탔다. 시험 본 날 처음으로 간 서울에 두 번째 가는 길이었다. 창밖은 눈이 소복하게 덮인 겨울이었다. 대학교 정문에 도착했을 때 사람들이 바글바글했다. 아버지는 내 손을 잡고 사람들 사이를 비집고 앞으로 뚫고 가셨다. 아버지와 나의 눈동자는 불을 켜고 흰 종이에 쓰인 까만 이름들 사이를 훑어갔다.

"아부지, 나 합격했는디요."

나는 조그맣게 아버지 귀에 대고 말했다.

"어디 어디?"

아버지 목소리가 참 컸다.

"쩌그, 내 이름, 윤준병이라고." 내가 가리키는 손끝을 아버지는 실눈을 뜨고 쳐다보셨다. 아버지의 입술이 내 이름을 읽는 듯 달싹거렸다. 그리고 아버지는 그 사람들 많은 곳에서 나를 와락 껴안으셨다. 그렇게 아무 말 없이 한참을 나는 아버지 품에 안겨 있었다. 아버지의 심장 떨림이 내 가슴에 고스란히 전해졌다.

할아버지가 던져주신 빚더미에 평생을 발목 잡혀 유랑 훈장처럼 이곳저곳을 떠돌며 선생님을 하셨던 아버지. 자식들을 위해 모든 걸 바치셨던 아버지였다.

나는 고3 여름 방학 때 입시 준비에 지쳐서 친구들과 영화관을 쏘다니며 공부를 게을리했다. 같이 하숙을 하고 함께 시골집을 오가던 박만규와 이희환이 함께였다. 그러자 아버지께서는 공부에 지친 나를 곁에 오셔서 잡아주셨다. 남원에서 선생님을 하시던 아버지는 대학 입시 막바지에 이른 나와 같은 집에서 하숙을 하셨다. 전주와 남원은 비포장도로로 버스를 타면 2시간 넘는 길이었다. 그 먼 길을 출퇴근하면서도 나에게 공부하라고 큰소리치신 적도 없었다. 내가 깨워달라는 시간에 깨워주셨고 힘들 때면 조곤조곤 이야기를 나눠주셨다. 아버지가 곁에 있으니 안심하고 공부에 집중할 수 있었다. 아버지는 나의 대학교 합격을 나보다도 더 기뻐하셨다.

나는 고등학교 시절 조용한 모범생이라 눈에 잘 띄지 않았다. 후에 전주고 동창 회장이 우리 집에서 모임을 할 때 아내에게 말하기도 했다.

"저는 윤준병이란 이름을 학교에서 들어보지도 못했어요. 그런 친구가 있는 줄도 몰랐죠."

내 인생의 가장 큰 후회 중 하나는 아버지 임종 때의 일이다. '그때 바로 수술을 받으셨으면 지금까지 살아 계실까?' '의사는 밤중이어서 귀찮아서 수술을 미룬 것 아닐까?' '무슨 소리냐고 고함치며 당장 수술하라고 떼를 쓰며 차라리 오직 아버지밖에 모르는 무식한 아들이 되어 의사에게 대들어야 했을까?' 이따금 이런 생각이 뇌리를 스치곤 한다. 아니다. 실력 있는 그 의사도 더 나은 조건에서 수술하기 위해 시간을 미루었을 것이다. 이런 후회와 체념이 지금도 아버지를 생각하면 떠나지 않는다.

퇴직 후 시골집에서 막걸리를 드시는 걸 낙으로 삼으시며 한가롭게 농사를 짓던 아버지셨다. 여러 자식도 다 자리를 잡았을 때였다. 그러던 어느 날 아버지는 낮잠을 주무시다 일어나지 못하셨다. 인근 병원에 가자 위독하니 큰 병원으로 가야 한다고 했다. 그래서 급히 서울로 모셔왔다. 한밤중이었다. 서울대 보라매병원으로 갔다. 담당 의사는 당장은 몸 상태가 수술하기 어려우니 좀 지켜보고 내일 아침에 하는 것이 좋겠다고 했다. 그때 아버지는 의식을 완전히 회복하신 상태여서 상황이 그리 나빠 보이지 않았다.

그러나 그날 새벽 4시, 동맥이 파열되는 위급한 상황이 발생해 아버지가 갑자기 돌아가셨다. 믿을 수가 없었다. 의사가 오진한 것 아닐까. 밤중이라 게으른 마음에 수술을 미룬 것은 아닐까. 아니다. 의사도 성공 가능성을 높이기 위해 취한 행동이었을 것이다. 그러나 밤중에라도 당장 수술을 하자고 할 것을 그러지 못한 게 두고두고 한이 되었다.

향년 76세. 아버지께서 받은 수명이 그뿐이셨을까? 조금이라도 더 사셨더라면 얼마나 좋았을까. 힘든 고비를 넘어야 할 때마다 아버지의 빈자리가 크게 느껴졌다. 지금도 나는 아버지가 보고 싶다. 그 등에 업히고 그 품에 안겼던 날로 한 번이라도 돌아가고 싶다.

아크로폴리스와 괴테하우스

서울에서 대학 생활을 시작한 나는 대놓고 촌놈 취급을 받았다. 전라도 사투리에 옷도 촌스럽고 용돈도 없었다. 1학년 때는 학교 기숙사에서 생활했다. 시골에서 한 달 기숙사비와 용돈이 오면 그날로 친구들 모아 학교 근처 막걸릿집에서 한턱 쐈았다. 찌그러진 노란 주전자 속의 막걸리를 마음 놓고 마시며 밤새 이야기하고 나면 밥값과 차비도 모자랐다. 하지만 다른 친구가 용돈을 받으면 또 한턱을 내고 그렇게 촌놈들끼리 몰려다니며 아주 즐거웠다. 기숙사로 올라가며 술에 취한 호기로 '전두환 군부 독재 어용 총장'이라고 대학 총장 공관을 향해 헛주먹질을 하고 고래고래 악을 쓰기도 했다. 우리 청춘의 영혼은 우그러지고 찌그러지고 삐딱한 양은 주전자와 다를 바 없었다.

나는 대학 생활 내내 방황했다. 78학번인 나는 유신 말기 박정희 대통령이 총에 맞았다는 소식을 서울에서 들었다. 전두환이 군대를 이끌고 청와대를 점령했다. 10·26사태였다. 휴교령이 내려졌다. 다시 학기가 시작되었지만, '광주 5·18사건을 규명하라', '전두환은 물러가라'며 학우들이 분신하고 죽어가는 모습을 지켜봐야 했다. 스크럼을 짜고 교문 밖까지 나가 최루탄과 곤봉 세례를 맞는 날이 많았다. 합격자 발표 날, 쿵쿵 뛰는 심장으로 아버지가 나를 안고 계셨던 그 자리에서 나는 최루탄으로 눈을 뜨지 못하고 개처럼 침을 흘리며 곤봉에 얻어터지고 군홧발에 짓밟히기도 했다.

독문학도였던 나는 문학 서클 괴테하우스에서 활동했다. 여학생들도 여럿이고 평화로웠다. 라이너 마리아 릴케의 시와 토마스 만의 소설을 읽었다. 괴테의 『파우스트』를 읽고 토론한 날들도 있었다. 문학 작품들 페이지들 사이에서 싹튼 사랑과 이별도 있었다. 글을 쓰고 싶은 열망이 일었지만, 한낱 문학은 신음하는 시대 앞에 무력하기 짝이 없었다.

밤이면 기숙사에서 금서였던 『해방 전후사의 인식』, 『역사란 무엇인가』를 읽었다. 막걸릿집에서 시국 토론을 하고 울분에 차서 「민주주의여 만세」 노래도 불렀다. 사회에 나간 선배들이 변하는 모습에 실망하기도 했다. 군부 정권에 대한 심리적 저항은 컸지만, 전부를 걸고 적극적인 저항은 하지 못했다.

고향에서 부모님이 농사를 지어 보내주시는 돈으로 술을 마시고 기숙사비를 내고 등록금을 냈다. 동생들도 다들 학생이었다. 시골 부모님을 생각해도 최루탄 속의, 수배 전단지 속의 학우들을 보아도 모두 괴로움이었다.

학년이 높아지며 졸업 이후를 고민하게 되었다. 나는 내면의 저항을 기자가 되어 지식인의 방식으로 표출하고 싶었다. 친구들도 내게 신문 기자를 권했다. 리영희 선생 같은 신문 기자가 되겠다고 결심했다. 나뿐 아니라 많은 대학생이 대기업보다 신문 기자를 선망했다. 한국 사회는 고도 경제 성장기로 일자리가 폭발적으로 늘어 졸업만 하면 쉽게 직장을 구할 수 있었다. 대기업에서 취업을 부탁하는 통지서를 학교로 보내오는 상황이었다. 신문 기자를 대기업보다 훨씬 매력적인 사회 진출로 여겨 실력 있는 신문사 시험에 응시하는 걸 자랑으로 여겼다.

내 생각을 말씀드리자 아버지께서는 고시를 보면 어떻겠냐고 하셨다. 어머니는 고시가 과거 급제와 같은 것이고 공직에 나가는 것으로 알고 계셨다.

"니 얼굴에 청수가 어려 있어서 회사원은 못 할 거라고 허드라. 돈을 벌 눈동자도 재물을 모을 콧잔등도 아니니 사업하면 절대 안 된다고. 너는 군인이 되거나 공직에 가야 출세헌다고. 눈썹이 상공에 높이 뜬 귀한 상이어서 몇 번을 바닥으로 굴러떨어져도 새처럼 날아 꼭대기로 올라간다 허드라."

이래라저래라 크게 다그치신 적 없으셨던 부모님의 속마음을 알고 그 뜻을 따르기로 했다. 그리고 '고시에 합격해도 정권의 개가 되지는 말자'고 마음을 다잡았다. 1982년 대학교 졸업 연도에 외무고시에 떨어졌고 행정고시에 합격했다. '부끄러운 공무원은 절대 되지 않겠다'고 다짐하고 또 다짐했다. 행정대학원 공부를 마친 후 전북도청에서 공무원 교육을 받았다. 그 후 부관(행정)장교로 입대했다.

2장

패기만만 청춘 공무원
– 36년 공무원 시절 이야기 1

오뎅집에서 이별하다

아내 정경임을 처음 만난 건 사단장 소개 덕분이었다. 군대 생활을 하던 중 엉겁결에 군복을 입고 나간 자리였다. 고시 합격을 했기 때문에 맞선 보라는 권유가 많았던 시기였다. 어머니와 함께 앉아 있던 아가씨는 반짝거리는 눈동자가 예뻤다. 건강한 체격에 수더분한 성격, 그늘 없이 밝은 웃음이 마음에 들었다.

나의 결혼관은 확고했다. 내 개인의 취향이나 감정의 끌림 이전에 시골에 계신 부모님과 형제와 잘 어울릴 수 있는지가 우선이었다. 낭만적 연애와 사랑의 열정보다는 시골 생활을 어려워하지 않고 부모님을 공경하고 내 형제들과 허물없이 지낼 수 있는 배우자를 만나야 했다. 특히 고생하신 부모님을 존경하고 잘 모실 여성과 결혼하고 싶었다. 내게 결혼은 무척 중요하고 심각한 일이었다.

첫 데이트는 삼계탕집이었다. 물론 내가 정한 코스였다. 내숭과는 거리가 멀게 씩씩하게 삼계탕 한 그릇을 비우는 모습이 부잣집 딸

답지 않게 소탈해서 마음이 편했다. 시원시원한 장군 스타일 아가씨였다.

정치를 하는 아버지와 생활력이 강해 여러 사업에 뛰어들어 집안 경제를 책임졌던 어머니 덕분에 정경임 씨는 당시 여성들과 달리 호텔경영학과를 졸업해 영어에도 능통했다. 얼마든지 유명 호텔에 취직할 수 있었는데도 호텔 들락날락한다는 소문이 돌면 좋은 데 시집 못 간다는 완고한 아버지의 엄명에 얌전히 집에 있다고 들었다.

그런 정경임 씨였으니 데이트는 호텔 커피숍이나 레스토랑이 제격이었겠지만 그런 곳은 아무리 서울에서 대학을 다녔어도 시골에서 나고 자란 내게는 생경하고 불편한 장소였다. 또 부모, 형제, 친구들과 달리 나만 그런 호사스런 생활에 젖는 것을 받아들일 수 없었다.

두 번째 데이트 장소는 오뎅집이었다. 행정고시에 합격했지만 나는 오뎅집에서 소주 마시는 걸 좋아하는 사람이란 걸 대놓고 보여주고 싶었다.

정경임 씨는 이번에도 흔쾌히 OK를 했는데 뜻하지 않게 나는 그날 정경임 씨에게 차였다. 오뎅 때문도 소주 때문도 아니었다. 오뎅에 소주를 마시며 즐겁게 데이트를 하던 중 친구와 딱 마주친 게 문제였다. 너무 반가운 나머지 나는 정경임 씨에게 오랜만에 만난 고향 친구와 술 한잔해야겠으니 오늘은 이만 헤어지자고 했다.

"아예 헤어지시죠."

자존심이 상한 정경임 씨가 쏘아붙이자 나 또한 지기 싫어서 마음에도 없는 허세를 부렸다.

"그럽시다."

정경임 씨는 찬바람을 일으키며 오뎅집에서 나갔다.

"오랜만에 친구를 만났으면 합석해서 함께 어울려 마시거나 다음에 날짜를 잡으면 될 것이지 데이트하던 상대를 가라고 하다니, 이렇게 무례하고 꽉 막힌 사람 두 번 다시 만나고 싶지 않았다"고 훗날 원망을 들었다. 나 또한 친구 앞에서 여자 붙잡고 매달리는 팔불출이 될 수도 없었으니 우리의 인연은 그렇게 끝나도 어쩔 수 없는 일이었다. 그날 친구와 밤늦도록 술을 꽤 마셨지만 정경임 씨 생각에 마음은 편하지 않았다.

외동딸의 남편감으로 나를 마음에 들어 하셨던 장모님이 사태를 파악하고 해결사로 나섰다. 고집 센 나와 자존심 강한 딸 사이를 오가며 중재하신 덕분에 정경임 씨와 다시 만날 수 있었다. 하지만 더 큰 난관이 기다리고 있었다.

외국에 계시다가 뒤늦게 맞선 사실을 알게 된 장인께서 완강하게 결혼을 반대하고 나섰다. 이미 친구와 사돈을 맺기로 약속했고 사위로 점 찍어둔 젊은이가 있었기 때문이다. 영어 잘하고 공부를 더하고 싶어 하는 정경임 씨와 그를 결혼시켜 함께 유학을 보낼 생각이셨다.

그 소식을 듣고 나와는 인연이 닿지 않는 여자라고 생각하고 마음을 접었다. 그러나 하나뿐인 딸을 마음에 드는 사위에게 시집보내겠다는 장모님의 의지가 더 강했다. 장인께서는 사돈을 맺기로 약속했던 친구에게 결국 의절을 통보 받으셨다.

"아버지가 너희 집에 가면 양주 사올 생각 말고 막걸리에 김치만 내놓아도 된다."

장인어른은 점찍어두었던 사위에 비해 한참 못 미치는 내 조건에 한숨을 쉬며 딸의 결혼을 그렇게 허락하셨다.

내가 정경임 씨에게 요구한 결혼 조건은 한 가지였다.

"우리 어머님 말씀에 토를 달지 않고 살 수 있겠습니까?"

"그렇게 해보죠."

정경임 씨는 시원스럽게 답했다.

낙관적인 그녀는 그런 말에 큰 걱정조차 하지 않는 듯이 보였다. 나는 아내가 나에게 한눈에 반했다고 생각했는데 뒤에 알고 보니 꼭 그런 것만은 아니었다.

"처음에 당신을 보고 마음에 들어 한 건 엄마였지 내가 아니었단 말이에요. 오뎅집에서 딱 알아봤는데, 내가 맘이 약해서… 신혼여행에 김치 싸들고 가서 끼니마다 된장국에 밥해 먹고 새로 맞춘 뾰족구두 신고 한라산 꼭대기까지 올라간 새색시가 나 말고 또 있으면 나와보라고 해요. 진시황제도 당신만큼 자기만 아는 독재자는 아니었을 거라고요."

소개 자리에서 장모님은 주름에 날이 선 학사장교 복장으로 마주한 내가 더없이 믿음직스러웠고 부드러운 미남으로 보였다. 와이셔츠에 후줄근한 양복바지, 굽이 닳은 구두를 신고 만났으면 좀 달라졌을지도 모른다. 장모님은 월급 제 날짜에 가져다주는 공무원

남편이야말로 살림하는 여자들에겐 가장 좋은 배우자라고 생각하셨다.

장남도 아니고 차남이고 시골 출신이지만 책임감이 강하고 원칙적이라는 걸 나의 군대 상사에게 듣고 딸 고생 시키지 않을 거라 확신하셨다.

결혼 선물로 제주도 신혼여행 호텔을 잡아주겠다는 제의도 있었지만 나는 망설임 없이 뿌리쳤다. 그런 면에서 나는 지독한 촌놈이었다. 젊은 남녀가 푹신한 호텔이 무슨 필요가 있단 말인가.

MT 가듯 김치와 쌀을 싸들고 신혼여행을 갔다. 제주도 흑돼지고기로 김치찌개도 끓이고 처가 된장으로 된장찌개도 끓여 먹으며 행복한 여행을 했다.

제주도에 갔으니 한라산을 꼭 올라야 하는데 새색시 정경임 씨는 운동화가 아니라 구두를 신고 있었다. 올라갈 수 있겠냐고 물었더니 괜찮다고 했다. 그리고 그날 씩씩하게 백록담까지 올라갔다. 백록담에서 환하게 웃으며 사진까지 찍었다. 그랬으면서 정경임 씨는 두고두고 어떻게 그럴 수가 있냐고 뒤늦게 쏘아붙이곤 한다. 분명히 내가 물어보지 않았는가. 업고 오르지 않아서 그런가. 폭폭하고 답답할 노릇이다.

신혼여행에서까지 새색시에게 김치찌개며 된장찌개 끓이게 한 것을 잊지 못하고 원망하는 것은 그럴 만하다. 미안한 마음이다. 그러나 한라산 등반에는 억울한 측면이 전혀 없는 건 아니어서 아직도 그 일에 대해서는 진정한 반성은 하지 않고 있다.

하룻강아지 범 무서운 줄 몰랐으나
— 성수대교와 삼풍백화점의 교훈

1990년 초 서울시청 기획조정실에 배치된 5급 사무관인 윤준병은 패기만만했다. 나는 시청 브레인은 기획조정실이라 생각해왔다. 정도전이 민본 정신으로 백성을 위한 나라를 재구성했듯 나 또한 기획조정실에서 오직 시민들을 위한 공무를 지휘하겠노라는 순정한 열정으로 가슴 뛰던 시기였다.

야심차게 일하던 중 시민에게 명백하게 피해가 가는, 원칙도 근거도 불합리한 조례를 발견했다. 사업하는 업자들에게만 유리한 조례였다. 시급하게 바로잡아야 할 사안으로 보고 즉시 상사인 기획조정실장님께 직접 보고했다. 실장님은 마뜩잖은 표정으로 그냥 놓아두라 하셨다. 하지만 나도 고집이 있어서 해당 조례의 문제점과 개정안을 더 면밀하게 마련해 또 찾아갔다. 쓸데없는 일에 나서지 말고 시키는 일이나 제대로 하라는 호된 질책을 들었다. 5급 피라미 부하 직원으로서 하늘같은 1급 상관에게 그런 일을 당했으니 의기소침해지지 않을 수 없었다.

그래도 잘못된 것은 잘못된 것이어서 눈치에 굴하지 않고 꿋꿋하게 진행해 고쳤다. 5급 사무관의 해냈다는 뿌듯한 자부심은 인사이동에서 처참하게 깨졌다. 기획조정실에서 쫓겨나 내 의지와 전혀 상관없이 엉뚱하게도 세무과로 좌천을 당한 것이다. 기획조정실장은 승진해 부시장이 되셨다.

뒤에 알고 보니 내가 그렇게 뜯어고치려 했던 조례는 기획조정실장이 과장 시절에 직접 입안해 만든 것이었다. 그것을 하룻강아지 범 무서운 줄 모르고 잘못됐다고 고집을 부려 고친 것이었다.

동기들은 승진하는데 나는 몇 년 동안 미운털이 박혀 찌그러져 있었다. 기획조정실에서 역량을 발휘해 실력을 인정받고 승진해서 시의 브레인 역할을 하고 싶었던 꿈은 물거품이 되었다. 고위급 눈 밖에 난 천덕꾸러기로 떠돌이 낭인처럼 빈자리에 적당히 배치되었다. 의욕적으로 출발했던 공직 생활이 처음부터 암초에 걸려 난파되는 느낌이었다. 소신과 원칙이 얼마나 위험한지, 왜 직급이 높아질수록 공무원들이 몸을 사리며 의견이나 주장 없이 그저 시키는 일이나 엉금엉금 하는 기계가 돼가는지 알 수 있었다.

'공무원이란 무엇인가?' 하는 회의가 들었다. 원치 않는 부서에 배치 받아 적극적으로 일할 의욕도 잃었다. 적당히 하고 줄만 잘 서면 승진하는 일그러진 조직이 공무원 사회처럼 보였다. 고인 물속에 갇힌 것처럼 답답한 시기에 나를 충격에 빠뜨린 일이 일어났다. 바로 성수대교와 삼풍백화점 붕괴 사고다.

1994년 가을 찬비에 가로수 은행잎이 떨어져 거리를 노랗게 물들이던 아침이었다. 한강을 가로질러 강남과 강북을 연결하는 성수대교 한복판 교각 한가운데 상판이 토막 나 강물 속으로 뭉텅 빠져버렸다. 출근길 차들이 나뭇잎처럼 강물로 떨어졌다. 32명의 시민이 목숨을 잃었다.

'인구 1,000만의 거대 도시 한복판에서 폭격을 당한 것도 아닌데

갑자기 다리가 무너지다니.'

최신 기술로 지어진 아름다운 하늘색 다리에서 영화 속 장면이라 해도 믿기 어려울 일이 내가 사는 서울에서 실제로 일어난 것이다.

성수대교 관리와 점검을 맡고 있던 서울시는 난리가 났다. 시장을 본부장으로 대책본부를 꾸렸지만 바로 그날 시장이 경질되었다.

개원 중이던 국회가 중지되었다. 김영삼 대통령은 즉시 대국민담화문을 발표하고 국민에게 사과했다. 국무총리가 책임을 지고 사직서를 제출해 수리되었다.

성수대교는 개통 당시부터 부실시공으로 여러 결함이 있었음에도 15년 동안 한 번도 안전 점검을 받지 않았다. 교통량이 폭증하고 다리가 압력을 견딜 수 없을 만큼 화물 과적 차량이 자주 통과했는데도 서울시는 아무런 대책이 없었다. 상판 이음새가 벌어져 항의가 빗발쳤음에도 불구하고 단지 철판 한 장 덮어 은폐했을 뿐이었다. 얼마든지 사전에 막을 수 있었던 인재人災였다.

시공사 동아건설의 설계·시공·유지 보수 부실도 만천하에 드러났다. 건설사에 만연하던 부실 공사, 담당 공무원의 부실 감사, 기업과 결탁한 공무원의 비리와 부정부패, 정부의 허술한 안전 검사. 안전 불감증 한국 사회의 부정부패 관행이 해외까지 보도되면서 국가 이미지가 추락했다.

이듬해 삼풍백화점이 무너졌다. 6·25전쟁 후 가장 큰 인명 피해로 502명 사망에 6명 실종, 937명 부상이었다. 성수대교와 똑같은 시공 회사의 부실 공사와 그걸 눈감아준 공무원의 수천만 원 뇌물 사건이 있었다. 상가로 설계한 건물을 정밀한 구조 진단 없이 백화점으로 변경했고 무리한 확장 공사가 수시로 일어났다. 붕괴 수개월 전부터 균열 조짐이 있었지만, 경영진은 영업을 계속했고 안전 점검조차 하지 않았다.

천장에서 물이 쏟아지고 콘크리트 조각이 떨어졌던 사고 당일 긴급 대책 회의에서도 경영진은 "하루 장사를 안 하면 손해가 얼마인지 아느냐"며 영업 정지와 인명 대피를 막았다. 그러면서도 정작 경영진 본인들은 위험한 건물 밖으로 빠져나갔다.

거대한 성과 같이 크고 화려했던 강남의 백화점은 20여 초 만에 지상 5층 지하 4층이 완전히 붕괴했고 1,500여 명이 매몰되었다. 외국에서 들여온 온갖 사치품들이 가득했던 백화점은 당장 돈이 없어도 신용카드를 긁어 물건을 실어갈 수 있었다. 회사나 개인이나 빚으로 흥청망청 거품처럼 부글거렸다. 성수대교와 삼풍백화점 붕괴는 한국식 압축 성장의 부작용을 여실히 드러낸 대사건이었고 다가오는 IMF의 전주곡이었다.

대한민국은 눈부신 고도성장기의 호황을 누리고 있었다. 유럽 여러 나라가 200년 걸려 이룩한 경제 성장을 20년 만에 성공했다고 자화자찬했다. 재벌 기업들은 외국에서 돈을 빌려와 문어발처럼 사업을 확장했다. 국민은 신용카드를 몇 개씩 만들어 빚으로 자동차를 사고 비싼 수입품을 샀다. 사치 풍조가 만연했다. 다들 돈맛에 환호했다. '대박 나세요!'라는 광고에 열광했다. 배꼽티를 입고 노골적으로 돈을 찬양했다.

어지러웠다. 재물을 탐하고 이로움을 말하는 것은 부끄러운 일이라고 배웠던 나에게 서울은 요지경처럼 혼란스러웠다. 청빈의 선비 정신은 못난 자들의 변명에 불과했다.

돈을 위해서라면 수단과 방법을 가리지 않았고 화려한 서울은 깊이 병들어 있었다. 돈은 무엇이든 가능케 하는 전지전능한 종교가 되었다. 안전도 도덕도 윤리도 의무도 돈 앞에서 먼저 무너졌다. 다리와 백화점이 무너졌고 그 밑에 수많은 목숨이 깔려 죽었다.

무너진 잔해가 나에게 준 교훈은 선명했다. 잘못된 조례를 고친 내가 옳았다. 공무원은 시민들의 안전과 생명을 지키는 엄중한 공직이다. 잘못을 보고도 가만있으면 내 가족의 생명까지도 위협받을 수 있었다. 탐욕스러운 기업은 최소한의 사업비를 투자해 빨리빨리 공사를 해치우고 투자의 열매를 거두려 한다. 관공서는 뇌물로 결탁해 부실을 눈감아준다. 그 결과는 시민들의 희생을 불러온다. 무너진 다리와 백화점을 보며 시민의 생명과 안전을 먼저 생각하는 공직자가 돼야 한다고 다짐했다. '나는 하룻강아지가 아니라 입암산 호랑이 새끼다. 뇌물이나 받아먹는 부실 공무원이 되지 않겠다. 애호박 하나라도 거저 욕심내지 않겠다.'

아버지 미워요 ─ 스스로 엄격해야 부패하지 않는다

첫애가 초등학교 입학할 무렵이다. 아내는 아이들을 사립학교에 보내고 싶은 속내를 비추었다. "살짝만 힘써줄 수 없냐"고 했을 때 나는 심하게 화를 냈다. 시골에서 책보 메고 징검다리 건너 학교 다녔던 촌놈이어서 사립학교 보내려 하는 부모 마음을 이해할 수 없었던 것은 아니다. 나도 전주까지 고등학교를, 서울까지 대학교를 유학한 사람이기에 더 좋은 기회를 향한 욕망을 비난할 처지는 아니었다. 하지만 공정한 절차를 통하지 않고 부정한 힘을 이용하려는 행태는 용납할 수 없었다.

하루는 퇴근해보니 안방에 처음 보는 상자가 있었다. 비싼 일제 소니 녹음기였다.

"이게 뭐요?"

아내는 당황하며 사정을 설명했다. 초등학생 아들이 학교 대표로 대회에 나가는데 녹음을 해서 제출하라는 과제를 해야 하는데 집에는 녹음기가 없었다. 빠듯한 생활비로는 녹음기를 사기 어려웠고 내게 말하면 반대할 것이 뻔하니 장모님께 사정 이야기를 했다. 경제적으로 여유가 있는 장모님은 외손주가 대회에 나간다는 말에 기뻐하셨다. 아이가 셋이니 앞으로 또 필요할 것이라 하면서 당장 22만 원짜리 녹음기를 사다주셨는데 그날따라 일찍 퇴근한 내 눈에 그 녹음기가 보인 것이다. 나는 한 번 쓰려고 이런 비싼 녹음기를 사는 것이 제정신이냐며 당장 반품하라고 화를 냈고 결국 녹음은커녕 뜯지도 못하고 반품시켰다.

딸에게 서러운 기억을 안긴 공주 침대 사건 또한 그렇다. 그 당시 책상과 침대 한 세트로 된 아동 가구가 인기를 끌어 너나없이 아이들 방에 들여 꾸며주던 시절이었다. 손녀가 상심한 걸 아신 장모님은 꾀를 내셨다. 녹음기는 뜯지도 못하고 반품했지만, 침대와 책상은 설치를 해버리면 회사에서도 반품을 받아주지 않으리라 생각하신 것이다.

비밀 작전처럼 내가 출근한 시간에 침대와 책상 설치를 끝냈다. 학교에서 돌아온 딸은 침대에서 팔짝팔짝 뛰고 책상에도 앉았다 일어섰다 하며 기뻐했다. 하지만 밤이 오고 아버지가 올 시간이 되자 다들 한마음으로 마음을 졸였다. 시계를 보고 계단을 오르는 발소리에 귀를 기울이며 마음을 콩닥거리며 기다렸다.

딸이 나의 눈치를 보며 제 방으로 내 손을 잡고 갔다. 연두색 책상과 침대 세트를 본 나는 또 폭발했다. 당장 반품하라고 말했다.

"이미 뜯어서 설치했는데 어떻게 반품을 해요?"

"돈을 돌려받지 못하더라도 반품해요. 송충이는 솔잎을 먹고 살아야지, 공무원 월급에 이런 비싼 물건이 가당키나 한 일이오? 텔레비전에 뇌물 받았다가 줄줄이 잡혀가는 것 보지 않았소?"

겁에 질린 아이들을 생각해 아내는 긴말 않고 알겠다고 그만하라고 말했다. 제 침대 때문에 엄마 아빠가 다투자 어린 딸은 장롱에 숨어 웅크리고 울었다. 다음 날 늦게 집에 왔을 때 딸은 침대가 사라진 방바닥에 누워 잠들어 있었다. 그 모습에 마음 아프지 않을 아버지가 어디에 있겠는가.

"어머님이 사주셨어도 반품시킬 거예요?"

아내는 그렇게 원망을 표시했다. 그러나 시골에서 농사짓는 어머니는 내 여러 형제의 모든 손자, 손녀에게 그처럼 비싼 선물을 해주실 형편이 되지 않았다. 또 귀한 자식일수록 엄하게 부족한 듯 키워야 한다고 생각하는 분이셨다. 나 또한 내 자식들만 특별히 풍족하게 키우고 싶지 않았다.

"어머니는 애초에 그런 선물을 하지 않으실 분이요."

그 무렵 버스 비리 사건으로 내가 근무하던 교통관리실의 교통관리실장, 교통국장, 버스관리과장, 버스노선팀장이 무더기로 구속되었다. 평소에 존경하던 교통관리실장까지 고개를 숙이고 끌려가는 모습을 보면서 나는 믿을 수가 없었다.

발단은 버스노선팀장이 금품 수수를 하다 총리실 감찰에 걸린 일이었다. 수사가 시작되자 뇌물을 줬던 버스업자들은 자신들의 잘못을 덜기 위해 수사에 적극 협조했다. 그 결과 억울함을 호소하던 팀장뿐 아니라 과장, 국장, 실장 모두의 금품 수수 행위가 고구마 줄기처럼 줄줄이 드러났고 모두 구속되기에 이른 것이다.

'세상에 이럴 수가…'

금품을 받은 선배 공무원들도 실망스러웠지만 뇌물을 건넨 업자들의 지저분하고 추악한 민낯에 구역질이 났다. 업자들은 공무원들에게 접근하다 뜻대로 안 되면 거절하기 어려운 지인을 집요하게 찾아내 연결 고리로 이용한다. 연결 고리 지인에게 멋모르고 불려나가 식사 한 번 술자리 한 번 하다 보면 결국 금품 수수까지 이어지고 한 번의 금품 수수는 곧 업자들에게 약점으로 잡힌다.

시간이 지날수록 업자들은 더 큰 이익을 위해 노골적인 요구와 협박도 서슴지 않는다. 그러다 이용 가치가 없으면 뇌물을 받았다는 투서를 넣는다. 또 수사가 시작되면 헌신짝 버리듯 비리 공무원으로 폭로해버린다. 고위 공무원의 비리를 적발하는 것은 경찰들에게 승진의 사다리가 되기 때문에 경찰들도 냄새를 맡으면 물러서지 않고 끈질기게 수사한다.

"형편에 맞게 살아야 해요. 그렇지 않으면 아이들이 아비 없는 자식이 될 수도 있으니까."

나는 아내에게 이런 독한 말도 여러 번 했다.

뇌물 수사 도중 자살하는 공무원도 있었다. 우리나라 법은 수사를 받던 도중이라도 피의자가 생명을 잃으면 수사 기관이 '공소권 없음'의 처분을 내리고 수사를 종결한다. 그렇게 되면 뇌물을 받은 이들도 공무원 파면과 추징을 피할 수 있어 유족들에게 연금이 지급된다. 그러다 보니 가족을 위해 목숨을 내놓는 끔찍한 경우가 종종 발생하는 것이다.

그런 장례식에 가면 보게 된다. 오로지 남편을 의지하고 살다가 하늘이 무너진 부인과 아버지를 잃은 어린아이들의 눈물 젖은 얼굴을. 그 모습은 상상하기 힘든 고통을 준다. 자칫 잘못하면 나와 내 가족에게도 닥칠 불운이라는 생각에 등골이 서늘해졌다.

이런 아버지의 마음을 아직 어린 자식들이 이해하기는 어려웠다. 텔레비전 앞에서 웃음꽃을 피우던 아이들이 언제부터인가 내가 퇴근하면 인사만 하고 슬금슬금 방으로 들어가 버렸다. 마음이 아팠지만 스스로 엄격해지지 않으면 나 또한 부패한 공무원이 될 것 같아서 두려웠다. 지금은 아이들이 다 자라 어른이 되니 아버지의 그 마음을 이해하고 가끔씩 추억처럼 그때 이야기를 꺼내서 나를 놀리곤 한다.

밤마다 의원님 집을 딩동딩동
— 세상을 변화시키는 힘은 자발적인 주인 의식

조순 시장이 민선 시장으로 당선돼 오고 나서야 나는 서울시 전입 7년 만에 4급인 과장으로 겨우 승진할 수 있었다. 1996년 주차계획 과장으로 교통 분야에 첫발을 내디뎠다. 조순 시장은 대권에 욕심이 있었다. 그는 부임하자마자 시정 역량을 집중해 교통 문제를 해결하겠다며 특별 교통 정책 수립을 주문했다. 성수대교와 삼풍백화점 사고 이후 시민 안전이 서울시 행정의 핵심 과제가 되었다. 교통 문제가 서울의 고질병이었다. 교통실의 역할이 강화되고 인원도 늘었다. 교통 관련 사망자도 급증하던 시기였다. 도로와 주차장이 마련되지 않은 상태에서 자동차 증가는 예상치 못했던 재앙을 불러왔다. 서울은 교통 대란에 빠졌다.

특히 주택가의 주차난은 심각했다. 주차 다툼으로 폭행이 일어나 경찰에 연행되는 사람이 늘었고 급기야는 골목 주차 시비로 살인 사건이 일어나는 지경에 이르렀다.

또 다세대 밀집 지역에서는 화재가 발생해도 불법 주차된 자동차들 때문에 소방차의 진입이 원천적으로 불가능해졌다. 소방차가 접근하지 못하니 불길이 걷잡을 수 없이 번져 인명과 재산 피해가 확대되었다.

나는 주차 정책을 입안하기 위해 부서 직원들과 밤낮없이 노력했다. 난제를 해결하기 위해 열정이 불꽃 튀던 시기였다. 젊고 의욕이 넘쳤다. 우리 부서는 적극적이고 결속력도 뛰어났다. 나는 과거의 기획조정실장 같은 상사가 절대 되고 싶지 않았다. 부하 직원들이 적극적으로 일하도록 최대한 지원했다.

어려운 문제일수록 씨름해 기어이 해결하고자 하는 승부사 기질이 발동되었다. 아이디어를 찾아 고민하고 실현 가능성을 토론했다. 문제와 씨름하면서 조바심을 느끼다가 해결 방법을 찾으면 아르키메데스가 목욕하다 벌거벗은 몸으로 '유레카'를 외치며 도시를 질주하던 황홀한 기쁨을 맛보기도 했다. 성공적인 정책을 입안하고 집행해 효과를 창출하는 어벤저스팀으로서 흥분이 있었다.

공동 주택인 다세대 주택은 많은 세대 수가 모여 사는 데도 주차 공간은 단독 주택과 같은 면적으로 서울시 조례에 정해져 있다. 입주민의 수십 대 차량이 주차해야 하는데도 한 대 주차 공간 면적만 있어도 다세대 주택 건축 허가가 났다. 그래서 주차 시비로 하루도 조용할 날이 없었다. 시에서는 부랴부랴 부지를 매입하거나 빈 땅을 이용해 공동 주차장을 건설하는 땜질 처방을 했다.

그러나 날마다 주차장 없는 다세대 주택이 들어서고 있는 걸 생각하면 답답함에 울화가 치밀었다. 주차장은 화장실만큼이나 필수적인 시설인데 주차장 없는 주택이 하루에도 몇 백 채씩 지어진다고 생각하니 가만있을 수가 없었다.

같은 공동 주택인 아파트는 세대당 1대 이상의 주차 면적이 확보 돼야만 건축 허가가 난다는 걸 주택기획과에 근무하며 봤다. 다세 대 주택도 아파트와 같이 세대를 기준으로 주차장을 확보하도록 하면 된다. 이것이 근본적인 해결 방안이었다. 가슴이 세차게 뛰었다. 서울시의 조례를 바꿔야 했다.

그러나 곧바로 건설업자들의 로비로 시의회가 반대했다. 업자들 은 최대한 저렴한 비용을 들여 주택을 공급해 수익을 챙긴 후 떠나 면 그만이었다. 주차장 없는 주택에 입주한 시민들이 주차난 고통을 고스란히 떠안게 되는 것이다. 그 고통은 나 몰라라 했다. 업자들은 물러서지 않았다. 조례 개정안 입법이 예고되자 정치권과 언론까지 동원한 저항은 치열했다.

"정부는 주택난 해결을 위해 주택 공급을 활성화하라는데 서울 시는 뭐 하는 겁니까? 주차장 확보 기준이 강화되면 땅을 더 사라 는 이야기인데 서울 땅값이 금값입니다. 주차장 만들어 다세대 주택 지으라면 누가 집을 짓겠어요. 건설 의지 저하로 주택 공급 확대 정 책이 차질을 빚을 텐데 윤 과장이 책임질 수 있어요?"

이익 집단에 약한 시의원, 구의원, 국회의원 같은 정치인들이 나 를 불러 호통을 쳤다. 하지만 굴하지 않고 밀고 나갔다. 시민들의 고 통을 해결할 방법은 그것뿐이었다. 입법 예고를 거쳐 서울시 주차장 설치 및 관리 조례 개정안을 시의회에 제출하자 전화통에 불이 나기 시작했다. 시의회 교통위원회 시의원들, 국회의원 등으로부터 거의 날마다 호출을 당했다.

나는 한눈에 알아볼 수 있게 자료와 도표를 정리했다. 시민의 안전과 편의를 위해서는 하루빨리 조례를 개정해 주차장을 확보하는 길밖에 없다고 간곡하게 호소했다. 고개를 끄덕이며 공감하면서도 개정안은 쉽게 통과시켜주지 않았다. 연말 시의회 정례회가 다가오고 있는데도 변화가 없었다.

"누가 시키지도 않은 일에 왜 그렇게 불이 나게 뜁니까. 적당히 하세요. 다 때가 있는 법입니다."

"순수한 것인지 순진한 것인지 모르겠지만 윤 과장 당신은 업자들 못 이겨요. 정치인들은 공무원이 친구가 아니라 업자들이 친구예요. 돈 앞에 장사 없다고 윤 과장 말 들어서 콩고물이 생기겠어요, 떡고물이 생기겠어요. 팔이 안으로 굽는다는 말이 괜히 나왔겠습니까."

다들 그렇게 위로하고 조언했다.

그러나 나는 오직 조례를 바꿔야 한다는 그 생각뿐이었다. 이번에 조례를 바꾸지 않으면 다음 정례회 때까지 주차장 없이 다세대 주택이 셀 수 없이 늘어날 것이다. 서울시는 예산을 들여 주차장 짓기를 계속 해야 한다. 그 생각만 하면 머리가 어질어질했다. 분위기로 보면 조례 개정은 물 건너갈 것 같았다. 어찌해야 하나. 어찌해야 하나. 밤낮으로 고민하고 회의를 했지만, 시의회의 결정 소관이라 별 뾰족한 수가 없었다.

'직접 집으로 찾아가 사정을 하자. 진인사대천명盡人事待天命. 지성

이면 감천이라 하지 않던가.'

그날부터 시의원들의 주소를 받아 퇴근 후 시의원들의 집을 방문하기 시작했다.

"땡동~."

"누구세요?"

"서울시 주차계획과장 윤준병입니다. 의원님 좀 만나뵈러 왔습니다."

시의원들은 밤 시간에 집으로 찾아온 주차과장을 보고 당황했다.

"아니 윤 과장 저녁은 먹고 다니는 거요? 이렇게까지 하는 이유가 뭡니까?"

"이미 말씀드렸습니다. 조례를 바꾸지 않으면 호미로 막을 일을 가래로 막습니다. 지금 이 시간에도 다세대 주택가에서는 주차할 곳을 찾아 전쟁이 벌어집니다. 시민은 불편하고 공무원은 고생하고 예산은 낭비되고. 다 알면서도 단지 건설업자들의 편의와 이익을 위해 가만있어야 합니까? 언제까지 이런 비효율적인 반복을 계속해야 합니까. 의원님 문제 해결의 근본 대책은 조례를 바꾸는 것 외에는 없습니다. 제발 부탁드립니다."

"허허. 아무리 그런다 해도 이 밤중에 집까지 찾아오다니⋯."

나에게 떡이 생기거나 밥이 생기는 일이어서가 아니라는 걸 시의원들도 모르는 바는 아니었다. 한 달 동안 미친 듯이 교통위원회 소속 시의원들의 집을 찾아다니며 하소연했다. 미리 연락하면 피할까봐 무작정 찾아갔다가 만나지 못하는 경우가 많았지만, 그럴 때는 다음 날 다시 찾아갔다. 과장의 호별 방문 노력에 안타까움과 측은함을 느꼈는지, 주차난 설명이 마음을 움직였는지 모르겠지만, 업자들의 예상과 달리 조례 개정안이 무사히 통과되었다. 몸이 떨리고 눈물이 왈칵 솟구칠 만큼 기뻤다.

그로부터 20년이 흘렀다. 상가 밀집 지역의 도로 불법 주차로 소방차 진입이 늦었다는 뉴스는 지금도 종종 나온다. 그러나 다세대 주택 골목에서 주차 공간 부족으로 다툼이 일어났다거나 소방차가 진입하지 못해 화재 확산의 위험성이 크다는 뉴스는 거의 없다.

미래를 내다보는 눈, 시민을 위하는 마음, 내가 문제 해결의 주인공이라는 의식을 가지고 문제 해결의 방법을 끈기 있게 찾는다면 세상은 공무원의 열정으로 크게 변화할 수 있다. 조례를 개정한 시의원들도 속이 후련했을 것이다.

공무원은 월급쟁이 신 — 불이익을 각오하고 무소의 뿔처럼 나아가야 혁신이 가능하다

미켈란젤로의 〈천지창조〉는 흰 수염 신과 벌거벗은 인간의 손끝이 맞닿으면서 창조가 완성됨을 보여준다. 이에 비유하자면 정책 창조는 불편한 시민의 손끝과 혁신적인 공무원의 손끝이 닿을 때 비롯된다. 시키는 대로 하는 것이 공직을 맡은 이의 태도가 아니다. 민주주의 사회에서는 시민과 공무원 모두가 주인이다.

공무원은 시민을 위한 정책 창조와 집행을 전문으로 하는 전문직이다. 공무원 생활을 하면서 천지창조와 같은 기쁨을 선물해줬던 일 중 하나가 바로 인류 역사상 처음 시도한 거주자 우선 주차 제도였다.

처음에는 일본식 '차고지 증명 제도'를 도입하겠다는 계획이었다. 나는 국장에게 보고했다.

"일본에서는 차를 사기 전에 주차장부터 신고하는 차고지 증명제를 의무화한 지 오래입니다. 우리나라도 일본처럼 차고지 증명제를 시행하면 주택가 주차난은 발생하지 않고 자동차 증가도 줄어들 것입니다."

"집 없는 것도 서러운데, 주차할 집이 없는 사람은 차도 사지 말라는 소리 아닌가. 아주 난을 불러오고 싶은 게야 윤 과장은. 게다가 자동차 소비량을 떨어트리는 정책을 정부와 기업에서 퍽이나 좋아하겠군. 신문 방송은 대단하다고."

또 깨졌다. 단독 주택가 주차난 해결을 위해 일본의 차고지 증명제를 벤치마킹하려던 시도는 물거품처럼 스러졌다.

새로운 방안을 찾아야 했다. 단독 주택가는 공동 주차장으로 만들 공지를 구하기도 어려웠다. 차를 허공에 매달거나 밤새 머리에 이고 있거나 집을 절반 밀고 주차장을 만들지 않는 한 애초에 주차장이 없었던 주택가의 주차난을 해결할 방법을 찾을 수 없었다.

현장을 수없이 헤매다가 큰길가 도로에 눈길이 갔다. 밤이면 통행이 뜸해지는 저 도로를 주차장으로 사용할 수는 없을까? 무엇인가 가능할 것 같다는 느낌이 왔다. 한참을 그렇게 골똘히 멈춰서 있었다. 부서원들과 머리를 맞대고 상상을 현실화하는 회의를 수차례 했다. 마침내 흐릿한 상상이 구체화되었다. 거주자 우선 주차제 탄생이다. 파격적인 발상이라 처음엔 윗선의 반대가 심했다.

"일몰 후에는 교통량이 적은 큰길 도로에 노란색으로 주차 구획을 표시해 노상 주차장을 만듭니다. 그리고 그 지역 거주자에게 우선 주차할 수 있는 자격을 부여합니다. 그러면 주차 공간이 충분해 주차 시비도 줄 것이고 합법적인 데다가 골목길 불법 주차를 방지해 소방 도로도 확보될 것입니다."

흥분을 감추고 설명했지만, 국장은 시큰둥하게 반응했다.

"공공 도로를 개인 주차장으로 이용하자는 말인가? 자가용은 개인 재산이니 주차장도 자기 비용으로 마련해야지."

"정부에서 주차장 계획 없이 자동차 소비를 권장한 책임도 있지 않습니까. 국장님 말씀대로라면 개인 주차장이 없는 사람에게는 자동차 판매를 금지해야 한다는 뜻 아닙니까. 그것은 지난번에 국장님께서 반대한 일본식 차고지 증명제와 같은 논리입니다. 우리나라 상황과는 맞지 않는다고 하시지 않았습니까."

"어차피 안 될 일이네. 노상 주차장이 생겼다면 옆 동네 차까지 몰려들지 않겠나. 달라질 것 없어. 좀 쓸모 있는 방법을 찾아보게."

"옆 동네에 차를 주차하고 집으로 가는 데는 거리상 한계가 있습니다. 그리고 그 옆 동네 또한 순차적으로 노상 주차장을 만들면 됩니다. 도로에 노란 선만 그리면 됩니다."

"노상 주차장을 동네마다 만들겠다는 말인가? 예산을 세우고 통과시키려면 시간이 너무 많이 걸려."

"우선 몇 군데를 시범 지역으로 정해 먼저 실행해보면…."

"어느 동네에? 보나 마나 특혜 시비가 일어 시끄러울 걸세. 시의원들은 왜 우리 지역구 먼저 안 해주냐고 유착과 비리를 의심하실 테지."

국장의 비협조적인 말과 태도에 참고 있던 성질이 불끈 솟구쳐 나도 모르게 언성을 높이고 말했다. 안 될 이유만 대면서 의욕을 꺾는 상관처럼 부하 직원을 바보로 만들고 괴롭게 하는 것도 없다.

"국장님, 과장이 이렇게 의욕적으로 해보겠다면 잘해보라고 격려를 하셔야 되는 것 아닙니까? 모든 여건을 완벽하게 갖춘 후에 시행해야 한다는 것은 당장의 시급한 현실적인 문제를 방치하는 것과 같습니다."

"일에는 빈틈이 없어야 하네. 돌다리도 두들겨보고 건너야지. 의욕만 앞섰다가 일이 잘못되면 책임은 누가 지나?"

'그러니 공무원들이 복지부동 욕먹는 거 아닙니까?' 하는 말이 목구멍까지 치밀었지만 꿀꺽 삼켰다. 책임은 내가 지겠으니 마음 놓고 일해보라고 적극적으로 믿어주고 도와준다면 신이 날 텐데 오히려 조마조마 눈치를 봤다.

"일단 시범으로 몇 군데만 해볼 테니 결과를 점검해서 이후에 최종 결정을 해주십시오."

어렵게 국장을 설득했다. 그런데 막상 거주자 우선 주차제를 설명하고 실시한다는 발표에 대해 언론이 획기적인 발상이라고 관심을 가졌다. 월별로 주차 구획을 지정하고 발표하면서 신문사에 보도를 요청하면 매월 1일 자로 신문에 큼지막하게 실어줬다. 그만큼 주차 문제가 커다란 사회 문제였던 것이다. 시민들의 반응도 좋았다.

그런데 어떤 기자들은 국장처럼 계속 비판적이었다. 어떤 방법을 쓰더라도 주차난 문제는 해결 불가능하다고 단정 짓고 현장 취재조차 하지 않고 시행 준비가 제대로 안 돼 있다는 비판성 보도를 곁들였다. 발에 땀이 나게 뛰는 부서 직원들이 신문 기사를 보고 맥이 빠지곤 했다. 수차례 현장을 찾아 타당성을 조사하고 보고하느라 나보다도 더 고생하는 부서 담당자에게도 미안했다. 의기소침한 부서원들을 격려하기 위해 나는 전화를 들어 신문사에 날 선 항의를 했다.

"시행 준비가 제대로 돼 있지 않다고요? 현장 취재는 해보고 기사를 썼습니까? 제가 담당 과장입니다. 직접 일일이 준비 상태를 현장에서 점검하고 시행 지역을 정했습니다. 사실대로 보도해주시기 부탁드립니다."

그러나 항의에도 아랑곳하지 않고 신문사는 시정 없이 계속 비판만 반복했다. 실패하기를 염원하며 재 뿌리기를 하지 않고서야 그렇게 계속 폄훼할 수는 없는 노릇이었다. 더 두고 볼 수 없었다. 시민들의 호응이 좋은 정책을 특정한 의도 없이 발목 잡기를 계속할 리가 없었다. 강경하게 나가야 했다. 나는 신문사를 상대로 언론중재위원회에 제소했다. 잘못된 기사를 정정하라는 결정이 나고 기사를 바로잡자 이후에는 오보가 사라졌다.

6개월이 지나자 정책 시행 효과가 눈에 띄게 나타나기 시작했다. 언론에서도 정책 효과를 소개해 전국적으로 전파를 타기 시작했다. 건설교통부도 서울시의 거주자 우선 주차제를 주택가 주차난 해결의 모범 사례로 선정해서 전국의 지방자치단체가 도입하도록 권고했다. 시민들이 뽑는 우수 정책에 선정되기도 했다. 국가 정책을 리드한다는 자부심도 생겼다.

지금 서울 시내에 30만 대가 주차하는 거주자 우선 노상 주차장이 있다. 노외주차장 1면의 설치와 운영에 약 5,000만 원이 든다. 약 15조 원이 소요될 노외주차장을 노상 주차장으로 해결하고 있는 셈이다. 여러 어려움이 있었지만, 주차 문제를 해결해 도시를 새로 창조한 것이나 다름없었다. 지금도 내게는 그 아이디어가 처음 꼬물거릴 때의 떨림이 살아 있다. 서울시 상공에서 눈에 보이지 않는 흰 수염 신이 내 손가락을 살짝 건드리는 순간이었는지도 모른다. 난제를 해결할 수 있는 창조적 정책의 성공만큼 공무원에게 큰 보람과 행복은 없다. 그런 면에서 본다면 공무원이야말로 현대 도시를 새롭게 창조하는 월급쟁이 신이라 할 수 있다.

너는 배때지에 철판 둘렀냐? — 버스업자들과 나

1997년 미국에 2년간 해외 훈련 파견을 다녀왔다. IMF 외환 위기 동안 미국에서 공부하고 돌아오니 많은 것이 바뀌어 있었다. 대통령은 김영삼에서 김대중으로, 시장은 조순에서 고건으로 바뀌었다. 미국에 있는 동안 주차과장을 하면서 고생한 일에 대해 감사원의 황당한 징계 요청도 있었다. 그래서 교통 분야는 다시 일하고 싶지 않았다. 원래 꿈이었던 기획조정실로 가고 싶었다. 기조실 조직과장을 하려고 신청했지만 꿈을 이루지 못했다.

"지금은 교통이 행정의 꽃이야."

주차과장으로서의 업무 능력을 높게 본 고건 시장은 나를 대중교통과장으로 발령했다. 사실 공무원들에게 교통 분야는 기피 1호였다. 해결할 난제가 산처럼 쌓여 있고 현장에서 버스와 택시업자들과 살벌하게 부딪치고 큰 사고라도 나면 책임지고 좌천당하기 일쑤였다.

IMF 직격탄을 맞은 버스업계 상황은 심각했다. 76개 버스 업체가 서울시의 노선을 나눠 운행했는데 사장이 누구인가에 따라 서비스가 천차만별이었다. 30개 업체가 부도 위험 상태였고 이미 부도난 업체도 10개였다. 임금을 제대로 받지 못한 운전기사들의 파업으로 버스 운행이 중단되면 시민들의 어려움은 이루 말할 수 없었다.

가장 먼저 해야 할 일은 부도난 버스회사 중 운행 중단 업체를 우선 정리하는 일이었다. 부서 안에 구조 조정을 전담할 경영개선팀을 신설했다. 불량 버스 업체의 면허를 강제로 취소할 수 있게 관련법이 개정되었다. 운행이 중단되었던 버스 업체 Y가 첫 정리 대상이었다. 노선을 다른 업체로 대체해 시민 불편을 최소화하고 면허 취소를 진행했다.

그런데 부실 업체 정리 사실을 알면서도 버스회사들은 강 건너 불구경하듯 했다. 그동안 면허 취소 처분이 이뤄지면 버스회사는 즉시 집행 정지 신청을 했다. 그리고 법원과 친밀한 소송 전문가를 내세워 재판에서 승소하면 구조 조정은 말짱 도루묵이 되곤 했다. 그것이 그동안의 관행이었다. 버스 업체들은 나를 향해 범 무서운 줄 모르는 하룻강아지가 헛힘을 쓴다고 비웃었다.

　"첫 번째 집행 정지 신청 소송에서 우리가 승소하지 않으면 구조 조정은 불가능합니다."

　"내가 직접 소송을 하고 재판에 나가겠습니다."

　이전처럼 팀장이 아닌 과장인 내가 직접 소송 수행을 하기로 했다. 법원에서 신청 사건에 대한 신청서 사본을 보내며 답변서를 제출할 시한을 통보했다. 나는 그날로 바로 100페이지 이상의 답변서를 작성해 다음 날 즉시 법원에 접수했다.

　그러자 다음 날 법원 재판장으로부터 실체 파악을 위한 전화가 직접 왔다. 나는 면허 취소 처분을 하게 된 배경과 시민의 불편 등을 설명하고 공익적 관점에서 버스 구조 조정이 이뤄지고 있음을 소상하게 또 간곡하게 장시간 설명했다.

　그런 노력이 주효했던지 서울시가 승소했다. 면허 취소가 턱밑에 이르자 버스업계는 즉각 반격에 나섰다. 전관예우 부장 판사 출신의 변호사를 소송 대리인으로 선정해 본안 소송에 승리하기 위한 채비를 갖췄다.

　"과장님 어떡해요. 전관예우 변호사인데."

"법원 판결은 공정하니 너무 걱정하지들 마세요."

나는 실무자들을 안심시켰지만 선고일이 다가올수록 법리 싸움에서 승소할 수 있을지 불안감이 커갔다. 마침내 재판일이 되었고 초조하게 판결을 기다렸다.

"과장님. 우리가 이겼어요."

법정에 갔던 담당자의 울먹이는 목소리가 전화기를 타고 전해졌다. 번개에 맞은 듯한 짜릿한 쾌감이 등줄기를 타고 흘렀다.

정리 대상 버스 업체들은 재판에도 지자 거칠어지기 시작했다. 그들은 노조를 움직였다. 머리에 붉은 띠를 동여맨 노조원들이 내가 있는 대중교통과장실로 몰려왔다.

"다른 버스 업체로 가라니 그렇게는 못 하겠소. 근로 조건도 불안하고 고용 승계도 불확실하니 우리 회사 면허 취소를 당장 철회하고 회사를 살려내시오."

그럴 수 없음을 설명했다. 노조 지부장을 비롯한 노조원들은 그 즉시 과장실을 점거하고 철야 농성에 들어갔다. 섬뜩한 협박도 이어졌다.

"이게 뭔지 아시오? 활활 타는 신나요. 회사도 없어지고 먹고 살길도 없으니 나는 죽을 수밖에 없소. 혼자 죽기는 억울하니 당신이랑 나랑 함께 죽읍시다."

신나 통을 흔들며 무시무시한 겁박을 했다.

"저녁 길 조심해라. 니 배때지는 철판 둘러 칼이 안 들어갈 것 같냐?"

가족을 협박하기도 했다.

"애들 학교 길도 조심시키드라고."

아이들 운운하는 말에 소름이 끼쳤다. 아이들을 당분간 다른 곳으로 피신시켜야 하는 것 아닌가 고민도 했다.

그러나 한편으로는 그들이 딱했다. 어렵고 가난한 사람들이었다. 가진 것 없이 고단한 버스 운전에 종사하고 있었다. 고향 형님 중에도 맨몸으로 상경해 새벽과 밤중을 교대해가며 운전하는 분도 있었다.

사무실을 차지하고 내가 나타나면 잡아먹을 듯 구호를 외치는 그분들과 대화를 시도했다. 처음에는 완강하게 대화를 거부하며 거칠게 욕을 하기도 했지만 부도난 회사에 대한 원망이 없을 리가 없었다.

"지금 다니는 버스 업체가 정리되더라도 해고가 되는 것이 아닙니다. 기사 분들을 그대로 새 회사에 고용하겠다고 약속하는 회사를 서울시는 우선으로 인수 업체로 결정할 것입니다. 그러니 걱정하지 마세요. 기사들에게 월급도 제때 주고 파업을 하지 않아도 되는 회사를 다닐 수 있습니다. 버스가 갑자기 운행을 멈추면 시민들이 얼마나 큰 불편을 겪습니까. 학교도 못 가고 출근도 못 합니다. 그런데 회사를 튼튼하게 운영할 생각도 능력도 없는 업체 대표를 언제까지 그대로 두고만 봐야 합니까?"

과장실에 출근해서 날마다 설득하자 점거 투쟁의 명분이 사라져 농성 기사 분들 숫자가 점차 줄었다.

그러자 버스 업체 사장들은 이번에는 정치권을 동원해 압력을 넣었다. 정당의 실세 국회의원을 동원하고 청와대 비서실장까지 동원했다. 회유가 계속되자 상관인 교통실장도 흔들렸다.

"부도난 회사들이 스스로 재기할 수 있게 여유를 주고 퇴출은 하지 맙시다."

"한 번 원칙이 흔들리면 전체가 좌초할 수 있습니다. 여기에서 그만두면 똑같은 피해를 다시 시민들이 받아야 합니다."

나는 강경하게 나갔다. 더 윗선인 고건 시장의 한결같은 지지와 신뢰 덕분에 원칙이 흔들리지 않았다. 끝까지 믿고 지지해주는 것이 상사의 가장 중요한 자세라는 걸 배웠다. 과장직을 수행하며 7개의 버스 업체 면허를 취소해 버스 업체의 재정비가 이뤄졌다. 그런 도중에 버스 준공영제가 시행되었다.

우물에 두레박 달기 - 2002년 제1회 '서울정책인대상'

나는 청춘 남녀 중매는 성공해본 적이 없지만, 교통카드 결합에는 성공했다.

교통카드가 처음 나왔던 1996년, 버스에는 선불카드가, 지하철에는 후불카드가 각각 사용되었다. 카드 사용량이 늘어나자 교통카드를 버스나 지하철 둘 다 사용할 수 있게 해달라는 민원이 잦았고 그당시 교통관리실의 중요 현안이 되었다. 그러나 교통카드 호환 사용은 서울시가 단독으로 결정할 수 없는 사항이었다. 특허권을 가진

두 카드 회사가 합의해야 하는데 각자의 기득권이 침해될까 봐 합의에 소극적이었다.

미국 유학 2년을 다녀와 대중교통과장에 부임해보니 교통카드 호환 사용 문제는 고건 시장의 당면 과제로 설정되었지만, 여전히 제자리였다. 누군가 적극적으로 나서지 않으면 안 되었다. 버스와 지하철을 이용하는 시민들의 편의를 위해서도 한 장의 카드로 대중교통을 자유롭게 이용할 수 있게 만드는 일이 꼭 필요했다.

카드 업체들을 만나 그들의 이야기를 충분히 들었다. 두 업체 모두 버스와 지하철로 분리돼 안정화돼 있는 본인들의 교통카드 영업장이 통합으로 인해 손실이 발생할 위험성이 있다는 것을 가장 크게 우려했다. 카드 시장을 흔들지 않고 통합할 방법을 찾아 고민을 거듭했다.

'그래, 국제연합 상임이사국이 갖는 비토권과 같은 권한을 선불·후불 양 교통 카드사에 부여하자.'

중매쟁이처럼 두 카드사를 4개월에 걸쳐 오가며 마침내 어렵게 합의점에 이르렀다. 협약서 체결만 하면 머지않아 한 장의 카드로 지하철과 버스 두 곳 모두 쓸 수 있게 되었다. 관계자들이 모두 사무실에 모였다.

그런데 상관인 실장이 회의에서 협약서 안건을 상정하지도 않은 채 종료시키고 밥이나 먹으러 가자고 말했다. 참으로 당황스러웠다. 몇 개월을 걸쳐 가시밭길을 오가며 어렵게 쌓았던 공든 탑이 와르르 무너지는 순간이었다.

배신감으로 도저히 얼굴을 마주 보고 숟가락을 들 자신이 없었다. 부하 직원의 고생을 다 봤으면서 그렇게 쉽게 꺾어버릴 수가 있는가. 끼니를 거르고 홀로 사무실에 남아 타 부서로 전출할 결심을 했다. 전출 서류를 작성하고 기다렸다가 점심을 마치고 온 실장에게 면담을 신청했다.

"교통카드 호환은 지난 몇 년간 시민들의 요구가 빗발친 사안입니다. 시민의 편의를 위해서 꼭 필요한 일이었습니다. 어렵게 두 회사의 합의를 이끌어냈는데 이렇게 휴지 조각이 돼버렸으니 배신감이 듭니다. 저를 다른 부서로 보내주십시오."

실장은 당황했다.

"나도 부임 후 통합 협의를 위해 노력했지만 잘 안 되네. 시간이 더 걸리더라도 후불카드를 없애고 선불카드로 단일화하는 게 좋다고 생각하네."

"합리적으로 생각해보십시오. 후불카드 회사가 망하는 길인데 합의하겠습니까?"

실장은 쉽게 대답하지 못했다.

"대중교통을 이용하는 사람들은 서민들입니다. 선불제로 한다면 당장 돈이 없으면 대중교통을 이용할 수 없게 정책을 후퇴시키는 것입니다. 실장님의 뜻이 그러하다면 저를 전출시키고 그렇게 하십시오."

전출서를 책상 위에 내민 마지막 배수진이었다. 실장도 화가 났다.

"꼭 그래야만 하겠는가?"

"어렵게 합의를 했는데 무산돼버렸습니다. 두 회사의 얼굴을 어떻게 보면서 교통실 일을 하겠습니까."

실장은 한참 동안 말없이 나를 노려봤다. 상사에게 이렇게 뻗치고 대드는 것이 얼마나 조직의 질서를 흔드는 일인지, 내 자신의 평판에 어떤 영향을 끼칠지, 내 앞날에 어떤 걸림돌로 작용할지 모르는 바는 아니었다. 그러나 그런 계산으로 뒷걸음질 치는 것은 비겁한 일이었다.

무엇보다도 시민을 주인으로 정책을 계획하고 실행해야 한다는 원칙을 무너뜨릴 수 없었다. 냇가에서 소들이 싸움이 붙어 머리를 맞대고 끝내 버티듯 그렇게 묵묵히 실장의 맞은편에 고집스럽게 앉아 있었다. 실장이 벌떡 일어나며 소리쳤다.

"자네 고집대로 진행하게."

"감사합니다, 실장님. 이 은혜 잊지 않겠습니다."

바로 그날 달려가 협약서에 서명을 받았다. 크리스마스 전날 철도청장의 서명까지 완료되었다. 성탄절 다음 날 마지막으로 협약서에 시장의 서명을 받았다.

"수고했어."

오랜 진통 끝에 성사된 통합이었지만 고건 시장은 담백한 한마디로 서류에 서명했다.

시간 차를 두고 버스와 지하철에 선·후불카드 모두가 사용되었다. 4년을 질질 끌어오던 문제가 깔끔하게 마무리되었다. 3개월의 준비 기간 내내 실험실과 현장에서 셀 수 없이 많은 테스트를 거쳐

2000년 5월 공지된 날짜에 호환카드를 사용 가능하게 했던 관계자들의 얼굴이 지금도 떠오른다. 얼마나 수고가 컸는지 모른다. 20년이 지난 지금 교통카드 이용자 절반을 훌쩍 넘는 사람이 후불카드를 쓴다. 눈앞이 캄캄했던 어려운 고비를 넘어 정착된 교통카드 결합에 지금도 보람을 느끼는 이유다.

불법 주차와 통행 정체, 교통사고 등 대부분의 교통 문제는 자동차 때문에 발생한다. 대중교통이 편리하고 싸고 쾌적하고 안전해야지 자동차 이용을 줄일 수 있다는 게 나의 소신이었다. 지하철과 버스의 불편 문제를 해결하기 위해 전심전력한 까닭도 이 때문이다.

버스와 지하철은 생김새는 다르지만, 시민들의 발인 대중교통이라는 점은 똑같다. 버스와 지하철 요금을 교통카드 한 장으로 결제할 수 있도록 통합한 뒤에는 버스와 지하철을 하나의 교통수단으로 편리하게 연결하고 도중에 갈아탈 때 요금을 최소화하는 작업에 들어갔다. 목적지에 가기 위해 지하철과 버스, 지하철 호선을 갈아타야 할 경우 복잡하고 2배의 차비가 들기 때문에 택시를 타거나 자동차를 운전하는 경우가 많기 때문이다.

바꿔 타기 불편을 최대한 줄이고 갈아탈 때 요금도 할인해주는 정책을 구상해 준비를 마쳤다. 그런데 요금 할인을 하려면 추가로 40억 원의 예산이 필요했다. 예산 부서에 요청하고 예산과장과 예산국장인 정책기획관을 찾아 여러 번 설명했으나 너무 서두르지 마라며 반대할 뿐이었다. 중점 사업이니 시장께 보고해달라는 요청도 무시되었다.

애가 탔다. 얼마나 좋은 제도인가. 시민들의 환영하는 모습이 눈에 보이는데, 이런 시민 편리가 상사들의 비협조로 무산될 위기에 처하자 부하 직급인 과장으로서 무력감이 들었다. 시키지도 않은 일, 시행돼도 상사들이 영광을 차지할 수 없는 일이라 그런가 크게 실망했다.

그런데 하늘의 도우심인가, 그날 시장께서 점심을 교통관리실 과장 이상과 하겠다는 연락이 왔다. 마지막 기회가 분명했다. 그 자리에서 개인의 신상이나 사업에 대해 이것저것 물어보셨다. 그러면서 식사 자리가 마무리돼가고 있었다.

"더 할 말 없는가?"

용기를 내야 했다. 그러나 상사들이 반대하는 일에 고집을 부리다가 좌천을 당하거나 불이익을 당했던 경험이 한두 번이 아니었던지라 망설임도 컸다. 더구나 당장 눈앞에 반대했던 국장, 실장들이 다 보고 있는 상황이고 그 자리에서 나는 최말단 과장이었다. 하지만 이 순간의 기회를 놓치면 환승 요금 할인은 물거품이 될 것이다. 나는 각오하고 드릴 말씀이 있다고 했다. 상관들의 얼굴이 굳고 분위기가 싸늘해졌다.

나는 대중교통 환승 요금제의 필요성과 준비 상황, 예산만 반영되면 당장 2001년 1월 1일부터 시행될 수 있다고 간곡하게 자세히, 하늘에서 내려온 동아줄 잡는 심정으로 말씀드렸다.

"대중교통이 중요하잖아."

이야기를 다 듣고 난 시장은 짧게 한마디 했다. 좋다 나쁘다, 이렇다 저렇다, 하겠다 말겠다 한마디 답변도 없이 선문답 같은 그 한마디를 끝으로 모임은 파했다.

상관들의 눈치가 보였다. 주말 내내 말하지 말 것을 괜히 했나 후회도 약간 했지만, 소신과 원칙으로 시민을 위해 한 일이니 떳떳할 따름이라고 스스로 다독였다.

월요일에 출근해보니 시장께 보고했던 환승 요금 할인 사업 계획서와 예산 요청서를 제출하라는 연락이 왔다. 식사 자리에서 용기를 내어 시장께 올린 제안은 이듬해 서울시의 대표적인 신규 사업으로 실행되었다.

먼 옛날에는 우물에 갈 때마다 무거운 박달나무 두레박을 각각 들고 다녔다고 한다. 그런데 누군가 두레박을 우물가에 하나 걸어놓자 마을 사람 모두가 편해졌다. 길가는 나그네도 물을 쉽게 마실 수 있었다. 두레박이 낡아지면 마을 사람들이 함께 만들어 걸었다. 공용 두레박은 그렇게 생겨났다. 공무원들이 펼치는 행정도 똑같다. 우물에 공용 두레박을 매다는 일이다. 공공의 편리와 이익을 위한 정책을 만들고 실현하는 일이다.

우리나라에서 월드컵이 열렸던 그해 1월 나는 제1회 '서울정책인 대상'을 받았다. 선불제, 후불제 두 종류로 나뉘어 불편했던 시내버스와 지하철 교통카드를 호환해 사용할 수 있게 한 점, 서울시 교통카드를 수도권까지 확대 사용할 수 있게 하고 대중교통 환승 요금 할인제를 시행한 점 등 서울시 교통 정책을 입안하고 실천해 시민들이 대중교통을 편하게 이용할 수 있게 한 공을 인정받은 것이다. 내가 올린 정책이 실현되고 능력까지 인정받으니 행복했다. 공무원 하기 잘했다는 생각이 들며 만족스러웠다.

붉은 악마의 파수꾼들 — 2002년 월드컵 교통 대책

"월드컵 교통 대책이 답이 안 보입니다. 대회가 1년밖에 안 남았는데 큰 틀조차 잡지 못하고 있습니다."

"윤준병이를 책임자로 해."

월드컵 대책 회의에서 고건 시장은 그렇게 간단히 지시했다. 그날로 나는 대중교통과장에서 월드컵교통대책담당 교통기획과장으로 긴급 발령을 받았다. 발령받은 첫날 업무는 새벽 2시가 넘어서 끝났다. 그만큼 긴급한 현안 과제였다. 그동안 준비해온 월드컵 교통 대책 상황에 대한 보고를 꼼꼼하게 받았다. 업무를 빨리 파악해야 문제에 대응하고 해결책을 찾을 수 있었다.

우리나라에서 처음 열리는 월드컵이었다. 전 세계에서 몇 명이 올지 어떻게 해야 할지 한 번도 경험해보지 못한 일이었다. 당연히 우왕좌왕할 수밖에 없지 않은가. 월드컵 대책 회의에서도 교통이 가장 중요하고 시급한 문제이니 압박이 좀 심했겠는가. 확연한 대책이 세워지지 않자 대책 회의에서도 불안하고 조급해 계속 질책을 하고 조직도 정비하게 된 것이다. 예상했던 대로 직원들의 사기는 떨어질 대로 떨어져 있었다.

모 심을 날은 다가오는데 못자리는 엉망인 꼴이었다. 목표도 체계도 예상 문제점과 해결책도 뒤죽박죽이었다. 제각각 자기 몫에 매달려 끙끙댈 뿐 통합도 소통도 부족했다. 나는 호흡을 깊게 했다. 못자리는 엉망이었지만 모 심을 날은 다가오고 있었다. 정해진 날짜가 오기 전에 완벽한 대책을 세워야 했다.

어떻게 해야 하나. 어려운 상황이 닥치자 저절로 고향의 어머니가 생각났다. 입암산 호랑이 우리 어머니는 대장이었다. 아버지는 선생님이셨고 어머니가 1년 농사를 빈틈없이 제때에 해내셨다. 항상 머릿속에는 24절기가 들어 있었고 절기에 맞춰 볍씨를 담갔고 못자리를 하고 모를 심고 김을 매고 추수를 했다. 그 틈틈이 밭에 콩을 심고 배추를 심었다. 메주를 쑤고 간장과 된장을 담갔고 제사와 명절도 치렀다.

어머니는 첫닭이 울면 가장 먼저 일어나 학독에 보리를 갈아 아침밥을 지었다. 잠자는 자식들을 물 묻은 손으로 때려 깨워 아침밥 먹기 전에 피사리를 하러 논으로 몰고 갔다. 일을 안 하면 밥을 굶기겠다고 혼내시며 봐주는 법이 없었다. 백중에는 칡잎 깔아 밀가루에 강낭콩 숭숭 박힌 빵을 쪄주시고 복날에는 삼계탕을 끓여주셨다. 어머니의 지휘와 헌신, 사랑 덕분에 우리 집은 잘 굴러갔다.

그래, 우리 어머니처럼 하자.

문제 해결의 가장 중요한 점은 사람이었다. 전쟁 중에는 장수를 바꾸지 않는 것이 불문율이다. 그러나 장수의 목을 쳐서 책임을 묻는 것 또한 전쟁에서 승리하기 위한 고육지책이다. 장수는 태산처럼 흔들림이 없어야 한다. 완벽하게 업무를 장악하고 지휘해야 한다. 먼저 헌신하고 진심으로 사랑해야 한다.

마음을 다잡았다. 입암산 꼭대기에 올라 바다와 평야와 산맥을 둘러보며 지도를 그리듯 월드컵도 그렇게 대비를 하면 될 것이다. 급할수록 전체를 보자. 큰일일수록 차근차근하자. 농사짓듯 순서대로 하나씩 하다 보면 좋은 결과가 올 것이라는 확신이 섰다.

전쟁의 장수는 가장 먼저 지도를 손에 쥐어야 한다. 그래야 공격과 수비 작전을 세우고 전쟁에 승리하고 부하들의 목숨을 구할 수가 있다. 나는 로드맵을 작성했다. 교통 정책 목표를 명확히 하고 월드컵대회까지 월별로 해야 할 일을 정리했다. 눈에 보이는 골격이 잡히자 다들 심리적 안정을 되찾았고 세부적인 문제점을 체크하고 해결 방안을 찾기 시작했다.

우리는 머리를 맞대고 밤을 지새우며 연구했다. 날마다 회의와 실행 평가로 바빴다. 부서원들을 챙기는 일이 무엇보다 중요했다. 모든 책임은 내 몫이니 적극적으로 일에 임하라고 부탁했다. 『삼국지』의 도원결의가 우리 월드컵 교통대책팀에서 일어나도록 했다. 일이 아무리 힘들어도 인정받고 함께하면 원망이 생기지 않는다.

나는 부서원들의 의견을 최대한 듣고 내 의견을 더했으며 날마다 함께 현장을 누볐다. 부하 직원으로서 내가 겪었던 고초를 내 아래 직원들은 겪게 하고 싶지 않았다. 밥을 함께 먹고 술을 함께 마시며 어깨 걸고 함께 노래를 불렀다. 밤늦게 집으로 전화해서 술을 더 달라 아내에게 호기를 부려 부서원들을 몰고 집으로 갔다. 아내는 늘

반갑게 맞아줬다.

백두산에 올라본 사람은 한라산을 겁내지 않는다. 2002 월드컵은 우리나라를 세계적인 축구 강국으로 도약시키며 전 세계에 충격을 줬지만, 수도 서울의 교통 체계에도 질적인 비약을 가져왔다. 교통 인프라가 재정비되었고 새로운 아이디어들이 속출하고 현장에서 실행되었다.

"도심 전체의 교통 혼잡을 완화하기 위해 차량 홀짝 2부제를 시행해야 합니다."

"외국인들이 많이 올 텐데 외국인들도 쉽게 차를 운전할 수 있도록 도로 안내 체계를 바꿔야 합니다. 영어로 안내판 표시를 해야 합니다."

"외국 방문객들이 지하철을 이용해 월드컵 축구 경기장이나 관광 명소를 쉽게 방문할 수 있도록 대중교통 불편 해소 대책을 마련합시다."

"외국인이 쉽게 택시를 이용할 수 있도록 기사님 교육도 필요합니다. 무엇보다도 바가지요금을 근절해야 해요."

"가장 먼저 상암동 월드컵경기장 주변의 교통 대책을 세워야 해요. 개막식과 네 번의 경기가 예정돼 있잖아요."

대회 날짜가 하루하루 다가올수록 연습과 긴장의 강도가 세지는 국가대표 축구 선수들만큼이나 교통실도 바빴다. 사실 우리는 월드컵 교통 대책 국가대표들 아닌가.

"국내 관람객은 지하철로, 외국인 관람객은 지하철과 대형 버스로 수송합니다. 그러기 위해서는 경기 전후의 승객 수송 능력을 최대한 늘려야 합니다. 상암동 월드컵경기장역을 경유하는 지하철 6호선을 증대하고 운행 시격을 단축해야 합니다."

"개막식에는 월드컵경기장 전용 열차를 운행합시다. 전 세계인의 축제니까요."

"승차와 하차를 매끄럽게 하기 위해서는 플랫폼 혼잡 관리가 중요합니다. 지하철역 진입과 진출은 에스컬레이터로 제한하고 에스컬레이터의 시간당 운행 능력을 검토해 혼잡 상황을 사전에 관리할 수 있는 통제 시스템을 마련합시다."

커피가 새로 채워지고 회의는 지하철이 끊기는 밤늦은 시간까지 계속되었다.

"지하철역에서 하차한 관람객들이 검색대에서 지체되는 것이 큰 문제입니다. 대기 행렬이 크게 발생하면 하차가 불가능해 지하철 운행에도 영향을 미칠 수 있으니 하차 승객이 제때 밖으로 나가도록 검색대 점검과 증설을 요청해야 합니다."

"버스 주차장은 조사해본 결과 1,000대가 주차할 수 있는 공간이 필요합니다. 경기장 서편에 다행히 그만한 공간이 있으니 주차장으로 확보하면 되겠습니다."

"승용차를 몰고 오는 일반 관람객을 위한 주차 공간 확보도 필요하지 않겠습니까?"

"승용차가 경기장 주변으로 몰리면 교통 혼잡이 가중될 수 있으니 가급적 경기장 외곽에 주차할 수 있도록 해야 합니다. 인근 학교

운동장을 임차해 비상 주차장으로 지정합시다."

"승용차를 최대한 자제시켜야 합니다."

"지방에서 오는 대형 버스들이 월드컵경기장 진입로를 몰라서 혼선이 발생하면 길이 뒤엉킬 수 있으니 아예 지역별로 경기장에 접근할 수 있는 최선의 동선을 지정하고, 자세히 안내하는 팸플릿과 안내 표지를 준비하도록 합시다."

회의는 열띤 분위기에서 날마다 계속되었고 그 속에서 싹트고 자라 만발한 꽃들은 월드컵을 빛냈다.

매주 시장 주최로 월드컵 준비 상황 점검 회의가 열렸다. 나는 회의에 참석해서 교통 대책 준비 상황을 보고하고 미비점을 점검받았으며 타 부서의 지원 사항도 논의했다. 고건 시장님의 지시도 있었다.

"외국인 전용 교통카드를 발급하고 지하철 노선 안내도에 경기장으로 접근하는 길을 별도로 표기하고 6호선과 환승하는 역에도 별도로 월드컵 환승역임을 표시해주세요."

차량 2부제를 시행하고 위반 시 과태료를 부과하는 와중에 얌체들도 있었다.

"생업 수단인 차량과 행사 차량, 119나 앰뷸런스 같은 긴급 차량 등은 2부제 적용에서 제외해 운행 허가증을 내주도록 해야 합니다. 언론사 기자들도 취재를 위해서는 허가증을 내줘야 하고요. 관련 부서와 의논해 허가증 발급 신청을 받도록 하세요."

그런데 대상이 아닌데도 신청한 차량이 다수 있었다.

"경호실, 언론 기자 등 권력 기관들이 실제 필요한 차량 이외에도 상사나 동료 배려용으로 추가 신청한 것이 상당해 보입니다. 부정 신청을 걸러내고 원칙에 따라 발급하도록 하세요."

그러자 담당자의 전화통이 불이 났다. 부정 신청자들은 다양한 경로로 허가증을 받기 위해 압력을 가해왔다. 하지만 시민들은 피해를 감수하는데 권력자들만 예외적으로 편의를 누린다면 그것이 부정부패 아닌가. 최대한 원칙에 따른 발급을 지켰다.

"2부제 시행에 시민들 참여율이 저조하다면 말짱 도루묵입니다. 과태료를 매길 수 있다지만 위반 차량들이 많으면 딱지를 뗄 인력도 부족할뿐더러 교통량을 줄일 수 없고 원활하고 안정적인 도로 소통도 불가능합니다."

"과태료 내더라도 차를 운행하겠다고 큰소리치면 할 말이 없지요."

"2부제 성공은 과태료의 벌칙이 아니라 불편을 감수하더라도 월드컵대회에 협조하겠다는 성숙한 시민 의식이 있어야 가능합니다."

가장 큰 문제는 그것이었다. 시민들이 운행이 금지된 번호판의 차를 끌고 나와 도로를 운행하면 차량 2부제는 사실상 실패하는 것이다.

"홍보가 가장 중요할 것 같습니다. 특단의 홍보 대책을 마련해오십시오."

그리하여 서울시와 자치구에서 동원할 수 있는 모든 홍보 수단이 총망라되었다. 보도 자료 배포, 기자 회견, 반상회보, 각종 회의 자료, 통반장 회의, 자치구 부구청장 회의, 방송 대담, 아파트 단지별 안내 방송 등 2002년 초부터 행사 기간까지 시간과 기회가 있을 때마다 시민들에게 알리는 홍보 계획이 마련되었다.

홍보 계획에 따라 최대한 시민 홍보를 시행했지만, 빈틈은 또 있었다.

"과장님, 아무리 홍보를 해도 당일 차를 끌고 나와서 본인은 2부제 시행을 몰라서 그랬다고 변명하면 대책이 없을 것 같아요."

"무슨 좋은 방법이 없을까요?"

다들 머리를 싸매고 방법을 찾아야 했다.

"2부제 시행 당일 아침 6시에서 10시까지 아파트 단지 등 차량이 처음 운행하는 주요 지점에서 직접 홍보와 안내를 하는 게 어떻겠습니까?"

"그 많은 곳을 누가 어떻게 할 수 있겠습니까?"

"서울시 공무원들과 자치구 공무원 그리고 자원봉사자들을 지역마다 배치하면 가능하지 않을까요?"

눈동자들이 반짝였다.

"가능할 것 같습니다. 아파트 입구에서 금지된 차량을 발견하면 2부제 시행을 설명하고 차량을 되돌려 다시 주차한 뒤 대중교통을 이용하도록 권고합시다."

"아예 차를 끌고 나오지 못하도록 당일 아침에 30분 단위로 아파트 안내 방송을 요청합시다."

그렇게만 한다면 분명 성공할 것이라는 확신이 들었다. 최후의 방어선 구축이었다.

시행 첫날 차량 2부제 참여율은 88%의 높은 수준을 기록했다.

30분 단위의 방송과 정문에서의 직접 참여 권유가 큰 효과를 불러 온 것이다. 성숙한 시민 의식이라는 언론들의 긍정적인 보도와 시민들 스스로 만들어낸 결과에 대한 자긍심이 더해져 이후에는 90%의 참여율로 높아졌다.

교통대책위원회에게는 월드컵 4강 진출보다 더 뭉클한 감동이었다. 절반으로 줄어든 차량으로 도시의 길이 정체 없이 날렵하게 소통되는 서울 거리를 보며 동료들과 시민들에게 한없이 감사했던 그 감동은 지금도 잊히지 않는다. 하지만 이것이 끝이 아니었다.

국민은 응원단 유니폼인 붉은 악마가 그려진 빨간 옷을 입고 6월 한 달을 월드컵에 열광했다. 히딩크의 신화와 함께 국가대표단은 승승장구했다. 온 국민이 붉은 악마가 되어 '오 필승 코리아'를 부르며 응원했다. 해외 여러 나라 뉴스에 소개될 정도로 붉은 악마 거리 응원전은 열기를 더해갔다.

"우리나라가 16강에 진출하면 얼마나 좋을까요?"

"그렇게 된다면 소원이 없겠지만 월드컵 16강 진출이 그리 쉬운 일은 아니죠."

"16강 예선전 국가대표 경기를 보러 상암동 경기장으로 가지 못하는 시민들을 위해서 경기장 주변에 대형 스크린을 설치해 응원전을 할 수 있도록 월드컵 조직위원회에서 준비하고 있으니 상암동 주변의 교통정리가 가장 큰 대책일 것 같습니다."

우리는 축구공이 어느 편 골대로 들어가는지 볼 틈도 없었다. 응원 나온 시민과 도로를 통행하는 시민 모두의 편의를 위해 잠시도

긴장을 놓지 못하고 일했다. 16강전이 끝나면 한숨 돌릴 수 있다고 부서원들을 격려하며 박차를 가했다.

그런데 16강이 끝이 아니었다. 8강 진출을 했다. 진땀이 났다. 더 많은 붉은 악마들이 길거리로 쏟아져 나왔다. 교통실은 비상이 걸렸다.

8강전이 끝나면 여유가 있을 거라고 기대했다. 그런데 4강 진출을 했다. 하늘이 노래졌다. 예기치 않은 승전보로 일은 강도가 더 세졌지만, 우리 모두 국민이었기에 기쁨은 이루 말할 수 없었다.

우리는 국가대표처럼 교통전에서 최선을 다했다. 월드컵 기간 내내 교통은 쏟아지는 문제들을 빈틈없이 물 흐르듯 해결하며 시민에게 편의를 제공하고 국가의 위상을 높였다. 서울에서 경기가 열리는 날은 밤낮없이 언제 어디서 공이 날아올지 모르는 골대 앞의 골키퍼 같았다.

하지만 월드컵을 치르면서 우리나라 교통 수준도 크게 업그레이드되었다. 교통 월드컵이 있다면 4강 아닌 우승도 문제없다고 자신만만 외치던 뒤풀이 자리가 그립다.

서울 월드컵 백조는 우아하게 헤엄쳤다. 보이지 않는 물속에서 쉬지 않고 물갈퀴를 젓는 백조의 발이 있었기에 가능한 일이었다. 우리는 역할을 성공적으로 완수했다.

'물 위의 백조는 우아하게, 물속의 물갈퀴는 빈틈없이'.

이 임무는 14년 후 23차에 이르는 촛불집회 때도 마찬가지였다. 촛불 민심은 붉은 악마들보다 더 많았고 기간은 무려 5배였다. 그러나 월드컵의 교통 대책 경험이 있었기에 그때는 덜 허둥거렸다.

백조의 날개는 희고 발바닥은 검다. 난생처음의 월드컵대회를 훌륭하게 헌신적으로 치렀던 교통 국가대표 얼굴들이 여전히 지금도 자랑스럽다.

고건 시장은 공직의 아버지 ― 청렴·원칙·신뢰

내가 행정고시에 합격했을 때 어머니는 기뻐하시며 당부하셨다.

"우리 아들이 과거 급제를 했구나. 증조부께서 아시면 을매나 기뻐하실꼬. 꼭 청백리가 되어야 쓴다."

어머니의 말씀처럼 우리나라는 '관리는 청백리가 최고'라는 자존심을 가지고 있었다.

요즘도 많은 이들의 가장 큰 꿈이 고시 합격이지만 막상 공무 현장에 들어서면 열정이 식고 열심히 일하기보다 줄을 잘 서서 승진하는 걸 봤다. 능력을 키우기보다 학연, 지연 찾아 줄서기에 더 열심이라는 비판을 읽은 적도 있다. 부끄러운 지적이다.

교과서에 실린 김동인의 소설 「감자」에서 몰락한 선비 집안의 딸 복례를 도덕적 타락으로 이끈 게 무엇이었는가. 유교적 도덕률을 가지고 있던 복례는 평양성 밖 소나무 송충이 잡는 일을 나가면서 가치관이 변한다. 소나무에 올라 고생스럽게 징그러운 송충이를 잡는 것보다 감독관 옆에 앉아 술 따르고 노래 부르는 아낙들이 더 돈을 많이 받는다는 걸 알고 나서부터다.

열심히 고생스럽게 일해도 하루 먹고살 만한 돈을 쥐지 못하는데 놀고먹으며 더 많은 돈을 쉽게 버는 길이 눈앞에 있다면 누구나 일하고 싶은 마음이 들지 않는 것은 당연할지도 모른다. 복례는 그 쉬운 길로 발을 디뎠다. 도둑질과 매춘에도 양심의 거리낌이 없어진다. 기존의 가치관과 다른 도덕적 타락을 부끄러워하지도 않는다. 주위에서 바로잡아주려는 사람도 없다.

농사짓던 남편 또한 농사를 팽개치고 도박으로 일확천금을 꿈꾸다 거지들의 소굴인 평양성 밖 칠성문까지 밀려났다. 복례의 매춘을 알면서도 벌어오는 돈에 눈멀어 남편은 오히려 이것을 부추기까지 한다.

선비의 딸인 복례는 결국 비극적인 죽음을 맞는다. 더 끔찍한 것은 살인마저도 돈으로 무마된다는 점이다. 중국인에게 살해당한 복례의 시신은 도살당한 가축처럼 남편에 의해 몇 푼 돈으로 거래되면서 마무리된다. 병든 세상이 잘못인지 개인이 잘못인지 죽은 복례는 우리에게 묻는다.

칠성문 밖 복례뿐 아니라 지금 현대를 사는 많은 사람들이 병든 세상을 탓하며 복례의 길을 간다. 쉽게 승진하기 위해 줄서기에 매진하는 것은 송충이를 잡지 않고 술을 따르겠다는 복례의 선택과 다른 바가 있는가? 더구나 송충이 잡는 험한 일도 아니고 먹고사는 것이 어려울 정도로 박한 봉급을 받는 것도 아닌 공무원들이 더 쉬운 길을 찾아 줄을 서는 것은 복례만도 못한 일이다. 줄서기, 청탁,

뇌물을 부끄러워하지 않는 공무원은 영혼을 매춘하는 도박꾼이자 공동체의 도둑놈이다.

내가 열정이 넘치는 젊은 공무원이었을 때 고건 시장을 만난 것은 행운이었다. 고건 시장은 『목민심서』에 쓰인 대로 백성들 잘살게 만드는 좋은 군수 되고 싶어서 고시 공부를 시작한 분이었다. "돈 받지 마라", "줄 서지 말라"고 이야기하는 선비적 공직자였다. 부하 직원의 말을 주의 깊게 들으시는 안정적 리더였고 빈틈없이 일을 진행하는 행정의 달인이셨다. 지하철 교통망 구축, 난지도 생태 공원, 서울 도시고속도로 건설, 한옥마을 복원 등을 통해 행정도 예술임을 보여주셨다.

그는 "청렴은 사명감 이전에 공직자의 생존 법칙이다"고 늘 강조하셨다. 비리로 얼룩진 한보 수서 택지 분양 때 고건 시장은 청렴과 자리를 맞바꿨다. 수의 계약 압력을 가하는 노태우 청와대 요구를 거부해 괘씸죄로 서울시장에서 물러났다. 후에 한보 분양 특혜 수사 결과 많은 사람이 구속됐지만, 서울시 공무원은 단 한 명도 연루되지 않았다. 고건 시장의 청렴성은 국제적 공인을 받아 몇 년 후 국제투명성기구의 '세계청렴인상'을 받기도 했다.

퇴직 후 기업이나 공기관에서 오라는 것도 거절했다. 고건 시장이 퇴임한 서울시청에 이명박 시장이 들어오자 고건 시장의 빈자리가 더욱 컸다. 내가 가장 닮고 싶었던 나의 멘토 고건 시장은 지금도 내가 가장 존경하는 공직의 아버지다.

청계천 날벼락 — 2002년

공무원 36년 동안 가장 암울했던 시기는 이명박 시장 재임 기간 4년이었다. 8차선 청계고가는 서울을 동서로 연결했다. 청계천 고가 도로는 물길 위에 시멘트 뚜껑을 덮은 복개 도로와 연결해 만들었는데 세월이 흘러 철거를 고려해야 할 만큼 시설이 낙후된 상태였다. 더구나 복개천 안에 메탄가스가 가득 차서 폭발할 위험이 있자 서울시가 곳곳에 환기 구멍을 뚫어 가스를 내보냈다. 이런 상황에서 이명박 시장 후보가 청계천 복개를 걷어내고 자연 하천으로 복원하겠다고 공약을 내걸자 사람들의 관심이 쏠리기 시작했다.

빌딩 숲으로 둘러싸인 도심의 한복판에 맑은 냇물이 흐른다는 상상은 서울 시민들을 흥분시켰다. 모래와 자갈이 깔린 맑은 냇물에서 피라미와 아이들이 수영하고 겨울이면 얼음 위에서 썰매를 타며 옛날처럼 빨래하고 반딧불이와 물새가 날아다니고 천변에서 산책과 달리기를 할 수 있다니. 청계천은 장마철에만 물이 흐르는 건천이니 생태 하천은 불가능하다는 반대 입장도 있었지만, 중동 사막에도 고속도로를 뚫은 현대건설 사장 출신의 신한국당 이명박 후보는 자신만만했다.

상대 민주당 김민석 후보는 청계천 복원이 심각한 교통난을 초래할 것이라며 신중한 접근이 필요하다고 주장했다. 교통량이 많은 8차선 도로가 4차선으로 좁혀지고 동대문 의류상가를 이용하는 사람들의 노상 주차장이 사라져 큰 혼란은 불 보듯 뻔하다는 것이었다. 그러자 항간에서는 교통난이 청계천 복원의 가장 큰 걸림돌처럼 대두되었다. 청계천 복원에 따른 주변의 교통난을 완화하는 것이 청계천 복원의 뜨거운 현안 과제가 되었다.

당시 나는 서울시 교통기획과장으로서 월드컵 2개월을 앞두고 고건 시장의 지휘로 월드컵 교통 대책 시행으로 눈코 뜰 새 없이 바쁘던 시절이었다. 어느 날 여의도 불꽃 축제에 대한 교통 대책을 현장에서 지휘하기 위해 여의나루역을 지나다 선거 유세를 하던 이명박 후보와 짧은 인사를 나눈 것이 만남의 전부였다.

월드컵대회가 마무리된 6월 말, 당선자 이명박은 정무부시장 정두언 씨와 함께 입성했다. 기업인들이 주축이 된 인수위원회는 한양성을 접수한 점령군처럼 기세당당했다.

교통실에서는 청계천 복원 공사에 대한 교통난 완화 대책 구상안을 세워 시장 당선자와 시장직 인수위원회 앞에서 업무 보고를 했다. 차량들이 공사 구간을 우회할 수 있게 도로를 확보할 방법과 홍보 대책, 교통량 감축 방안, 동대문운동장 주변의 교통 수요 관리 대책 실행 방안과 필요할 경우 혼잡 통행료의 징수 등 강제적인 교통 수요 관리 방법 등이 보고되었다. 서울시정연구원의 용역을 거친 보고였다. 교통실 업무 보고에 대해 시장과 인수위원회의 특별한 지적 상황은 없었다.

그런데 엉뚱한 곳에서 불똥이 튀었다. 월드컵이 끝나자마자 이명박 시장은 히딩크 국가대표 감독에게 서울 명예 시민증을 수여했다. 갓 부임한 서울시장의 흥미로운 이벤트에 기자들의 취재가 뜨거웠다. 히딩크 감독의 답사와 네덜란드 대사의 축사가 끝나고 취재 기자들의 일문일답 시간이 시작되려던 순간이었다.

갑자기 이명박 시장이 마이크를 잡았다. 내 아들이 여기 왔는데 히딩크 감독과 사진 한 장을 찍겠다고 말했다. 그리곤 곧바로 객석을 향해 손짓했고 시장의 아들과 사위가 히딩크와 네덜란드 대사가 서 있는 연단 위로 뛰어나왔다. 참가자 모두가 정장 차림으로 참석한 공식 행사에 건장한 청년인 시장의 아들은 슬리퍼에 반바지 차림으로 등장했다. 그리고는 곧 히딩크와 어깨를 걸고 공을 차는 포즈까지 취해가며 사진 촬영에 임했다. 기자들의 카메라 플래시가 번쩍번쩍 터졌다. 이명박 시장은 그 모습을 웃음을 머금고 바라봤지만, 국민 보기에 흐뭇한 일은 아니었다.

"슬리퍼를 찍찍 끌고 연단에 올라가는 것이 말이 되는가."

"시민들의 참석도 통제된 공식 행사에 아들과 사위를 부르는 것이 시장이 할 짓인가?"

"서울시청이 이명박 자택인가?"

여론이 들끓었다. 논란이 커지자 시장은 수습을 위해 방송국 뉴스에 출연했다. 공식적인 행사가 다 끝나고 자연스럽게 된 것이라고 해명하고 물의를 일으켜 죄송하다고 했다. 하지만 연신 웃으며 별일 아니라는 듯 웃는 시장의 태도가 오히려 공분을 키웠다. 1,000여 건의 항의성 글이 쏟아져 시청 홈페이지가 마비되는 상황이 발생했다. 서울시 공무원인 것이 부끄럽다는 내부 직원들의 글까지 다수 등장해 신임 시장과 인수위원회의 심기는 가뜩이나 더 불편해졌다.

착잡한 심정으로 사태를 걱정하고 있는데 교통기획팀장과 주무관이 왔다.

"과장님. 언론담당관에서 교통관리실 차례라며 보도 자료를 내달라고 하는데 무엇을 내면 좋을까요?"

"시장 인수위원회에 보고한 자료를 종합해 청계천 복원 공사 서울시 교통 대책을 보도 자료로 작성하도록 하세요."

그런데 일이 꼬이기 시작했다. 이명박 시장에 대한 질타가 이어지고 있던 차에 언론에서는 교통실 보도 자료에서 시장을 궁지에 몰아넣을 새로운 빌미를 찾아낸 것이다. 청계천 복원 공사와 관련해 서울시가 시민들에게 부담을 주는 혼잡 통행료를 징수할 예정이라고 초점을 맞춰 보도하기 시작했다. 시민들의 분노에 부채질하는 꼴이었다. 언론은 독자들의 반응에 힘입어 일회성으로 끝내지 않고 시민들의 감정에 편승해 시장과 서울시 때리기를 계속했다. 본질에서 벗어난 언론 보도를 진정시키기 위해 교통실에서 보도문을 내고 사실 해명을 했음에도 불구하고 시장 비판 기사는 계속 확대되었다.

외부와 내부 모두 곤경에 처한 시장의 참모진들이 나를 불렀다. 보도문을 작성·배포한 의도를 추궁하며 강도 높은 조사를 이어갔다. 비서실과 감사관실은 나를 이미 시장에 반대하는 내부자라고 판단을 내린 듯했다.

"시장에게 보고도 안 된 사항을 지금 언론에 보도 자료로 제공한 의도가 무엇입니까?"

"보도 내용은 개인적 의견이 아니라 서울시정연구원에서 연구 용역 수행한 결과물입니다. 이미 인수위 보고 때 시장님께서도 보고 받았고 당시 아무런 지적 사항도 없었던 내용입니다. 그리고 통상적으로 교통실 순서라서 보도 자료로 배포했습니다."

"시장의 공약인 청계천 복원 공사를 흠집 내려고 시장의 방침이 확정되지도 않은 통행료 징수 방안을 마치 확정된 것처럼 의도적으로 언론에 보도한 것 아닙니까?"

"그럴 리가 있겠습니까. 혼잡 통행료 징수 계획은 확정이 아니라 검토해볼 수 있는 대안의 하나로 구상 중이라고 보도 자료에 분명히 나와 있습니다."

나는 사실을 분명히 했다. 시장의 최측근 정무부시장 정두언 씨가 특히 불쾌해했다. 시장이 바뀌었는데도 줄을 서거나 몸을 사리기는커녕 과장 주제에 뻣뻣하게 시장에게 대든다고 생각했다. 믿는 구석이 있는지 뒤를 캤다. 정두언 씨가 나에게 조치를 하려 한다는 소문이 저녁연기 피어오르듯 퍼졌다. 나도 이 사실을 조금씩 알아차렸다.

고건 시장 때 잘나갔던 고위 공무원 살생부가 작성되었다는 소문이 돌더니 결국 6명이 좌천되었다. 서울시 정책인 대상을 받은 나도 고건 시장의 총애를 받은 고건맨으로 분류되었다.

승진을 코앞에 두고 좌천되었다. 격이 떨어진 채 한직인 상수도사업본부 경영과장으로 밀려났다. 그나마 문제 삼을 만한 비리가 없었기 때문에 그 정도라고 했다. 입맛에 맞지 않은 공직자를 내쳤다. 기나긴 MB 4년 유배의 시작이었다.

3장

나의 건배사는 주전자
– 36년 공무원 시절 이야기 2

파이시티의 검은 유혹 − 청렴이 이렇이다

MB 4년 임기가 끝나고 좌천되었던 나도 본청으로 복귀했다. 2007년 오세훈 시장 재임 무렵이다. 나는 교통기획관으로 발령받아 서초동 남부버스터미널과 양재동 화물터미널 현대화 사업을 처리하는 위치에 서게 되었다. 서당개 3년이면 풍월을 읊는다던가. 공무원 20년이 넘다 보니 육감적으로 터미널 현대화 사업이 정치권과 깊숙이 유착된 사업이라는 느낌이 왔다. 부임하자마자 며칠 만에 서초동 사업을 설명하겠다며 사업주 면담 신청이 들어왔다.

"터미널 기능 개선을 위해 증축이 꼭 필요합니다. 업무 시설 등을 터미널 위에 건축하려고 합니다."

터미널 시설이 건축된 지 불과 몇 년밖에 되지 않은 상황에 재건축이라니 이상했다. 이전에 나는 주차계획과장으로 근무하면서 서초동 터미널 업무도 관장했기 때문에 그간의 경과를 잘 알고 있었다. 당시에 터미널 부지에 시공사인 진로가 갑자기 부지 매각을 위한 사업 계획 변경 승인을 시에 요청하자 후임자들이 깊은 검토 없이 승인을 해줬다. 이후에 진로가 팔아버린 부지에 고급 아파트가 들어서고 부지를 샀던 이들은 엄청나게 재산 이익을 얻었다. 암묵적인 부동산 투기였다.

'부동산업자들이 정치인을 끼고 터미널 소유자를 설득해 모종의 그림을 다시 그리려 하는구나.'

나는 터미널 업무를 담당하는 팀장과 과장을 불렀다.

"조심해야 할 것 같네. 예감이 좋지 않아."

"왜요?"

"분명 정치권과 결탁한 사업이야. 오해받지 않게 업자들과 관계를 정확하고 깨끗하게 유지하도록 해야 하네. 자칫하다가는 공무원 생활 끝장날 수도 있어."

나의 신신당부에 둘 다 고개를 끄덕였다.

다음으로 전임 교통국장을 만나 내 예감을 확인해봤다.

"예리하군. 문제는 서초동 버스터미널보다 양재동 화물터미널이 더 심각하네. 남부터미널은 ㅈ국회의원이, 양재동 화물터미널은 ㅇ국회의원이 배후에서 밀고 있네. 머지않아 정치권에서 큰 압력이 있을 것이니 조심하게."

거센 폭풍우가 몰려오고 있었다.

시청 도시계획과에서는 현대화 사업에 호의적인 입장이 느껴졌다.

"이명박 시장 규제 완화 방침으로 변경 절차 없이 증축이 가능하게 되었네. 주무 관청의 승인만 있으면 증축할 수 있네. 도시계획부서와 교통국의 동의가 필요하네. 우리 입장에서는 별문제가 없으니 교통국에서 검토 의견을 제출해주면 반영하도록 하겠네."

나는 담당 부서인 주차계획과에 꼼꼼하고 엄격하게 처리 지침을 마련해 도시계획부서에 제출하도록 지시했다.

"현대화 사업으로 버스터미널의 본래 기능이 손상되지 않아야 한다. 앞으로 버스터미널의 수요 변화에 따라 확장이 필요할 경우 확장이 가능하도록 설계해야 한다. 터미널 부지나 시설에 증축되는 업무 시설로 인해서 주변 도로와 고속도로 진입 교통 여건을 악화시켜서는 안 된다. 교통 서비스 수준은 LOE(Level of Efficiency) D 이상을 유지하도록 개선해야 한다."

추진 업자들은 교통국이 제시한 원칙에 발끈했다. 교통국 때문에 사업에 착수하지 못한 채 지침을 완화해달라고 6개월 내내 주차계획과를 찾아와 수없이 괴롭혔다.

그러다가 관련 ㅈ국회의원과 친분이 돈독하던 교통국장이 부서를 이동하자 서초동 터미널 현대화 사업을 아예 포기했는지 더는 연락이 없었다.

다음은 양재동 화물터미널 재건축 사업이었다. 이전 담당자가 그동안의 진행 과정을 자세히 알려줬다. 주식회사 파이시티 이정배 사장은 양재동 화물터미널 부지에 2003년부터 2조 4,000억 원을 들여 지하 6층 지상 35층 물류 시설과 사무실 등 복합 유통 센터를 짓는 국내 최대 규모 복합 유통 단지 사업을 추진하고 있었다. 이명박 대통령은 서울시장 임기가 끝나기 직전에 터미널 부지의 4배에 이르는 대형 상가 건축 허가를 파이시티에 내줬다고 했다. 내가 좌천돼 있을 무렵이었다.

이명박 시장은 4년 동안 시청을 회사처럼 운영했다. 시민의 편의가 아니라 이익을 중심으로 정책을 결정했다. 기업적 마인드로 효율성을 강조하고 개발과 투자에 골몰했다. 절차를 무시하고 결과만 중요시했다. 권력을 과시하고 남용하고 거들먹거렸다. 절제할 줄 몰랐다. 눈치 빠른 이들은 그 앞에 서둘러 머리를 조아리고 충성 맹세와 줄서기를 했고 대통령이 된 후에는 그를 따라 청와대 실세로 군림했던 이도 여럿이었다.

파이시티 사업 허가 심의 과정에서도 서울시청 관련 부서들이 유통 단지 주위의 교통난 우려와 특정 업체 특혜 논란 문제를 완강하게 제기했다. 그러자 이명박 시장은 양재동 화물터미널 재건축 사업을 아예 심의가 아닌 자문 안건으로 분류해버렸다.

그리고 심의 과정 없이 본인이 시장직을 물러나기 50일 전인 2006년 5월 11일에 파이시티가 요구한 세부 시설 변경 허가 결정을 내렸다. 덕분에 사업은 파이시티의 요구대로 무사히 고시되었고 사업 착수만 앞두고 있었다.

"허가받은 대로 개발만 된다면 투자비 회수하고 순이익이 1조 원을 웃돌 것이라고 업계에서는 소문이 파다하네. 황금알을 수백만 개 낳는 오리라는 거야. 오죽하면 이명박 시장도 탐을 낸다는 소문까지 돌겠는가."

삼풍백화점 생각에 머리카락이 주뼛했다.

"이정배 사장의 양재동 화물터미널은 대통령 형인 이상득 국회의원이 배후에서 밀고 있어. 머지않아 정치권에서 회오리바람이 닥칠 테니 자네도 조심하게."

얼마 후 파이시티 이정배 사장이 부임 축하 인사를 하겠다며 직접 사무실로 찾아왔다. 왼쪽 눈 아래 코 가까이 검은 사마귀가 있는 얼굴로 인상은 나빠 보이지 않았다. 하지만 대통령 MB 측근들과 친분이 돈독하고 이상득 의원이 배후에서 뒷받침해주고 있다는 소식을 들어 알고 있었기에 긴장되지 않을 수 없었다.

"공사가 제대로 진전이 되지 않고 있습니다. 잘 좀 협조해주십시오."

"공무원들은 법과 원칙에 따라 공정하게 일을 처리할 뿐입니다."

"잘 아시면서 왜 이러십니까. 교통국의 요구 조건을 모두 수용하면 수익성이 담보되지 않아 사업을 진행할 수 없습니다. 터미널 부지와 시설의 50% 이상이 화물터미널 시설로 계속 유지돼야 한다는 조건을 완화시켜주십시오."

"법에 정해진 원칙을 어찌 제 맘대로 바꿀 수 있겠습니까?"

믿을 것은 법과 원칙밖에 없었다. 파이시티 이정배 사장은 이후에도 수차례 사무실을 방문해서 요구 조건을 완화해달라고 요구했으나 원칙을 지켜 거절했다.

그러자 알게 모르게 로비가 시작되었다. 어느 날 군산에서 변호사를 하는 고교 친구가 만나자는 연락이 왔다. 오랫동안 만나지 못했던 친구라 반가운 마음에 저녁 약속을 하고 나갔다. 친구는 처음 보는 선배 변호사와 함께 나와 있었다. 서로 살아온 이야기를 주고받으며 반주를 곁들인 저녁 식사를 마치고 일어설 즈음이었다. 갑자기 흰 봉투 하나를 내밀며 친구가 파이시티 사업 이야기를 꺼내는 것이었다. 나는 깜짝 놀라 얼굴이 굳어졌다.

"이게 무슨 일인가. 이럴 거면 다시는 연락하지도 말게."

자리를 털고 일어나 바로 나왔다. 이후에도 그 친구에게 몇 차례 연락이 왔지만 다시는 만나지 않았다. 고등학교 친구까지 엮어 연결고리로 접근하는 파이시티의 집요한 솜씨에 기가 막혔다.

또 어느 날은 청와대 비서관으로 자리를 옮겨 근무하던 서울시청 출신 후배에게 부탁을 받기도 했다.

"서울시청에서 근무하던 사람들이 그것 하나 해결 못 하냐는 질책에 시달리는 통에 날마다 죽을 맛입니다. 파이시티건을 빨리 좀 처리해주세요."

청와대에서 압력을 행사한다고? 파이시티 사장이 대통령 선거 때 정치 자금을 뭉칫돈으로 댔다는 말이 뜬소문이 아닌 것이 확실했다.

서울시 행정부시장도 압박을 가하기 시작했다.

"이렇게 사업이 진행되지 못하다가는 회사가 부도날 수밖에 없네. 지금처럼 경제가 어려운 여건에서 자칫하다가는 문제가 심각해질 수 있으니 사업이 빨리 진행될 수 있도록 교통국에서 지원을 해줘야 하지 않겠나."

하지만 공무원으로서 정해진 원칙을 벗어날 수는 없었다.

결국 사업에 착수하지도 못한 채 2010년 이정배 파이시티 사장은 파산 신청을 했고 회사 경영권을 박탈당했다. 경영권 박탈에 정치권의 음모가 개입되었다는 말이 떠돌았다. 곧 횡령과 배임으로 파이시티에 대한 검찰의 수사가 진행되었다. 나는 혹시 몰라 당시 담당자였던 과장들을 불러 꼬투리 잡힐 만한 문제가 없었는지 다시 확인했다. 업자들과 따로 만나 커피 한 잔도 마신 적 없으니 걱정하지 말라는 대답에 안심하면서 공무원으로서의 육감이 주효했다는 생각을 다시 했다. 파이시티 비리 수사가 연일 신문과 방송에 보도되면서 내게도 검찰에서 참고인으로 출석해달라는 요청이 왔다.

　　출두를 앞두고 혹시나 해서 아내에게 물었다.

　　"당신 혹시 나 모르게 받은 것 있으면 지금 말해야 해. 검찰에서는 털면 다 나오게 돼 있다고 큰소리치고 있어."

　　아내는 절대 그런 일 없다고 단호하게 말했다. 그동안 집으로 선물이 오면 아내가 깨끗이 되돌려 보낸다는 걸 나도 잘 알고 있었다. 경비실에 맡기고 가기라도 하면 지갑을 열어 택배비를 지불하면서까지 반송시켰다.

　　어느 해 명절에는 부시장님이 보낸 선물까지 반송하는 바람에 시청 담당 직원이 무슨 일인지 놀란 적도 있었다. 007가방을 들고 찾아온 사람에게 윤준병 씨 이사 갔다고 말하고 문을 닫은 적도 있었다. 아내를 믿기에 안심하면서도 그동안 검찰 수사를 여러 번 봤던 터라 어떤 예기치 못한 돌발 상황이 발생할지 몰라 여러 가지 걱정을 떨칠 수가 없었다.

검찰에서 강도 높은 조사를 받았지만 강고한 원칙 고수가 공무원 생명을 지켜줬다. 흠 잡힐 만한 아무런 문제도 없다는 사실이 확인되었다. 공직 생활 중 그때만큼 아내에게 고마웠던 적이 없었다. 우리 부서원들 모두가 검찰에 탈탈 털렸는데도 먼지 한 점 나오지 않았다. 폭탄은 청와대에서 터졌다.

"대통령의 최측근이었던 최시중 방송통신위원장과 박영준 지식경제부 차관에게 수십억 원을 제공하고 인허가 로비를 벌였다고 파이시티 이정배 사장이 폭로했습니다."

둘은 알선 수재 혐의로 구속되었다. 몸통은 따로 있고 깃털만 구속되었다는 뒷말도 많았다. 대통령과 형은 폭탄에 다치지 않았다. 로비를 하는 사업자들의 물귀신 행태를 다시 확인하는 계기였다. 수많은 사람이 줄줄이 수사를 받았고 서울시 정무조정실장도 파이시티 뇌물 수수에 관련돼 가슴이 아팠다.

공무원이 뇌물을 받는 것은 불나방이 불을 향해 달려드는 것과 같다. 친구가 내민 흰 봉투를 못 이기는 척 집어넣었다면 나 또한 카메라 플래시에 얼굴을 숙이고 9시 뉴스에 방송돼 전국적인 수모를 당하며 구속되었을 것이다.

수사가 마무리되고 이정배 파이시티 사장은 징역 8년을 확정받았다. 이정배 사장실로 찾아와 선거 자금을 요구했다는 이상득 국회의원도 휠체어를 타고 검찰청에 출두했다. 측근들은 구속 수감됐지만, 이명박 대통령은 무사했다.

진실은 언젠가 드러난다. 이명박 전 대통령은 대통령 임기가 끝나고 '다스' 사건으로 수사를 받아 범죄 혐의가 드러났고 파이시티 관련 재조사도 피해갈 수 없었다. 감옥에 수감 중이던 이정배 파이시티 사장은 당시 인허가 로비 때 이명박 대통령도 직접 만나 식사를 했고 정치 자금 제공에 대해 고맙다는 말을 들었다고 검찰 조사에서 밝혔다. 이전에도 수사 중에 관련 사실을 밝혔지만 검찰에서 덮고 지나갔다고 폭로했다. 이명박 전 대통령과 측근들이 자신의 파이시티 회사와 사업 허가권을 통째로 집어삼키려고 일부러 파산을 시키고 경영권까지 박탈했다고까지 주장했다. 그러나 심증일 뿐 구체적인 물증을 제시하지는 못했다.

이명박 전 대통령은 파이시티 뇌물 사건까지 더해져 구속 수감되었다. 서울특별시장, 그리고 일국의 대통령을 지낸 사람이 양심도 상식도 없이 추악하고 초라한 몰골로 수의를 입었다.

어린 시절 애호박 하나를 따온 것에 그토록 매운 질책을 하던 어머니를 생각했다. 하늘은 다 보고 있다가 때가 되면 벌을 내린다던, 그러니 하늘에 부끄럽지 않게 살아야 한다던 그 소박한 신념에 고개를 끄덕이게 되는 날이었다.

당신이 암이라고?

인생을 돌이켜 반성하건대, 나는 좋은 아버지도 좋은 남편도 못 되었다. 나이가 들면서 아내는 나를 시청과 결혼한 사람, 남편이 아니라 '넘편'이라고 말하곤 했다. 서울시청 공무원들이 진짜 가족이고 집 안 가족은 찬밥이라는 서운한 속내를 감추지 않았다. 그렇게 열심이었던 시청에서 승진은커녕 강등을 당해서 한직으로 밀려나고 그곳에서조차 늘 감시를 받는 처지로 떨어졌다면, 그리고 그 나락에서 붙잡고 오를 줄을 던져줘도 정자 나무통처럼 뻣뻣하고 미련스럽게 버팅기고 있었다면?

"여보 나 암이래요."

국장으로 승진돼 교통국 교통기획관으로 물 만난 고기처럼 밤낮으로 정신없이 바쁘던 2007년 어느 날이었다. 암이라며 아내가 그렇게 전화했을 때 나는 무심코 대꾸했다.

"알았어."

나를 겁주려는 농담이라고 여겼다. 분명 거짓말이라고 생각했다. 장군처럼 씩씩한 아내가 갑자기 암에 걸리다니 농담이라도 있을 수 없는 일이었다.

MB 4년 귀양 세월은 나뿐 아니라 가족 모두를 힘겹게 했다. 시민들의 삶을 변화시키는 서울 교통의 새 역사를 쓰겠노라 열정에 가득 차서 새로운 정책을 입안, 집행하고 신나게 일하던 내가 구덩이에 처박혀 세월이나 죽이고 있다며 주위 사람들은 나의 처지를 안타깝게 여겼다. 여기저기 인맥을 동원해 나를 구덩이에서 끌어내 주려 애썼지만 나는 한 번도 응하지 않았다. 그저 법학 공부에만 집중했다. 박사 학위를 받으면 공무원을 그만두고 대학 교단에 설까, 미래를 향한 새로운 계획을 세워보기도 했다.

몇 년째 나를 구제하기 위해 여기저기 애를 쓰시던 장모님은 만나

보라는 사람을 만나기는 고사하고 절간의 고시생처럼 책만 붙들고

있자 몹시 노하셔서 아내에게 역정을 내셨다.

"사내가 새장 안에 갇힌 새처럼 꽉 막혀 세상을 어찌 살려 그러느

냐? 융통성 없이 꽉 막혔다. 앞으로 내 얼굴 볼 생각하지 말아라."

친정어머니와 남편 사이에서 아내가 피를 말리는 세월을 보내고

있다는 걸 나는 알지 못했다. 아니 알면서도 모른 체했다.

별걱정 없이 병원에 갔다. 가서 보니 진짜였다. 내 나이 마흔일곱,

아내는 마흔넷, 세 아이가 모두 학교에 다니는 중이었다. 아내의 몸

에 암은 이미 3, 4기로 진행돼 있었다. 의사는 이 지경이 되도록 뭐

했냐고 물었다.

눈앞이 캄캄했다. 나 혼자 아이 셋과 남겨질 것 같아서.

미안하고 미안했다. 나 때문에 암에 걸린 것 같아서.

무섭고 무서웠다. 아내가 죽을 것만 같아서.

광화문 이순신 장군 동상과 눈이 마주쳐도 눈물이 나왔다.

"아내의 병이 위독하다고 하는데 벌써 죽고 사는 일이 결판 나버

렸을지도 모른다. 아내가 죽는다면 장차 아들 셋, 딸 하나는 어떻게

살까? 마음이 쓰리고 아프다."

언젠가 무심코 읽었던 『난중일기』에 적힌 장군의 그 심정이 내 일

이 되었다.

의사는 인정 없는 목소리로 어렵다고 했다. 이제 무엇을 해야 하

나. 아내가 사는 날까지 옆에서 함께 지내주는 것밖에 내가 할 수 있

는 일은 없었다. 온 힘을 쏟아 아내를 보살피기로 결심했다. 1인실에 입원을 시키고 그날부터 나는 병원에서 자면서 출퇴근을 했다. 퇴근하면 아내와 같이 환자복을 입고 아내를 휠체어에 태우고 오래오래 병원 뜰을 산책했다. 아내와 살면서 가장 가까이서 가장 오랜 시간을 보내게 된 곳이 병원이라니 나는 인생을 참 바보같이 살았구나, 때늦은 후회에 혼자 눈물을 쏟기도 했다.

내가 좌천돼 있던 쓸쓸한 시절 어머니께서는 대두병으로 술을 드시고 황달에 걸리셨다. 큰 병원으로 가라는 말에 강북삼성병원에 입원해 쓸개 절제 수술을 하고 병원에 입원하신 3개월 내내 아내는 하루 세 끼 새로 밥을 해서 병원에 날랐다. 평생 시골에서 집간장과 된장으로 음식을 만들어 드셨던 어머니는 병원 음식을 넘기지 못했다.

나는 어머니가 먹고 싶은 것을 여쭤 아내에게 전화로 말했다. 하루는 비빔밥을 드시고 싶다니 빨리 해서 오라고 채근했다. 아내는 급작스럽게 비빔밥을 해오느라 나물을 제대로 갖추지 못했다. 어머니는 고사리나물을 좋아하시는데 고사리나물이 없었다. 나는 그것을 보고 벌컥 화를 냈는데 아무 대꾸 없던 아내의 눈에 눈물이 핑 도는 걸 보고 미안하다는 말도 못 했다.

아이 셋을 키우면서 자동차도 없이 병원으로 세끼 밥을 해 나르는 것이 얼마나 힘든 일이었을지 몰랐다. 고맙다는 말도 제대로 해본 적 없는 남편이었다.

어머니께서 퇴원하고 또 3개월을 아내는 하루 세 끼 밥을 지어 올리며 어머니를 구완했다. 그때도 나는 아내보다 늘 어머니 걱정에 애가 탔을 뿐이었다. 어쩌면 새벽부터 밤늦게까지 수많은 가족 뒤치 다꺼리에 농사일에 제사에 발바닥에 불이 나도록 살아오신 어머니 와 비교하면 당신 고생은 고생도 아니야, 이런 생각이 은연중에 내 마음속에 자리했는지도 모른다.

미국에 가족 동반으로 2년간 연수 갔던 때도 나는 공부하느라 바 빴고 아내는 아이들 학교부터 모든 생활을 혼자 해결했다. 그 와중 에도 아내는 홍어무침과 간장게장을 만들었고 나는 사람들을 불러 다 먹이는 걸 좋아했다.

내가 부서 직원들과 회식하고 술에 취해 밤늦게 전화해서 "정 여 사 나 지금 한 떼 몰고 가네"라고 전화하면 언제나 환한 얼굴로 문 을 열어주며 안주를 내놓고 술국을 끓여줬다. 아내는 명랑했고 싫 은 기색을 보인 적이 없었다.

우리가 서울에 사는 까닭으로 시골의 형제와 조카들, 부모님께서 서울 집에 자주 오갔다. 20명도 넘는 식구들이 함께 고궁 구경 가던 날 아내가 맛있는 식당에 예약해놓았는데 갑자기 어머니께서 집에 가서 밥을 드시고 싶다고 하셨다. 나는 어머니를 설득하지 않고 아 내를 설득했다.

'당신 나랑 결혼 조건이 어머님 말씀에 토달지 않기로 한 거였잖 아.' 이 마음을 입 밖으로 꺼내지 않았지만, 은연중 눈빛으로 그 약 속을 빌미 삼았는지도 모른다.

식구들 앞에서 낯을 붉히지 않고 아내는 황급히 집으로 돌아와

20명이 넘는 시댁 가족의 밥을 허둥거리며 차렸다. 그때 어떤 심정이었을지 묻지도 다독여주지도 않았다. 나는 나 편한 대로 살아온 사람이었다.

생각하면 미안한 것이 한두 가지겠는가. 다 나 때문이다. 나 때문이다. 아내가 암을 이기고 살 수만 있다면 못 할 일이 없을 것 같았다. 암세포를 제거하는 수술을 하고 항암제 치료를 하는 몇 달 동안 아내는 토하고 또 토하며 밥을 먹지 못했다.

나는 아내에게 생각나는 음식을 말하라 하고 무조건 구해다 먹였다. 한 숟갈만 더 먹자. 한 숟갈만 더 먹자. 토하고 고개 젓는 아내에게 사정하며 콩나물국 국물을 입에 떠 넣어주던 날은 둘이 같이 울었다. 아내는 그때 내가 '마치 서울시 공무 보듯 지극정성으로' 자신을 간호했다고, 그래서 간호사들 사이에 유명한 애처가로 소문이 자자했다고 지금도 가끔 말한다.

진통제를 맞아 통증이 가시면 아내는 곧 죽을병에 걸린 사람 같지 않게 잘 웃었다. 해봤자 별 소용이 없는 걱정에 사로잡히기보다 명랑하게 지내려 노력했다. 주위 사람들 누구에게나 친절하게 대했다. 내가 가지지 못한 아내의 새로운 면을 보면서 아내 덕분에 우리 가족이 얼마나 무탈하게 살아왔는지 알게 되었다.

운이 좋았을까? 아니면 아내의 그런 낙관이 암세포들 기를 죽였을까? 아내는 몇 달 후 무사히 치료를 마치고 퇴원할 수 있었다. 아내는 나에게 그동안 말도 못 하게 서운하게 했던 일을 모두 용서해주겠다고 했다. 나 또한 다시는 아내의 속을 썩이지 않겠다고 다짐했지만, 세상에 그것만큼 지키기 힘든 약속이 어디 있겠는가. 나는 다시 일에 바빠졌다. 하지만 아내의 암 수술이라는 죽고 사는 큰일을 겪으면서 억울하고 분했던 세상의 일들이 사소하고 하찮게 보였고 흐르는 물처럼 굽이굽이 곡절을 겪으며 사는 것이 자연스러운 인생이라는 깨달음도 얻었다.

항암 치료로 인한 호르몬 교란 때문인지 몇 년 후 아내는 다시 갑상선에 이상이 생겨 수술을 했다. 안에서 아내가 수술 받는 동안 수술실 밖에서 초조하게 기다리며 두렵고 외로웠다. 갑상선 수술 후 아내는 급속도로 살이 찌기 시작했고 몸을 지탱하는 다리에 이상이 생겨 또 다리 혈관 수술을 받았다.

아내는 몇 년 사이에 그렇게 세 차례나 큰 수술을 했다. 그리고 그럴 때마다 생을 함께하는 아내야말로 세상 그 무엇보다도 소중한 존재라는 걸, 살아 있다는 것보다 더 큰 사랑은 없다는 걸 뒤늦게 알게 되었다. 아내가 살아 있다는 것, 그것이 가장 고마웠다.

한밤을 달리는 올빼미 버스 ─ 지방자치 정책 대상

남산과 북한산 야행성 조류 올빼미가 두 눈을 말똥말똥 뜨고 서울시를 보고 있는 한밤중에 서울 시내를 달리는 심야 버스가 있다. 바로 N으로 시작하는 번호표를 단 올빼미 버스다. 도시교통본부장으로서 내가 추진한 정책 중에 가장 사랑스러운 결과를 가져온 사업이 올빼미 버스였다.

2011년 박원순 시장이 당선되고 나는 도시교통본부장으로 발령 받았다. 박원순 시장은 시민운동가 출신으로 시정의 목표가 확고했다. 시민 중심 정책, 친환경 정책이 기본 마인드였다. 덕분에 이전과는 다른 창조적이고 획기적인 정책들이 쉽게 꽃을 피울 수 있었다.

해마다 12월에는 눈이 내리고 송년회로 도심은 붐빈다. 그리고 그때는 서울시가 언론으로부터 한결같이 뺨을 맞는 때이기도 했다. 바로 택시의 승차 거부로 인한 시민의 불편과 불만이 폭발하는 시기이기 때문이다.

철쭉꽃 필 무렵 영광 앞바다로 떼 지어 몰려오는 조기 떼로 어부들이 호황을 누리듯 서울의 택시업계도 크리스마스트리가 반짝이는 무렵이 최고의 호황기다. 승객들이 넘쳐나니 기사들은 요금을 많이 받을 수 있는 손님들을 골라 태운다.

급한 승객들은 규정보다 비싸게 요금을 흥정하는 경우도 비일비재하다. 그뿐 아니라 거제도 연평도에서도 조기 떼를 찾아 영광 앞바다로 밀려오듯 경기도 택시들까지 서울로 원정을 와서 영업 구역을 벗어난 불법 영업이 판을 쳤다.

법으로 금지된 승차 거부를 해도 서울시에서는 이들을 규제할 방법이 없었다. 해마다 12월 택시 민원은 반복되지만 치료제가 없는 고질병이었다.

서울시 도시교통본부장으로서 이 난제를 해결할 방안을 찾고 싶었다. 회의 때마다 다양한 아이디어를 모았다.

"승차 거부 신고를 분석해보니 절반 이상이 홍대 입구, 강남, 종로이고 밤 10시에서 새벽 2시 사이가 가장 심각합니다. 이곳에 인원을 집중 배치해서 승차 거부를 단속하는 것이 좋겠습니다."

"승차 거부 택시를 신고하는 방법을 홍보해 신고된 택시에 불이익을 줘야 합니다."

"개인택시업자들에게 12월 한 달 간 밤 9시부터 아침 9시까지 운행하는 심야 전용 택시를 운행하면 어떨까요?"

"승차 거부가 빈번한 지역을 경유하는 버스 막차 시간을 새벽 2시까지 연장하도록 합시다."

다들 시민들의 불편을 해소할 방법을 찾았다. 막차 시간을 연장하고 심야 택시를 늘리고 승차 거부 집중 단속을 펴면서 12월을 보내고 1월에 평가 회의를 한 결과 버스 연장 운행이 가장 큰 효과를 발휘한 것으로 나타났다.

12월뿐 아니라 서울은 한밤중에 일하고 새벽에 퇴근하는 유흥업소 종사 시민들과 빌딩 청소 등을 위해 이른 새벽에 출근하는 시민들도 많았다. 이들은 자동차를 굴릴 형편도 안 되었는데 비싼 택시를 타고 이동을 해서 안타까웠던 차였다. 12월이 지났지만 해마다 도돌이표처럼 되풀이되는 문제를 근본적으로 해결할 방법을 찾고 싶어서 심야 버스 운행을 검토해보라고 지시했다.

"본부장님, 택시회사들이 가만있지 않을 것입니다. 이전에도 여러 차례 실행해보려 했지만 무산되었습니다."

"밤늦게까지 술 먹으라고 부추기는 것이라는 비난도 만만치 않을 것입니다."

"심야 버스 운행에 들어가는 예산이 만만치 않을 텐데요. 예산 낭비라고 시의원들이 반대할 것입니다."

"그래도 일단 검토를 하고 입안해봅시다."

우려 섞인 의견을 들으며 고민하던 중 2월에 신문에서 눈에 번쩍 띄는 기사를 봤다. 전세 버스를 이용해 심야 영업을 하는 버스에 기자가 탑승해 취재한 기사였다.

심야에도 유동 인구가 많아 버스 이용객들로 붐빈다는 내용이 반가웠다. 또 한 가지 전세 버스를 이용한 운송 행위는 법 위반으로 단속 대상이었다. 불법 영업을 단속하고 시민들의 편의를 위해 서울시가 심야 버스를 운행해야 한다는 명분을 찾은 것이다.

바로 그 신문 기자에게 전화했다. 그동안의 고민과 진행상의 난관도 허심탄회하게 말했다.

"기사 잘 봤습니다. 서울시가 지금 심야 버스 운행을 검토하고 있는데 기사 내용을 보니 많은 참조를 할 수 있을 것 같습니다. 기사에 인용한 자료를 요청하면 보내줄 수 있습니까?"

기자는 자신의 취재 기사를 보고 서울시 교통본부장이 즉시 연락을 하자 기뻐했다. 그런데 다음 날 아침 요청한 자료는 도착도 하지 않고 신문에 내 이름으로 인터뷰가 크게 나왔다. "'서민의 발' 보도 하루 만에 서울시 심야 버스 운행"이라는 제목을 달고 있었다. 서울시 교통본부장 윤준병의 실명 인터뷰 형식으로, "서울시가 신문 보도를 접하고 하루 만에 심야 버스 운행을 검토하기로 했다"는 내용이었다.

　나는 잠시 당황했는데 이 기사를 본 박원순 시장이 곧바로 소셜 미디어에 공유하면서 서울시 정책으로 표명했다. 곧 인터넷 댓글로 반기는 내용과 격려가 쏟아졌다. 시민들의 반응이 사업을 추진하는 동력으로 작용해 심야 버스 사업은 본격적으로 추진되었다. 심야 버스 이름 짓기 시민 공모도 했는데 '부엉이 버스', '올빼미 버스'라는 이름이 가장 많았다. 부르기 쉬운 올빼미가 선정되었다. 박원순 시장은 나를 직접 불러 여러 가지 의논을 하고 의견도 제시했다.

　"심야 버스가 운행된다면 2,000원의 요금도 수용하겠다는 시민들 의견도 많으니 그런 부분까지 잘 수용해서 검토해주십시오."

　일반 버스가 달리지 않는 시간에 어떤 경로로 노선을 설정해야 많은 사람이 이용할 수 있을까 고민하던 중 빅데이터를 활용하기로 했다. 빅데이터 분석 컴퓨터가 발전하고 스마트폰 사용이 증가하고 디지털 환경이 조성되면서 사용되는 정보량과 규모가 엄청나게 증가했다. 이 빅데이터를 분석·활용해 적절한 노선을 찾았다.

　시민들의 반응은 폭발적이었다. 밤 11시가 넘어도 막차 걱정에 안절부절하지 않아도 되고 집에서 부모님들은 자녀들이 버스를 타고 귀가한다니 안심할 수도 있었다. 즉시 택시업계의 반발이 있었지만 새벽 출퇴근 시민들이 걱정 없이 이동할 수 있다는 사실 때문에 터진 물길을 되돌릴 수는 없었다. 얼마 지나지 않아 올빼미 버스는 오히려 확대 운영되었다.

　하루 평균 6,000명이 이용하는 올빼미 버스는 안전하고 편리하

고 저렴한 비용으로 높은 만족도를 인정받아 제1회 대한민국 지방
자치 정책 대상을 받았다. 또 시민 선정 10대 사업에서 당당하게
1위를 차지하기도 했다. 지금도 서울의 한밤을 올빼미 버스가 달린
다. 그 버스는 시민들의 밤길을 진심으로 걱정했던 이들의 마음을
고스란히 담고 달린다.

지하철 9호선을 지킨 시민의 영웅
— 시민의 발 지하철을 탐욕에서 공공으로

2012년 지방 선거가 있었던 토요일이었다. 주말 오후를 느긋하게 집
에서 쉬고 있던 나는 텔레비전 연합뉴스 속보에 벌떡 일어났다.

"지하철 9호선 역사와 차량에 6월 16일부터 지하철 요금을 현행
1,050원에서 500원 인상한 1,550원으로 조정한다는 요금 조정 안
내문이 부착되었습니다."

서울시메트로9호선의 기습적인 요금 인상안 발표였다.

확인 즉시 안내문 철거 지시를 했는데 서울시메트로9호선이 지시
를 따르지 않아 우리 직원들이 나가서 안내문을 철거했다. 시장님
도 놀라 전화를 했다.

"요금 인상이 되더라도 인상 수준이 너무 높지 않습니까. 200원
이내에서 조정돼야 시민들이 저항 없이 받아들이겠지요."

조정도 거부한 서울시메트로9호선의 일방적인 지하철 9호선 요

금 30% 인상에 곧바로 시민들의 분노가 터져 나왔다. 그대로 있을 수 없어 일요일 아침 일찍 사무실로 출근했다. 실시 협약에 따른 요금표 이내라면 서울시메트로9호선에서 요금을 정할 권한이 있으니 강제로 되돌릴 방법은 없다고 생각했기 때문에 마음이 몹시 무거웠다.

교통본부장이 해결해야 할 가장 시급한 문제는 지하철이었다. 지하철 9호선은 IMF 외환 위기로 재정이 어려워진 서울시가 민간 자본 맥쿼리에 30년 운영권을 주고 완성했었다.

소유자는 서울시지만 운영자는 민간 자본인 서울시메트로9호선으로 대주주가 맥커리 등 외국 업체였다. 2009년 여름 개통 이후 요금을 둘러싸고 갈등이 많았다.

당시 서울시는 서울시메트로9호선에 IMF 이후의 금융 여건에 따라 13%의 높은 사업 수익률을 약속했는데 그러다 보니 금융 시장 안정으로 이자율이 한 자릿수로 낮아진 이후에도 서울시가 제시한 것보다 높은 요금 인상을 주장했다.

지하철 9호선의 요금이 비싸지면 서민들의 어려움이 커진다. 서울시는 금융 여건이 변했으니 13% 수익률을 현재 이자율인 5% 미만으로 조정하자고 했지만, 불가하다는 답변이 돌아왔다. 아무리 금융 여건이 바뀌었어도 서울시가 동의 없이 계약을 일방적으로 변경하는 것은 불가능했다. 더구나 수익을 목적으로 하는 민간 자본에 계약서를 바꿔 이익을 줄이라고 한다면 콧방귀도 뀌지 않을 게 뻔했다. 이제 겨우 3년이 지났는데, 30년 계약이니 남은 27년을 그렇게 울며 겨자 먹기로 끌려다녀야 할 판이었다. 팽팽한 요금 조정 줄다리기가 접점을 찾지 못해 중단된 상황이었다. 그러다 독단적으로 기습적인 인상안 발표를 한 것이다.

일요일 사무실에 틀어박혀 서울시메트로9호선 관련 서류 일체를 쌓아놓고 한 자 한 자 꼼꼼하게 점검했다. 서류들이 산더미였다. 못자리 피사리를 하듯 한 건 한 건 조사했다. 그러다가 갑자기 내 눈에 확 들어오는 일련의 문구들이 있었다.

"우선 1년간 기존 요금으로 시범 운영을 해보고 시범 운영 결과를 토대로 다시 요금을 조정한다."

조정이 성사되지 않은 상태에서 서울시메트로9호선의 요금 인상 공고 및 안내는 실시 협약 위반이었다. 또 지하철 9호선은 '서울지하철9호선운영'에 운영을 위탁하고 있는데 놀랍게도 운영사에 도시철도 운영 면허가 없다는 점도 발견했다. 무면허 회사에 사업을 위탁한 것이다. 명백한 도시철도법 위반이었다. 떨리는 마음으로 모든 서류를 마저 점검했다.

"유레카!" 요란하게 들썩이는 9호선 주전자 뚜껑에 구멍을 낼 송곳을 서울시메트로9호선이 제공하고 있었다. 기습적인 요금 인상 발표가 아니었으면 교통본부장이 일요일 사무실에 나와 낡은 서류 더미를 헤집어 송곳을 발견하는 일은 없었을 것이다.

서울시메트로9호선이 스스로 긁어 부스럼을 만들고 자기 무덤을 파는구나! 해결의 실마리가 손안에 들어왔다. 칼자루를 쥔 쪽은 이제 민간 자본 서울시메트로9호선이 아니라 서울시였다. 탕에서 발가벗고 뛰어나와 집으로 달려가던 아르키메데스가 나를 보고 빙긋 웃었다.

다음 날 시장과 주요 간부들이 참석한 대책 회의에서 사실 보고를 하고 대응 방향을 정했다. 서울시와 도시교통본부는 강경하게 방향을 정했다. 서울시메트로9호선에 요금 인상 공고를 자진 철회하고 대시민 사과를 할 것을 요구했다. 요구 사항을 수용하지 않으면 협약 위반으로 면허와 사업권이 취소될 수 있다는 걸 알렸다.

그리고 이번 사태에 책임을 물어 대표이사 해임을 위한 공문도 발송했다. 뉴스마다 물 끓듯 했다. 맥쿼리 등 해외 자본이 민간사업을 이용해 폭리를 취하고 있다는 언론과 시민 단체의 비판이 곧 이어졌다. 사업 면허 취소 절차 착수 등 강경한 조치들을 곧장 취해나갔다.

"이길 수 있겠어요?"

서울시 시의원들과 간부들의 우려 섞인 말과 눈빛에 걱정 말라고 힘줘 말했다. 도시철도법을 위반한 것은 서울시메트로9호선이기 때문이다.

나는 압박 수위를 높여갔다. 예상치 못한 허를 찔린 서울시메트로9호선 사장에게서 비공개로 만나고 싶다는 연락이 왔다.

"인상 공고를 철회하고 대시민 사과문을 발표하겠습니다. 다만 쟁점이 되는 특약 조항 효력에 대해서는 소송을 통해 해결할 수밖에 없으니 양해해주십시오."

며칠 후 서울시메트로9호선의 요금 인상 공고 철회와 대국민 사과문이 발표되며 서울시와 협상을 하겠다는 발표가 이어졌다. 예상치 못했던 뜻밖의 결과에 다들 기뻐했다.

그러나 사과문을 발표하는 당일에 서울시를 상대로 특약 조항인 요금 신고 수리 거부 처분 취소 소송을 제기했다는 사실이 언론에 보도되면서 다시 여론이 폭발했다. 서울시메트로9호선의 대국민 사과가 진정성이 없다는 여론의 거센 질타가 이어졌다. 서울시도 기회를 놓칠세라 사과의 진정성을 보일 때까지 협상을 중단하겠다고 발표했다.

1개월 이상의 냉각기를 가진 후 비공식적인 협상에 착수했다. 이번 기회에 9호선 운영권을 서울시가 가져오는 길을 찾고 싶었다. 민간 자본의 탐욕으로부터 싸고 편리한 시민의 교통권을 보장할 최선의 방책은 그것뿐이었다. 민간 자본에게 코가 꿰어 27년을 끌려다녀야 한다고 생각하니 도저히 세월 가기만 기다릴 수는 없었다.

서울지하철9호선운영은 이미 면허권이 없는 것이 밝혀졌으니 또 다른 위탁 업체를 찾든지 면허권을 받아야 할 상황이었다. 하지만 운영권을 서울시가 가져오고 싶어도 주식을 사려면 수조 원이 넘는 예산이 필요해서 그 문제가 가장 난관이었다. 예산이 없어서 민간 업체에 맡기지 않았던가. 여전히 서울시는 9호선을 인수할 예산이 없었다. 그 대안이 투자자들을 교체하면서 이윤 등을 현실에 맞게 재조정하는 자본 재구조화라고 판단되었다. 그러면서 시민들이 지하철 9호선의 주인이 될 수 있는 방법이 필요했다. 나의 고민을 들은 박원순 시장은 통쾌한 의견을 내놓았다.

"시민 펀드로 1,000억 원을 모아봅시다. 시민들이 지하철 9호선에 직접 투자해서 주인이 되는 것입니다. 시중 이율보다 높은 4% 수익만 가능해도 펀드는 충분히 모을 수 있습니다. 서울시는 13%의 이율을 서울시메트로9호선에 제공하지 않아도 되니 이익이지요. 서울시와 시민의 상생입니다. 틀림없이 시민들의 열화 같은 호응이 있을 겁니다."

유레카, 유레카! 창조적이고 혁신적인 아이디어가 넘치는 시장이 내민 신의 한 수였다. 지하철 9호선 시민 펀드는 판매 하루 만에 완판되었다. 1,000억 원을 하루 만에 모은 것이다.

그런데 또 다른 난관에 봉착했다. 자본 재구조화를 위해서는 기존 주주들이 주식을 매각해야 하는데 기존 주주들이 9호선 주식을 팔지 않으려 했다. 특히 맥쿼리 같은 해외 자본은 꿈쩍도 안 했다. 사실 13% 이자를 받는 투자처를 어디서 다시 구할 것인가.

다시 출구를 찾아야 했다.

"서울시메트로9호선의 현금 흐름을 파악해보게."

곧 희소식이 도착했다.

"5월까지 서울시가 재정 지원을 중단하면 부도가 날 것 같습니다."

다행이었다. 부도가 발생하면 주식은 휴지 조각이 된다. 주식을 매각하지 않으면 무면허 운영회사 위탁을 문제 삼아 재정 지원을 하지 않겠다고 압박을 계속했다. 부도 위험에 주요 주주들이 주식 매각 의향서에 서명했다. 협상에 속도가 붙기 시작했다.

2013년 10월 23일 월요일 지하철 9호선 주인이 서울 시민으로 바뀌었다는 기자 설명회를 예고했다. 그런데 서울시메트로9호선이 뒤늦게 프랑스 민간 자본 비올리아의 합의 불발을 알려왔다. 재구조화를 무산시키려는 벼랑 끝 전술이었다. 화산처럼 화가 솟구치려는 걸 참았다. 분화구가 당장 터져 진행을 망쳐버리면 손해가 어마어마할 터였다.

일요일 저녁이 돼서야 운영사 협상단과 비올리아 아시아본부장 및 한국지사장, 서울시메트로9호선 협상단이 본부장 사무실에 도착했다. 그동안의 경위를 정확히 확인한 다음 나는 말했다.

"지금부터 미합의 사항을 진행해주십시오. 밤새 타결이 안 될 경우 월요일 오전 중에 운영사를 교체하고 기자 설명회를 취소하고 재구조화 일정을 변경하는 내용을 시장에게 보고해야 하니 새벽까지는 가부간의 타결을 마무리해주십시오."

합의가 진행되는 사무실 밖에서 바짝바짝 피가 마르고 애간장이 녹는 밤을 보냈다.

남산에 해가 뜬 아침, 관우의 적토마는 마침내 모든 관문을 넘었다. 협상단이 완전 타결을 이뤄낸 것이다. 지하철 9호선의 주인이 민간 해외 자본에서 서울 시민으로 바뀌는 순간이었다. 관우가 마침내 유비를 만나 뜨거운 눈물을 흘리며 껴안듯이 나는 우리 협상단을 껴안았다.

협상 성공으로 서울시는 3조 2,000억 원의 재정을 아끼게 되었다. 보조금 갈등도 사라졌다. 관리 운영비 10% 삭감과 향후 27년간 반복될 인금 인상 요구에 대한 부담에서 벗어났다. 참으로 어렵고 힘든 과정이었다. 한편으로는 난제를 진두지휘하며 해결할 기회가 주어진 것이 내게는 영광이기도 했다. 갓준병, 해결사, 신의 한 수, 소방수 등 여러 별명을 한꺼번에 얻을 만큼 큰 성과였다. 가장 떨리는 별명은 '시민의 영웅'이었다.

"윤준병 본부장님,

지하철 9호선을 지켜낸 시민의 영웅입니다.

2014년 2월 4일 서울특별시장 박원순".

도시 농부 텃밭 일기 2015 – 흙이 주는 작은 행복

8월

본청 밖 은평구 부구청장으로 가면서 주말에는 여유가 생겨 텃밭 농사에 마음을 쏟았다. 흙을 만지고 있으면 마음이 순해진다. 사람으로서 왁다글닥다글 속을 끓이는 문제도 어느 순간 하찮아지면서 마음이 비워진다. 땅에 작물을 심어놓자 비가 오지 않으면 내 마음도 타들어가고 가뭄 끝에 비가 오면 빗방울에 춤추는 호박잎처럼 내 마음도 기뻤다. 방울토마토 붉은색이 예쁘고 오이가 피워 문 노란 꽃도 고왔다. 바빠서 잊고 지냈던 절기에도 몸과 마음이 감응했다.

9월

땅에서는 귀뚜라미 등에 업혀 오고 하늘에서는 뭉게구름 타고 온다는 처서. 모기의 입도 비뚤어진다는 처서. 처서가 지나면 여름 더위가 멈췄다. 아침저녁 선선한 기운이 시작되고 김장 배추와 알타리무, 돌산갓을 심었다. 법정 스님『무소유』를 읽었다.

"흙을 가까이하면 자연 흙의 덕을 배워 순박하게 겸허해지며, 믿고 기다릴 줄을 안다. 흙에는 거짓이 없고 추월과 무질서도 없다."

사람 일도 마찬가지로 때가 있다는 걸 깨닫는다. 서리 내릴 무렵거둬 김장을 해보리라 한다.

10월

직장 동료가 농장에서 따왔다며 잘생긴 모과를 몇 개 가져다줬다. 모과를 채를 썰어 꿀에 재워 모과청을 만들었다. 향기로운 모과와 달콤한 꿀이 기관지가 약한 아내와 아이들의 목 건강에 도움이되기를 바라는 마음이 저절로 우러난다. 예전 중국에서는 사랑하는 사람에게 모과를 그 징표로 건네줬다 한다.

11월

때늦은 감 수확. 연립 주택 마당의 감나무 감들이 서리 맞아 붉어져도 아무도 따지 않는다. 주말에 감나무에 올라 감을 땄다. 나무에서 떨어지면 큰일 난다고 식구들이 보고 놀라 마구 혼을 냈지만 어릴 적부터 나는 감나무에 올라가 감 따는 걸 좋아하는 아이였다. 홍시를 나눠 먹고 소쿠리에 수북한 감을 보니 마음도 한껏 풍요롭다.

12월

북한산 참나무도 단풍나무도 층층나무도 다 화려한 옷을 떨궈버렸다. 잎을 버리지 않고 미련스레 매달고 있으면 새잎은 어디에서 틔울 것인가. 차면 기우는 것이 자연의 이치. 끝이 있어야 새로운 시작이 있다는 걸 겨울나무는 잘 알고 있는 것 같다.

도시 농부 텃밭 일기 2018 — 철이 든다는 것에 대해

4월

곡우에 하늘은 비를 내리시고 나는 퇴비 거름을 뿌려 땅을 뒤집는다. 호박, 오이, 가지, 고추, 케일, 상추, 들깨를 손에 흙 묻혀 심어놓으면 천지부모는 해와 비로 꽃 피워 잎 피워 먹여 살린다. 그걸 나도 가족과 먹는다. 이팝 꽃 피는 여름이 저기 오고 있다

6월

연립 주택 담장에 앵두가 빨갛게 익는다. 고향 집 우물가 앵두나무 앵두 익을 무렵 노란 원추리 꽃 피는 논둑에서 소 먹일 꼴을 한 망태 베어다놓고 시원한 마루에 냅다 누우면 멀리서 들리는 방장산 뻐꾸기 울음소리. 스르르 감기는 낮잠은 달콤했다. 앵두를 따서 물기를 거둔 후 설탕에 재운다. 100일 후 걸러내면 발간 앵두 효소를 마실 수 있다.

7월

소서가 다가온다. 맑은 공기 파란 하늘 살랑거리는 시원한 바람. 작은 더위 소서는 무더위 시작이다. 여름 장마를 부른다. 소서는 하지 무렵에 심은 모들이 뿌리를 내리는 시기. 하지 지나 20일 후 소서가 오면 논매기가 시작되었다. 땡볕에 종일 엎드려 논을 매던 어린 시절의 고생도 추억이 되었다. 북한산에 오르니 계곡에 엄마 오리가 새끼 오리 데리고 소풍 나왔다. 어린 것들이 보송하게 헤엄치는 모습에 저절로 미소가 지어지고 보기 좋았다. 가뭄에 당근, 시금치를 파종했다. 밤에 비 내리니 한없이 기쁘다.

"인생의 어느 한 시점에서 당신은 크게 실패할 것이다. 인생은 다양한 방식으로 당신을 실망시킬 것이다. 이런 시기에 당신은 고통 받고 앞으로 나아갈 힘이 없다고 생각할지도 모른다. 하지만 길은 있게 마련이다 인생의 가치는 어려운 순간에 당신이 어떤 선택을 했는가에 달려 있다."

8월

입추, 서늘한 바람이 불다. 뒤늦게 김장배추를 심다. 무 50개, 배추 72개. 올해는 김장을 많이 할 것 같다.

9월

배춧잎의 연둣빛 애벌레를 잡다. 애벌레가 배추 포기 속에 들어가 있으면 배추는 벌레의 집이 된다.

10월

찬 이슬이 맺힌다는 한로가 지나 생강, 도라지, 고구마를 수확하다. 땅속에서 막 나온 고구마는 막 피어나는 진한 진달래 같다. 이 모든 걸 흙 속에서 찬찬히 품어 기른 자연은 얼마나 위대한가. 노란 호박 껍질을 벗겨 호박죽 끓여 먹게 조각조각 손질해 얼린다.

11월

서울김장문화제 3일 차. 세계 기네스북 기록에 도전하는 행사다. '서울광장 한 장소에서 가장 많은 인원이 김장 담그기'. 서울 시민 3,511명 참여해 45만 포기 90톤 김장을 담근다.

광장에 절임배추가 산처럼 쌓였다. 다들 고무장갑을 끼고 신이 나서 노란 배춧속을 헤집어 고춧가루 양념을 버무린다.

어린 시절 집집마다 돌아가며 김장 담그던 추억이 되살아난다. 부시장이 되니 집에서 안 하던 김장을 열심히 한다.

12월

배추 수확해 김장을 담근다. 45만 포기 김장을 보고 나니 몇 십 포기는 어린애 장난 같다. 김장을 많이 해보니 양념을 바르는 나만의 비법을 터득했다. 배추 포기를 엎어놓고 양념을 바르면 맨질맨질한 배추 표면에 훨씬 잘 꼼꼼하게 빨리 쉽게 양념이 묻는다. 아내는 잘 버무리나 나를 구경하고 딸은 사진을 찍는다. 김장 마치니 부자 된 느낌이다.

12월

눈이 내리는데 방에서는 아로니아 효소액, 감식초, 말벌주가 숙성 중이다. 어머니가 주셨던 호박을 꺼내어 호박죽을 끓여 먹는다. 고향의 어머니 생각. 눈 오는 날은 더욱 고향 집 생각이 난다.

북한산에서 ─ 사랑하는 아들과 인생을

나의 취미는 산행이다.

건강에도 좋고 복잡한 생각을 정리하는데 최고다. 나는 현안 보고에 대해 의사 결정은 일주일 내로 소화하는 것이 원칙이다. 복잡하고 어려운 사안이 있을 때는 몇 시간 동안 산을 타면서 결정했다. 집 뒤에 있는 북한산을 틈날 때마다 오른다.

아들과 함께 산에 오르는 것이 가장 기쁘다. 바쁜 아버지와의 대화가 부족한 아들과 산을 오르고 내리면서 이야기를 나누고 묵묵히 서로의 등을 앞서거니 뒤서거니 바라보고 걷는다. 인생에는 오르막과 내리막이 있으며, 오솔길과 암벽길이 있고, 골짜기가 깊을수록 산마루가 높다는 걸 산에서 함께 배운다. 가파른 길을 오른 후에 꼭대기에서 넓은 세상을 환하게 볼 수 있다는 걸, 길이 험할 때는 서로 손을 잡아주고 끌어주며 의지해야 한다는 걸, 목마른 사람을 만나면 모르는 사이어도 물을 나누고 처음 보는 사람하고도 반갑게 인사를 주고받을 수 있다는 걸 아들은 산에서 배웠으리라.

산에 오르면 늘 고려 말 나옹선사의 말씀이 생각난다.

청산은 나를 보고 말없이 살라 하고
창공은 나를 보고 티없이 살라 하네
탐욕도 벗어놓고 성냄도 벗어놓고
물같이 바람같이 살다가 가라 하네

세월은 나를 보고 덧없다 하지 않고
우주는 나를 보고 곳없다 하지 않네
번뇌도 벗어놓고 욕심도 벗어놓고
강같이 구름같이 말없이 가라 하네

그렇게 산은 티끌과 욕심을 비워주는 스승이다. 가져야 할 것만 가지라고, 많이 가질수록 더 행복할 거라는 믿음이나 보이는 것이 더 중요하다는 생각, 남들이 만들어놓은 가치는 버리라고 일러준다. 산이 일러주는 그 묵직한 말씀을 나도 아들에게 들려주며 함께 걸었다.

너무나 아픈 이름 구의역 김 군 — 메피아와 비정규직 청년

김○○.

우리가 구의역 김 군이라고 기억하는 그의 진짜 이름을 나는 기억한다. 너무나 아픈 이름이어서 잊을 수가 없다. 가족들은 김 군의 이름이 알려지는 걸 원하지 않았다. 그래서 그 아픈 이름을 우리는 언제까지나 김 군으로 기억한다.

『서울을 바꾼 교통 정책 이야기』라는 책과 함께 해외 훈련에서 돌아오자 박원순 시장은 내게 다시 도시교통본부장을 맡아달라 요청했다. 하지만 책에 실린 내용을 문제 삼는 서울시 시의회 시의원들의 몽니에 굴하지 않았기에 본청에서 근무할 수 없었다. 은평구 부구청장으로 갔다. 행정은 어디든 해결할 문제들이 어려운 수학 문제처럼 쌓여 있었기 때문에 시간 가는 줄 모르고 은평구 일에 몰두하고 있었다. 그런 나를 1년도 채 못 돼 다시 도시교통본부장으로 복귀하게 만든 김 군, 그래서 내가 더욱 잊을 수 없는 이름이다.

김 군은 열아홉 살의 하청 업체 비정규직 청년이었다. 지하철 2호선 구의역 승강장에서 스크린도어 오작동 신고를 받은 서울메트로는 유지 관리 협력 업체인 은성PSD에 현장에 출동해 수리하라고 지시했다. 김 군은 혼자 작업을 하다가 진입하는 열차와 스크린도어 사이에 끼어 사망했다.

숨진 김 군의 가방에는 작업 도구인 기름때 묻은 펜치와 마스크 외에 컵라면과 젓가락, 삼각김밥, 수저가 들어 있었다. 수리 지시를 받으면 곧바로 20분 안에 사고 지점까지 출동해야 하니 식사 시간이 따로 없었다. 항상 컵라면을 가방에 넣고 다녔다. 김 군의 죽음에 충격을 받은 사람들은 김 군의 컵라면을 보며 또 눈물을 쏟았다.

서울지하철은 2개의 조직으로 분리 운영되고 있었는데 서울메트로(1~4호선)와 서울도시철도공사(5~8호선) 간의 조직 통합이 계속 불발되는 통에 고민하고 있었다. 서울메트로 노조 찬반 투표에서 반대가 51.9% 나오며 중단됐다. 서울시가 직영하는 5~8호선은 지하철 사고 처리로 인한 노동자들의 인명 피해가 발생하지 않는 반면 주식회사 서울메트로가 운영하는 1~4호선에서는 반복적으로 인명 사고가 발생하고 있었다. 박원순 시장은 두 조직을 통합해 서울시가 직접 운영하는 쪽으로 전환하려 했지만 서울메트로의 비협조로 진척이 이뤄지지 않는 상황에서 사고가 또 터진 것이다. 서울시는 직접 관리 소관이 아니었으므로 산하 기관 서울메트로의 사고 처리를 냉담하게 지켜보는 입장이었다.

김 군은 자신이 다니고 있는 외주 협력 업체 은성PSD가 서울메트로의 자회사로 전환되면 공기업 직원이 될 수 있다는 희망을 품고 정규직이 되기 위해 노력했다. 김 군은 쉬는 날이면 서울메트로 본사 앞에서 고졸 출신 친구들과 피켓을 들고 1인 시위를 해왔다. 서울메트로의 자회사로 전환하는 과정에서 김 군 같은 비정규직은 고용 승계를 하지 않고 그 자리를 서울메트로의 퇴직자들로 채우려 한다는 의혹이 공공연했기 때문이다.

성실하게 일했던 열아홉 살 김 군이 왜 죽어야 했는지 사람들은 답을 찾고자 했다. 원래 안전 규정에 따라 지하철 점검 보수는 열차가 다니지 않는 심야 시간에 시행해야 한다. 서울메트로는 협력 업체에 이 같은 안전 규정 공문을 보냈지만 협력 업체가 지키지 않았다고 했다. 하지만 협력 업체와의 계약에는 사고 발생 시 1시간 안에 현장에 도착해 사고를 처리해야 한다는 조항이 버젓이 있었다. 그 조항이 우선이었기에 2인 1조 안전 규정까지 무시하고 김 군은 열차가 다니는 저녁 시간에 혼자 작업을 하다가 생명을 잃은 것이다.

사고가 발생하자 이전에도 그랬던 것처럼 서울메트로는 수리 노동자 감독은 협력 업체 관할이니 본인들은 아무 잘못이 없다고 책임을 회피했다. 협력 업체는 피해자가 2인 1조 규정을 어기고 혼자 작업을 하다가 일어난 일이기 때문에 피해자의 잘못이라고 떠넘겼다. 아무도 책임지지 않는 구조가 고착되었다. 죽음을 피할 수 없는 구조에 몰아넣고 개인의 잘못으로 전가하는 행태에 사람들은 더욱 분노했다.

서울메트로는 경영 효율화라는 이름으로 최저 입찰가로 선정된 협력 업체에 지하철 사고 처리를 맡겼다. 서울메트로 퇴직자들은 협력 업체 관리 직원으로 재입사해 일은 하지 않으면서 높은 봉급을 챙겼다. 이들은 메트로의 마피아라는 의미로 '메피아'라 불렸다. 메트로 조직에서 파견돼 이윤을 강탈하는 폭력배와 다름없다는 의미였다. 위험한 일을 현장에서 해내는 젊은 비정규직 노동자들의 인건비를 줄이기 위해 메피아들은 2인 1조 작업이 불가능한 소수 인원을 유지했다. 50개나 되는 역의 고장 수리를 담당하는 인원이 평일에 6명, 공휴일에는 5명에 불과했다. 잦은 고장에 업무량이 늘어도 작업 인원을 늘리지 않았다. 이 때문에 김 군과 동료들은 과중한 업무 부담으로 제때에 밥조차 먹을 수 없었지만 한 달 수입은 144만

원에 불과했다.

애초부터 안전 규정이 도저히 지켜질 수 없는 작업 환경에서 홀로 일하다 죽은 김 군은 본인의 죽음까지 스스로 책임져야 했다. 김 군 어머니는 윗사람이 시키는 대로 착하게, 책임감 있게 일하도록 자식을 키운 것을 후회한다고 울었다.

시민들은 구의역 스크린도어에 김 군을 추모하는 포스트잇을 붙이며 추모하기 시작했다. 지하철을 타는 시민들에게 김 군은 자식이었고 동생이었고 친구였다. 부모가 잘살았다면, 정규직이었다면 그렇게 죽지 않았을 거라며 일할수록 가난해지는 흙수저로 태어난 죄라고 공감했다. 그리고 이제 막 사회에 첫발을 디딘 열아홉 비정규직 청년이 고생만 하다가 생명을 잃는 사회는 희망 없는 병든 사회라고 방법을 찾으라고 정부와 서울시와 회사와 국회에 요구했다.

세월호사건 이후 국회에 상정되었던 비정규직 처우 개선법은 야당의 반대로 통과되지 못하고 있다는 사실이 알려지면서 자유한국당에 대한 비난도 거세졌다. 그 법만 통과되었어도 협력 업체 비정규직 김 군의 위험한 작업 환경이 개선돼 죽음을 막을 수 있었기 때문이다. 그런데도 서울메트로는 추모 쪽지가 안전 운행에 지장을 준다며 포스트잇을 제거했다. 하지만 박원순 시장이 방문한다는 소식에 포스트잇을 부랴부랴 다시 붙였고 정치인들이 방문한다는 소식에 국화꽃까지 준비했다.

시민들의 분노는 더 커졌다. 서울메트로는 사장이 사임하고 "김씨에게는 0.1% 잘못도 없다"고 뒤늦게나마 무릎을 꿇고 빈소를 차렸다. 서울 지하철을 감독하는 서울시도 초기 대응에 실패하면서 언론에서도 시장에 대한 무차별 공격이 쏟아지기 시작했다.

"구의역 스크린도어 사고로 '박원순 리더십'에 의문 부호가 붙고 있다. 정비 노동자 고 김 모 씨는 박 시장에게 여러모로 뼈아픈 상처다. 시정 철학의 중심에 있는 '청년', '비정규직', '안전'이란 키워드를 그대로 상징하기 때문이다. 시기, 장소와 사람만 다를 뿐 거의 똑같은 스크린도어 참사가 세 번이나 이어졌다. 박 시장은 물론 서울시 공무원들도 인정하듯 '입이 열 개라도 할 말이 없는 상황'이다."

장례식장에 다녀온 시장은 대책 회의를 열고 나서 교통본부장의 경질을 결정했다. 시의원들의 압력으로 은평구 부구청장으로 나간 지 11개월이었다. 나는 쉽게 답하기 어려웠다.

"서울메트로(1~4호선)와 서울도시철도공사(5~8호선) 간의 조직 통합을 추진할 수 있는 사람이 필요합니다. 교통본부에서도 강력하게 윤 본부장을 요구하고 있습니다. 윤 본부장이라면 그동안의 저력을 보건대 틀림없이 사태를 수습하고 조직의 통합을 이뤄낼 수 있다고 합니다. 제가 지금 SOS를 치고 있다는 것 아시겠지요?"

시장은 시의원들에게 일일이 전화를 해서 당장 위기를 해결할 적임자로 윤준병의 복귀를 알리고 몸소 양해를 구했다고 했다.

"서운해하는 것 잘 압니다. 하지만 서울시 조직과 김 군을 생각해서 결단을 내려주십시오."

그렇게 김 군은 나를 다시 도시교통본부장으로 복귀시켰다. 한없이 비통한 마음이었다. 소를 잃었어도 외양간은 고쳐야 한다. 죽음의 외주화를 막고 시민들의 안전을 위해서는 서울시가 지하철 안전을 담당하는 노동자를 직접 채용하고 관리해야 한다. 그래야 수많은 김 군의 동료들이 안심하고 일할 수 있고 보호받을 수 있다. 그러기 위해서는 조직 통합이 가장 시급한 문제였다. 1년 안에 지하철 1~8호선을 하나의 기관으로 통합하겠다고 김 군의 빈소를 찾아 김 군에게 굳게 약속하고 교통본부로 돌아갔다. 앞이 보이지 않는 난제 중의 난제였지만 김 군이 도와줄 거라 믿었다.

김 군과의 약속을 지키다
— 시민 안전을 위한 지하철 공사 조직 통합 성공

김 군이 우리를 떠난 지 1년이 되기 전 나는 김 군과의 약속을 지켰다. 2017년 5월 31일 서울메트로와 서울도시철도공사 양대 지하철 공사 두 조직을 하나로 통합한 '서울교통공사'가 출범했다. 1981년 서울메트로, 1994년 서울도시철도공사가 각각 설립돼 분리 운영된 이후 23년 만이었다.

언론에서는 '윤준병 교통본부장이 1년 만에 전광석화처럼 통합을 이뤄냈다며, 교통 전문 관료로서의 일사천리식 추진력과 매끄러운 일 처리가 돋보이는 장면'이라고 칭찬했지만 1년 동안의 노·사·정 회의의 어려움은 상상을 초월하는 것이었다. 얼굴이 폭삭 늙을 정도로 험난했다. 그렇지만 교통본부 동료들의 헌신적인 일 처리에 힘입어 김 군과의 약속을 생각하며 기고 엎드리며 어쨌든 나아갔다. 절대 물러서거나 그만둘 수 없는 과제였다.

박근혜 정부 국토교통부에서는 "통합 지하철공사의 거대 노조가 파업할 경우 교통 대란이 우려된다"며 노골적으로 반대 의견을 냈고 서울메트로는 이에 힘입어 통합에 소극적이었다.

어떻게 해야 할까.

지금껏 내 앞에 닥쳤던 어떤 난관보다도 암담한 첩첩산중이 앞에 가로막힌 듯한 기분이었다. 복잡한 머릿속을 정리할 요량으로 따뜻한 차를 마시며 책을 읽는데 나를 붙잡는 구절이 있었다.

"우리는 결국 늘 어둠 속에서 행동하기 마련이므로 선입견을 놓아두고 가볍게 여행하는 것, 눈은 활짝 뜨고 어둠 속으로 들어가는 것이 중요하다."(리베카 솔닛, 「울프의 어둠」 중에서)

"미래는 어둡고 나는 그것이 미래로서는 최선의 모습이라고 생각한다."(버지니아 울프)

책 속의 구절에 기대어서라도 용기를 내야 했다

어두운 미래를 예감하면서도 어둠 속으로 눈을 활짝 뜨고 발을 내딛어야 했다.

나는 따뜻한 찻주전자를 가슴에 품었다. 주전자가 공손하게 허리를 굽혀 차를 따르듯 공경하는 자세로 임하겠다고 마음먹었다. 찻잔에 여러 번 차를 나누듯 마음을 터놓고 오래 지치지 않고 이야기해야 한다고 결심했다. 23차에 이르는 노·사·정 회의에 임할 때마다 나는 따뜻한 찻주전자를 기억했다. 배려와 존중의 자세로 재조정에 나섰다.

논의 사안이 근로 조건과 관련된 일이어서 중간중간 파국에 이를 정도로 어렵고 고통스러운 과정이었다. 서울시 대표로 참여하고 있는 나는 시민의 입장과 눈높이를 반영해야 할 사명이 있다는 책임감을 가지고 시민의 안전과 편의, 경영 효율화가 실현될 수 있는 통합 공사의 기초를 만들기 위해 최선의 노력을 다했다.

다시는 김 군 같은 사고가 발생하지 않아야 한다는 마음이 있었기에 존중하고 배려하면서 끈기 있게 임했다. 안전이 강화될 수 있는 조직을 설계하고 근무 형태를 개선하고 안전 분야는 외주가 아닌 직영으로 운영함으로써 컵라면으로 허겁지겁 끼니를 때우지 않게 안전 업무 담당 직원의 처우를 개선하고 취업 규칙과 필수 유지 비율 개선을 합의했다.

두 회사를 남의 눈치가 두려워 한 지붕 안에 몰아넣는 식의 통합은 안 되었다. 땜빵식의 화합도 안 되었다. 틈이 없는 화학적 결합을 위해 분열될 수 없는 통합이 필요했다. 급히 하느라 신뢰가 어긋나서는 안 되었다. 통합을 목표로 1년이 걸린 오랜 통합 공사가 마침내 23차례의 만남 끝에 탄생했다. 5월 31일 시민 공모로 지어진 새 이름은 서울교통공사였다.

통합 출범식을 앞두고 나는 시청에서 설명회를 했다.

"서울교통공사는 노·사·정 합의를 통한 국내 최초의 공기업 통합 혁신 사례입니다. 이제 서울지하철의 안전을 보강하기 위해서 더욱 근본적인 조치들을 마련해 진행할 시점이라고 생각됩니다. 물론 그

핵심은 '조금 느리더라도 시민 안전을 지킨다'는 것입니다. 인력, 시설, 시스템 전반의 안전 기능을 대폭 보강해 40여 년간 '정시 도착'에 맞춰져 있던 지하철 운영 패러다임을 '안전제일'로 바꿔나가려 합니다. 사람, 안전보다 중요한 것은 없기 때문입니다."

조직의 통합으로 서울교통공사의 규모는 인력 1만 5,674명, 자본금 21조 5,000억 원으로 국내 1위의 지하철 운영 기관이 되었다. 일평균 수송객 680만 명, 운영 역수 277역, 총연장 300km, 보유 차량 3,571량이다. 일평균 수송객 수준은 뉴욕(565만 명), 파리(418만 명)보다 많고, 총연장 수준은 파리(214km), 홍콩(220km)보다 길다.

본사 조직은 안전관리본부를 설치해 1~8호선까지 안전 관리를 일원화했다. 지하철 안전 운행과 전문성 강화를 위해 운영본부는 차량본부와 승무본부로 분리했다. 현장 조직은 기술 직종이 함께 근무하는 기술센터 26곳을 설치해 현장 협업을 강화했다. 1~8호선별 안전관리관도 배치해 사고 예방은 물론 유사시 신속 대응하도록 했다.

통합 이후 본사 중복 인력 393명은 역사 등 현업 분야로 재배치했다. 또한 승강장 안전문 보수 인력 175명을 증원하고 소방 설비·전기 등 안전 분야 64명은 위탁 계약 종료 시 직영으로 전환한다. 이와 관련해 공사는 매년 최소 200명 이상, 2021년까지 총 1,987명을 채용한다는 계획이다.

통합으로 재정 건전성도 강화됐다. 인건비가 절감되고 중복 예산이 조정되면서 연간 295억 원, 10년간 총 2,949억 원을 확보한다. 부채 비율이 201%에서 54%로 감소하면서 공사채 발행(부채율 100%

이하)도 가능해졌다. 절감 인건비 55%는 근로자 처우 개선에 투자한다. 통합 공사 출범 이후 기존 양 공사 간 화학적 통합을 이루기 위해서는 앞으로도 많은 어려움이 예상되지만 시민 안전을 최우선으로 해 노사 간의 소통과 협치로 풀어나가겠다고 설명을 마무리했다. 박수가 터졌다. 언론은 '해결사', '구원투수'라고 나를 칭하며 통합 소식과 안전제일의 지하철 운행 원칙을 전했다.

신문에도 텔레비전에도 1년 사이 흰머리가 부쩍 늘어난, 피곤에 찌든 내 얼굴이 보였다. 그래도 김 군과의 약속을 지켰으니 후련했다. 김 군의 동료들은 위탁 기간이 끝나면 서울교통공사의 정규직으로 전환될 것이고 안전하게 시민의 안전을 책임질 것이다. 하늘나라에 있는 김 군이 웃으며 보고 있기를 바라는 마음이 들었다. 연말 나는 서울시 출입기자단으로부터 '행정의 달인상'을 받았다.

내가 박원순 시장의 간곡한 부름을 받고 교통본부에 돌아온 것은 화제가 되었다. 2016년 6월 2일 《이데일리》는 「구의역 사태 구원투수… 돌아온 윤준병 도시교통본부장」이라는 제목의 기사에서 "윤준병 신임 도시교통본부장의 어깨가 더욱 무거울 수밖에 없다. 윤 본부장은 임명장을 받은 직후부터 바로 본격적인 업무에 돌입, 사고 수습과 함께 재발 방지책을 세우는 데 눈을 돌릴 틈이 없다"고 쓰며 내 행보에 관심을 보였다. 구의역 사고를 성공적으로 수습하고 관리·시스템 문제를 근본적으로 해결하기를 바라는 시민의 염원이 이 기사에서 담겼을 터다. 갖가지 난관을 극복하고 서울메트로와 서울도시철도공사를 통합해 서울교통공사를 출범시킴으로써 그 기대에 부응할 수 있어서 다행스럽다.

촛불집회 – 겨울 광장의 우렁각시들

나는 정말 일복이 많다. 월드컵 교통 대책에서 교통기획과장으로 붉은 악마의 파수꾼 역할을 하고 14년 후 '최순실 게이트'와 관련한 박근혜 대통령 퇴진 촉구 촛불집회에 촛불시민의 파수꾼까지 총괄해야 했으니 말이다.

　강원도를 가던 차 안에서 들었던 노무현 대통령의 서거 소식처럼 세월호 아이들의 죽음은 내게도 적지 않은 상흔을 남겼다. 노무현과 세월호, 그 이름은 지금 들어도 그 소식을 처음 들었을 때 쿵 내려앉았던 심장의 떨림이 여진처럼 남아 있다. 태평양 건너 미국에서 나는 세월호 참상을 접했다. 나의 페이스북에는 세월호와 촛불시위의 심정이 고스란히 기록돼 있다.

　4월 17일
　망연자실했다. 사망 학생 유족들의 찢어지는 고통과 실종자 가족들의 애절한 마음을 감히 어떻게 함께한다고 할 수 있을까. 침몰하는 세월호에 삼풍백화점이 보였고 국민소득 1만 달러의 외형 뒤에 숨어 있는 우리의 민낯을 봤다. 끝까지 아이들을 구하기 위해 애쓴 의인들이 있기에 인간 존재는 그래도 발전하는가.

부자들의 친구가 대통령 된 지 10년, 강은 썩고 박근혜 대통령은 규제의 전봇대를 뽑겠다며 규제 철폐를 단행했다. 그러나 뽑힌 것은 시민의 안전이었다.

세월호 해운회사가 스스로의 이익을 위해 철저하게 대비를 할 테니 정부는 쓸데없이 간섭하지 말라는 주문을 들어준 것이다. 하지만 승객의 안전을 위해서는 규제를 강화해야 한다는 것은 자명하다. 고속 성장에서 잊은 건 사람과 안전이란 가치다. 과도한 경쟁 속에 나만 잘살면 된다는 신념이 사고를 불러오고 끔찍한 참극으로 변질시킨 것은 아닐까.

11월 26일

내일 토요일 대규모 촛불집회를 앞두고 서울에 첫눈이 내렸다.

교통 관리자 입장이다 보니 눈이 반갑기보다 걱정이 앞선다. 특히 도로와 지하철 역사가 미끄러워 촛불집회에 참석할 시민들 안전에 대한 걱정에 마음이 무겁지 않을 수 없다.

하지만 첫눈이 올 때 소원을 비는 것은 오래된 습관이므로 눈송이를 보며 가족들의 건강을 빌었다. 그리고 광장에서 외치는 국민의 요구가 빨리 수용돼 미끄러운 길, 겨울 차가운 광장의 바닥에 몇 시간을 앉아 촛불을 켜고 있는 국민의 고생이 끝나기를 빌었다.

11월 27일

토요일 박근혜 대통령 사퇴를 요구하는 구호 소리와 함께 광화문을 넘어 서울시청 앞 광장, 남대문까지 촛불시민이 꽉 차서 나는 광화문으로 이동할 수가 없었다. 서울시청 옥상에서 워키토키를 들고 교통 상황을 보고받고 통제했다.

멀리 광화문 이순신 장군 휘하에 질서 정연 위대한 국민이 100만 대군으로 촛불을 켜 들고 나라를 바로 세우고 있는 모습은 장엄했다. 조선을 건설한 삼봉 정도전이 정치에 대해 했던 말이 떠오른다.

"천지의 대덕을 일컬어 생生이라 한다. 길가에 씨앗이 하나 떨어져도 천지는 어떻게 하면 이것을 살아나게 할까 생각하며 모든 것을 살리려고 하지 죽이려고 하지 않는다. 성인은 이런 천지의 큰 덕을 본받아 국민을 생생하게 살아 있게 만들어 인仁하게 해야 할 것이다. 인은 국민의 마음이 항상 천지대덕처럼 생생하도록 돌아가는 것을 말한다. 우리 마음이 죽어가면 정치가 필요 없고 국가도 필요 없다. 우리 마음이 생명력을 가지고 있을 때 인仁해질 수 있는 것이다."

12월 10일

위대한 국민!!! 7차 100만 명 이상의 국민이 매주 토요일 저녁에 광화문광장과 서울광장 일대에 모여 촛불시위를 하는데도 한 건의 안전사고도 없이 평화적으로 진행되고 있다. 서울 교통을 책임지고 있는 총괄 책임자로서 국민의 자발적 협조에 감사한다. 매주 반복이지만 서울시 교통 상황 정리를 위해 사무실로 출근하면서 자하문터널에서 경복궁역 사거리, 광화문 삼거리, 광화문광장, 서울광장, 서소문 별관에 이르는 길을 걸었다. 길거리를 가득 메우고 행진하며 외치는 소리를 생생하게 들었다. 어제 박근혜 대통령은 직무 집행에 있어 헌법과 법률을 광범위하게 그리고 중대하게 위배했다는 이유로 국회에서 탄핵 소추안이 가결되었다. 헌법재판소는 박 대통령의 탄핵 심판 절차에 착수한다는 소식이다.

촛불집회가 열리는 동안 서울시청의 3대 과제는 화장실 개방, 교통, 청소였다. 수백 명의 이름 없는 우렁각시들이 촛불집회의 구석구석에서 소리 없이 움직였다는 것을 아는 이는 많지 않을 것이다.

서울시는 촛불집회가 열리는 주위의 빌딩마다 화장실 개방을 요청했다. 호텔 화장실도 개방했다. 주인 입장에서는 영업에 지장을 주고 냄새와 소란을 동반하는 화장실 개방이 반가울 리가 없었지만 차츰차츰 협조하는 분들이 늘었다. 촛불집회의 성공 뒤에는 광화문 광장 주위 아무도 알아주지 않지만 소리 없이 화장실 문을 열어놓은 우렁각시들이 있었다.

집회 후 발생하는 쓰레기를 신속히 처리하기 위해 청소 우렁각시 306명, 청소 장비 30대를 투입했다. 공공용 쓰레기봉투(100ℓ) 4,000장을 배부했다. 자원봉사자 우렁각시 200명을 집회 장소 인근 개방 화장실 주변 11개 구역에 배치해 집회 참가 시민들에게 대중교통 운영 상황 등에 대해 안내했다.

집회가 끝나면 시청 미화원들은 텅 빈 광장에 나타나 2시간 내로 청소를 깨끗이 마치고 올빼미 버스를 타고 집으로 갔다. 촛불집회 참여 시민은 미화원들에게 감사 편지를 전하는 것도 잊지 않았다. 집회 도중에도 후에도 끝나면 참가자들은 참 열심히도 쓰레기를 치웠다. 본인의 가방에 넣어가기도 하고 쓰레기봉투에 담아 쓰레기 없는 성숙한 시민 의식을 보여줬다. 바닥에 똑똑 떨어진 촛불의 촛농까지 무릎을 꿇고 엎드려 깨끗이 긁던 이들의 등이 생각난다.

교통본부는 촛불집회 교통 대책으로 세종대로 등 통제 예상 도로에서는 상황에 따라 실시간 우회 조치를 하고, 시민들의 안전한 귀가를 위해 심야 올빼미 버스 6개 노선 47대를 오후 11시 40분부터 다음 날 새벽 5시까지 정상 운행했다. 지하철 비상 편성 열차를 대기시켜 승객 증가 여부에 따라 임시 열차를 투입하며, 주요 역사에는 안전 요원을 배치해 '무정차 통과' 등 승객 안내를 강화했다.

서울시 교통본부는 논란이 많았던 집회 참여 인원수를 객관적으로 통계를 제시해 논란을 해결하기도 했다. 압사당할까 봐 지하철을 무정차 통과시켰는데도 광화문을 메운 촛불시위 숫자를 정부는 10만이라고 발표했다. 희망 사항일 뿐이었다. 11월 12일 6차 총궐기를 경찰은 26만 명, 주최 측은 100만여 명이라 발표하며 논란이 있었다. 교통본부에서는 교통량 빅데이터를 이용해 수송 분담율 37%인 지하철로 40만 명 이상이 집회에 참여했고 시내버스, 전세버스로 참여한 숫자까지 더하면 100만 명 수준으로 추론할 수 있다고 기자실에 제공했다. 이후부터 시위 참가자 통계 논란이 사라졌다.

물대포를 무용지물로 만든 공은 서울시장 박원순이었다. 9월 광화문 농민 집회에서 백남기 어르신이 물대포에 맞아 의식불명인 상태에서 정부가 촛불시위대를 향해 물대포를 발사한다는 흉흉한 소문이 돌았다. 추운 겨울 시민들을 향해 물대포가 발사되면 안전을 책임질 수 없다는 결단으로 박원순 시장은 서울시 물을 물대포에 제공하지 못하게 했다.

물대포의 물은 소방수를 연결해서 사용해야 하는데 화재 진압 외 용도로 소방수를 사용하면 징역 2년을 처벌받는 법 조항을 근거로 제시했다. 서울시는 소방수를 물대포에 사용할 경우 고발하겠다고 강경하게 대응하며 소방수 꼭지를 잠갔다. 촛불시민들은 더 이상 물대포를 두려워하지 않아도 되었다.

10월부터 시작한 촛불집회의 꺼지지 않는 힘으로 3월 11일 대통령 탄핵 인용이 결정되었다. 청와대 주변 경찰 경비에도 봄이 왔다. 촛불은 나라를 새롭게 만들었다. 5개월 동안 주말마다 마음 졸이며 촛불시위 우렁각시로 보냈던 시간도 끝났다. 5월 촛불정부 문재인 대통령이 탄생했다. 촛불을 들었던 이들은 정의롭고 공정하고 안전한 민주공화국을 염원했다.

"민주공화국의 세상에는 더 이상 무조건 존경받아야 할 군주도 없고 '그 자리에 그냥 가만히 앉아 있는 착하고도 슬픈 백성도 없다. 역사를 변화시키고 전진시키는 첫발은 태풍에도 흔들리지 않는 촛불을 나눠 밝히려는 권리 선언으로부터 시작된다."(육영수, 「잘 가시게, 유신 시대의 특권들이여!」《교수신문》, 2016년 12월 26일)

4장

찌그러진 주전자? 무쇠 주전자!
─ 시련과 대응 이야기

MB의 추억 ─ 4년 유배지에서 받은 박사 학위

공무원 36년은 보람된 일도 많았지만 고통스러운 일도 많았다. 고향을 이유로 억울하게 치인 적도, 잘못을 올곧게 바로잡으려다 되레 얻어맞은 적도 여러 번이었다.

선술집 처마 밑에 매달린 찌그러진 주전자가 내 신세인 것 같아 울적한 순간도 있었다. 그렇지만 지나고 보니 그런 시련들이 나를 단련시켜 무쇠 주전자처럼 단단한 공직자로 만들어줬으니 새옹지마 아니겠는가. 가장 오랜 시련은 이명박 시장 때였다. 4년 내내 나는 시청 밖으로 밀려나 유배지를 떠돌았다. 경상도 출신 시장은 전라도 출신 과장을 신뢰하지 않았다. 이명박 시장은 옹졸한 리더였다.

2002년 7월이었다. 민주당 출신의 고건 시장에서 신한국당 이명박 시장으로 서울시 정권 교체가 이뤄졌다. 인사를 앞두고 주무 과장 또한 모두 교체한다는 소문이 나돌았다. 나는 청계천 보도 자료 사건으로 미운털이 박혔으니 본부를 벗어나 차라리 구청의 행정국장으로 가는 것이 낫겠다 싶었다.

그러나 권력은 무서운 것이었다. 대부분 구청장이 신한국당으로 싹쓸이 당선된 까닭에 전라도 출신이라는 이유로 다들 나를 기피했다. 행정국장이 아니어도 좋으니 집에서 가까운 서대문구에 근무하고 싶어서 전입 요청을 했다. 그런데 이명박 시장과 함께 입성한 정두언 정무부시장의 지역구가 서대문이었고 그의 반대로 그마저도 어렵게 되었다. 전입도 막힌 채 시의 인사를 무작정 기다릴 수밖에 없었다. 아내도 나도 초조하게 가슴이 타들어갔다.

8월, 인사가 단행되었다. 전임 시장 시절의 주무 과장과 보직 과장 대부분 찬 서리를 맞았다. 나 또한 교통관리실 주무 과장에서 졸지에 서기관 초임 보직인 상수도사업본부의 경영부장으로 좌천 전보되었다. 예상했던 터라 무덤덤하게 받아들였지만, 역량과 경력을 무시하는 새 시장의 편 가르기 인사 행태에 울분이 솟구쳤다.

상수도사업본부 경영부장의 업무는 그전 교통기획과장의 업무와 비교해서 참으로 단순했다. 책상 앞에 앉아 컴퓨터로 요금 징수, 회계 및 재산 관리, 전산 시스템 개발 점검 등을 하는 게 업무였다. 출근해서 체조로 몸을 다진 후 일을 하면 10시 30분쯤 되면 그날의 업무 처리가 대부분 완료되었다. 퇴근 때까지 무엇을 해야 하나 고민하지 않을 수 없는 상황이었다.

게다가 이명박 시장 측근들의 집요한 괴롭힘이 계속돼 나를 전담하는 감사관실 암행 감찰 요원을 상수도본부에 배치해 날마다 밀착 감시를 하고 있었다. 덩달아 눈치를 보며 행동을 조심해야 하는 다른 간부들의 원망 어린 항의가 이어졌다.

"윤 부장, 도대체 무슨 잘못을 해서 감찰관까지 달고 온 거야?"

"숨이 막히는구만."

그뿐이 아니었다.

"과장님, 과장님과 만나 술 한잔한 것까지 실장이 어찌 알고 야단 야단이네요."

"과장님이 앞으로 교통관리실 직원들은 윤준병 과장 만나지 말라고 합니다. 아니 퇴근 후에 옛 동료 만나는 것도 맘대로 못합니까. 지금이 무슨 독재 정부 시절도 아니고."

감사관실의 밀착 감시도 모자라 10년 넘게 한솥밥 먹었던 친정이나 마찬가지인 교통관리실 간부들까지 나를 견제했다. 나로 인해 해를 입지 않도록 내가 먼저 피하고 연락도 하지 않았다. 점점 내가 설자리, 내가 만날 사람이 좁아졌다. 점심식사도 감찰관이 따라붙으니 외부 약속을 잡지 않고 구내식당에서 먹고 저녁 술자리도 만들지 않았다. 부서 직원들과 회식하고 밤늦게 아내에게 전화하고 호기롭게 집으로 몰려가 한잔 더 마시는 건 꿈도 꾸지 못할 일이었다.

무엇을 해야 하나 궁리하다 공부를 제대로 해야겠다고 결심했다. 그동안 바빠서 엄두도 내지 못한 박사 논문을 마무리하기로 계획을 세웠다. 단순히 논문만 작성하는 공부가 아니라 제대로 법학 지식을 재충전하고 싶었다. 사법고시용 6개 법학 과목의 교과서를 전부 구매했다. 집중할 일이 생기니 새로운 의욕이 샘솟았다. 일찍 출근해서 체력 단련을 하고 업무를 모두 처리하고 난 10시 30분부터 저녁

10시까지 식사와 휴식 시간을 제외하고 법학 도서를 고시 공부하 듯 읽었다. 굴에서 쑥과 마늘만 먹는 곰처럼 유배 기간을 업그레이 드하는 과정으로 몸과 마음을 전환하니 머릿속의 잡념과 울분, 막 막한 걱정들이 사라지고 멀리 내다보는 여유도 차츰 생겼다.

그렇지만 나를 흔드는 바람을 다 피할 수는 없었다. 1년쯤 지난 어느 날이었다. 간부 회의를 다녀온 상수도사업본부장께서 당장 사 무실로 오라는 전화를 직접 했다. 가보니 다짜고짜 묻는 것이다.

"너 요새 무슨 일 하고 있어?"

"사무실에서 근신을 잘하는 중입니다."

"그런데 왜 그런 말이 나와?"

"저에 대해 무슨 말이 있습니까?"

들어보니 아침 회의 후 정두언 정무부시장이 본부장과 행정국장, 감사관을 본인 사무실로 불러 나를 힐난했다는 것이다.

"총리실에서 윤준병 부장에 대한 전입 내신이 와도 서울시에서는 절대 안 보내줄 것이니 딴생각 말고 제대로 일하라고 하세요."

어이가 없어서 웃음이 나왔다.

"총리께서 나를 왜 부르시겠습니까."

2002년 대통령 선거에서 신한국당 이회창 후보와 경쟁했던 민주 당 노무현 후보가 당선되었다. 고건 전임 시장께서 국무총리로 발탁 되셨다. 총리께 부담이 될까 전화 한 통도 하지 않았다. 그런데도 나 를 마치 대단히 영향력 있는 인물인 것처럼 과대평가하며 견제하고 있다니.

애써 마음을 다잡았다. 정두언 씨를 비롯한 시장 측근들의 색안경은 깨뜨리기 어렵지만, 시장 임기가 끝나면 대통령 선거를 위해 측근들과 함께 썰물처럼 빠지게 될 테니 묵묵히 업무와 공부에만 집중했다.

그런데 갑자기 멀리 떨어진 서초동의 인재개발원 교육기획과장으로 전보가 이뤄졌다. 집이 있는 북한산 자락에서 한강을 건너 우면산 자락으로 날마다 버스와 지하철을 번갈아 타고 남북으로 횡단하며 출퇴근을 했다. 인재개발원 역시 업무 강도는 세지 않았다. 점심시간은 우면산 등산을 하고 일과가 끝날 무렵엔 개발원 테니스코트에서 테니스를 치곤 했다.

하루는 테니스장에서 이명박 시장을 마주쳤다. 이 시장은 소문난 테니스광이었다. 여러 해 동안 남산 테니스장을 공짜로 이용한 사실이 드러나 '황제 테니스' 논란이 불거지자 이번에는 우면산 인재개발원 테니스장을 찾은 것이다. 테니스 라켓을 든 채 나와 마주치자 시장은 한마디 했다.

"자네 여기 있었나?"

"그렇지요."

나는 그동안의 시장 안부도 묻지 않았다. 그렇게 짧게 대답하고 헤어졌다.

이명박 시장은 임기 4년 내내 나를 외지로 돌렸다. 귀양살이 유배자처럼 변방에서 박사 학위 논문을 마무리했다. 2006년 오세훈 시장이 당선되자 나는 곧바로 산업국 주무과장인 산업지원과장으로 발령받아 다시 서울시 본청으로 복귀했다. 그사이 나를 가장 괴롭혔던 것은 해마다 두 번 4년 동안 약 여덟 번의 정규 승진 심사가 있을 때마다 낙방 소식을 전해주는 위로 전화였다. 혹시나 하는 일말의 기대를 걸었다가 밤늦게 위로 전화를 받는 그 순간의 심정을 무어라 말할 수 있을까. 어렵게 진정시켰던 마음이 다시 새까맣게 불타 재처럼 흩어지곤 했다.

인생은 새옹지마라고 했던가. 4년 귀양살이가 아니었다면 승진도 더 빨리하고 세속적 시각에서는 더 빠른 출세를 했을지도 모른다. 하지만 그만큼 더 빨리 퇴직하고 박사 학위를 받기 어려웠을지도 모른다. 인생 4년의 치열한 담금질이 없었다면 전혀 다른 인생이 펼쳐졌을지도 모른다. 인생은 한 치 앞을 모르기 때문에 발 딛고 선 그 순간순간에 최선을 다할 뿐 그 외에 달리 무엇을 할 수 있는지 나는 모른다.

동학 보국안민輔國安民의 보는 바로잡을 보輔
― 2010년 감사원장을 고발하다

『춘향전』에서 이몽룡이 암행어사 출두를 외치는 장면은 참으로 통쾌하다. 부정부패를 저지르는 탐관오리를 벌하고 백성들을 고통스럽게 하는 세금이나 잘못된 관행을 바로잡는다. 조선 시대의 암행어사와 같은 일을 하는 것이 감사원이다.

감사원은 행정부를 감시하는 대통령 직속 기관이다. 국민이 낸 세금이 어디에 어떻게 또 제대로 쓰였는지 감시하는 일을 한다. 공무원이 제대로 일을 하는지, 부정부패를 저지르지 않는지 감사한다. 중요한 나랏일을 하는 행정부가 제대로 일을 못 할 때 그것을 바로잡기 위해 마련된 기관이 감사원이다. 공무원들이 두려워하는 3가지가 시의회와 언론, 감사원이다. 그중 가장 두려운 곳을 꼽으라면 단연 저승사자 같은 감사원이다. 한마디로 공무원의 명줄을 쥐고 있는 기관이 감사원이다.

일반 공무원의 위법을 적발해 책임을 묻는 것을 주 임무로 하는 감사원 공무원들은 일반 공무원들보다 엄격하게 법을 준수해야 한다. 그런데 감사 공무원들이 자신들은 법령 위반을 일상화하면서 공무원들에게 부당한 행위를 반복하면 어떻게 해야 할까?

오리건의 잠 못 드는 밤

1997년 10월 나는 우수 공무원 가족 동반 해외 연수자로 뽑혀 미국 오리건주에서 공부 중이었다. 영어로 진행되는 주립대학 수업을 받고 영어로 보고서를 내느라 언어 스트레스를 몹시 받고 있던 어느 날 서울에서 가슴이 덜컹 내려앉는 전화가 왔다.

"감사원이오. 서울시 종합 감사를 하고 있는데 윤준병 씨가 진행한 일에 법령을 위반한 심각한 불법 특혜 의혹이 보여 전화했소."

태평양을 건너온 목소리는 확신에 차서 추궁했다.

"당신이 면목유수지 복개 주차장 사업에 사업자 변경을 해줬는데 상사 지시를 받고 한 것이요? 과장이 독단적인 결정으로 사업자를 변경해 인가 조치를 해줬다면 파면이 불가피한 사항인데…. 상사의 지시가 있었을 것 같은데 누구의 지시로 사업자 변경을 해줬는지 말하시오."

아닌 밤중에 홍두깨였다. 면목유수지 복개 주차장 사업이라면 주차계획과장인 내가 발로 뛰어서 어렵게 난제를 해결했다고 내심 자부하던 사안 아닌가. 그런데 마치 사업자 변경이 불법 특혜이고 부정한 거래가 있었던 것처럼 의심하는 감사원의 말이 몹시 불쾌하게 느껴졌다. 하지만 감사원의 감사관이라고 하니 최대한 정중하게 답변했다.

"윗분의 지시는 없었고 독자적인 판단으로 처리했습니다. 만약 특혜를 주고 금품을 수수한 의혹이 있다면 검찰에 고발 조치를 해서 사실 확인을 하면 좋겠습니다. 그리고 감사원법에 의하면 의혹이 있을 시 서면으로 질의하게 돼 있으니 서면으로 질의서를 보내주십시오."

양심에 거리낄 것은 없었다. 하지만 밤늦게 먼 나라에서 감사관의 전화를 받고 나니 막연한 불안으로 뒤척이다 뜬눈으로 새벽을 맞을 수밖에 없었다.

그런데 부정 특혜와 금품 수수 의혹까지 받으니 억울하지 않을 수 없었다. 떳떳하니 검찰 조사를 받겠다는 내 말이 감사원의 심기를 건드려 괘씸죄로 두고두고 곤욕을 치르게 되리라고는 상상하지 못했다.

얼마 후 감사원의 질의서가 팩스로 미국으로 도착했다. 복개 사업 절차상의 문제를 묻는 질문에도 사실대로 답변을 작성했다. 미국에서 한글 타자나 인터넷 한글 자판도 없어 부득이 편지지에 답변을 작성해 보냈다. 그런데도 감사원은 절차상의 문제를 들어 정직 1개월의 중징계 처분을 서울시청에 요구했다. 당황스러웠다. 미국에 있으니 징계 요구에 대처하기도 힘들었다. 어렵게 감사원에 재심을 청구해도 소용이 없었다. 감사관의 자존심을 지키기 위한 부당 징계라고밖에 볼 수 없었다.

2년 동안 미국에서 심적 고통과 압박을 겪었다. 귀국 후 열린 서울시 인사위원회에서는 감사원의 징계 요구가 과중하고 열심히 적극적으로 업무를 수행하려다 발생한 과실이어서 징계 처분을 할 수준이 아니라는 결정이 나왔다. 그러나 2년 동안 아내와 함께 마음고생한 일을 누가 알아줄 것인가.

버스 업체의 브로커가 된 감사원 사무총장

3년 후 감사원의 황당한 감사와 징계 요구는 또 있었다. 정부와 서울시가 서울의 공기 오염을 개선하기 위해 천연가스 버스 도입을 추진하면서 일본 출장을 다녀온 후였다. 나는 천연가스 담당 실무자에게 꼭 필요한 현장 시찰이라고 생각했기 때문에 그에게 연가를 내게 하고 출장단에 포함시켜 함께 떠났다. 출장은 순조롭게 진행돼서 일본 천연가스 충전소와 천연가스 버스 운행 실태 등을 둘러보고 귀국했다.

그런데 곧바로 감사원이 일본 출장 건 감사에 착수했다는 연락을 받았다. 알고 보니 일본 출장에 동행했던 버스 업체 사장이 나에 대한 민원 제기 투서를 한 것이었다. '윤준병 대중교통과장이 일본 출장 중에 버스 업체 사장들로부터 향응을 받았다'는 내용이었다.

그리고 민원을 제기한 버스 업체 사장과 친분이 깊었던 감사원 사무총장이 곧장 조사를 지시한 것이었다. 감사원은 천연가스 버스 담당 실무자에게 연가를 내게 해서 출장단에 포함시킨 것이 징계가 불가피한 규정 위반으로 조사를 했다.

내 목을 조이려는 억지 트집이었지만 규정 위반이니 그것은 별수 없었다. 인사과에 미리 요청을 했다.

"담당 직원은 과장인 내 명령에 따라 연가를 받아 동행했으니 잘못이 없으며, 잘못이 있으면 과장인 나에게 책임이 있으니 결과가 어찌 나오든, 동행했던 직원은 징계에서 제외해주십시오."

조사가 진행되던 중 어느 날이었다. 갑자기 인사과장이 호출했다.

"자리를 이동할 생각이 있는가?"

정기 인사가 끝난 후여서 인사이동은 좀 이상하긴 했다.

"네. 좋습니다. 어떤 자리가 있습니까?"

버스 업체 사장들의 행태가 지긋지긋해서 차라리 교통실 아닌 부서로 떠나고 싶었다. 기획조정실은 자리가 없었다. 이상하게도 옮겨갈 수 있다고 제시하는 자리는 하나같이 막 과장 승진을 한 초임자들의 자리였다. 과장을 몇 년이나 한 사람이 가기에는 승진도 수평이동도 아닌 좌천이나 마찬가지인 자리였다. 무엇인가 분명 내막이 있다는 생각을 떨칠 수 없어 인사과장의 제의 배경을 알음알음 알아봤다.

"배후에 감사원 사무총장이 있습니다. 버스업계에서 감사원 사무총장에게 윤준병 대중교통과장을 다른 곳으로 보내달라 요청했고 감사원 사무총장이 행정1부시장에게 윤준병 과장의 보직을 변경해주면 일본 출장 관련 의혹은 없는 것으로 해주겠다고 전달해 부시장이 인사과장에게 지시한 것입니다."

"감사원 사무총장이 버스 업체 사장의 청탁을 받아 서울시 인사에 부당 개입을 했다는 말입니까? 문제를 제기하겠습니다."

버스 업체들은 내가 깐깐하게 업무 처리를 하고 부실 업체 정리를 하고 표준 회계 시스템을 만들어 회계를 투명하게 시스템화하자 나를 눈엣가시로 여겼다. 감사원에 음해하는 투서를 내는 것으로도 모자라 버스업계와 상관없는 부서로 내치려는 음모를 꾸민 것이다. 명예와 위엄을 갖추고 부정부패를 감시해야 할 감사원 사무총장이 업자의 브로커 노릇이나 하고 있다니 썩어도 단단히 썩었다는 생각이 들었다.

"참으세요. 감사원이 갑이고 우리는 을입니다. 더 크게 당할 수 있으니 몸조심하세요."

이런 상황에서 부서 이동을 하면 나는 버스 업체 향응을 받은 걸 인정하는 꼴이고 버스 업체 로비에 당하는 모양새니 보직을 변경하기 싫었다. 보고 사항이 있어 고건 시장님께 보고를 드리고 나의 신상에 대해서도 말씀을 드렸다.

"감사원에서 보직 변경 요청이 왔다고 들었는데 감사원이 제기한 혐의 내용이 사실이라고 확인되면 그때 대중교통과장으로서 징계를 받은 후에 다른 보직으로 옮기고 싶습니다."

시장께서는 간명하게 답변을 주셨다.

"나도 그렇게 생각해. 소신껏 열심히 해."

고건 시장의 담백한 답변에서 신뢰가 느껴졌다. 고 시장은 평소에 다산의 『목민심서』 '율기 편'에 나오는 지자이렴知者利廉을 강조하셨다. 지혜로운 자는 청렴함을 이롭게 여긴다는 뜻이다. 본인은 청렴하기보다는 이렴했다고, 덕분에 그것이 공직 생활의 무기가 되었다고 말씀하시곤 했다.

감사원의 조사 결과가 나왔다. 일부 업자들의 투서 내용은 사실이 아닌 것으로 드러났다. 담당 직원이 연가를 내고 출장에 동행한 것도 감사원은 견책을 요구했으나 서울시 인사위원회에서는 책임을 물을 만한 잘못이 아니라고 결정을 내리고 사건을 종결시켰다.

버스업계 등 이익 단체들은 자신들의 이익이나 입장에 배치되는 공무원이 있을 경우 종종 악의성 투서를 제출해 쫓아내려는 나쁜 행태를 보여왔다. 이런 경우 단호하게 응징해서 불이익을 줘야만 그런 행태를 반복하지 않게 된다. 또 그래야만 선의의 공무원들이 소신을 가지고 열심히 할 수 있다.

음해 투서를 낸 버스 업체에 대해서 나는 대중교통과장에 재직하는 동안 업체에 이익이 되는 버스 노선 조정 등 사업 계획 인가를 일체 보류해서 불이익을 주며 응징했다.

난쟁이 딸 영희는 30년 후 어떻게 변했나

8년 뒤 내가 감사원의 부당 행위에 대해 더 참지 못하고 마침내 감사원장을 상대로 책임을 묻게 된 사건이 터졌다. 오세훈 시장 시절, 관악구 부구청장으로 발령받은 초기였다.

어느 날 산동네 뉴타운 재개발 구역 주민들이 관악구 청사를 점거해 농성을 벌이기 시작했다. 집단 민원이었다. 사정을 들어보니 몹시 딱했다. 1970년대 청계천 등이 개발되면서 봉천동으로 강제 이주당한 주민들이었다.

내가 읽었던 『난장이가 쏘아올린 작은 공』에 나오는 난쟁이 가족들처럼 재개발 철거로 밀려난 사람들이었다. 당시 박정희 정부는 아파트 택지 개발을 하면서 가난한 원주민들을 산꼭대기 땅에 무상으로 집을 짓고 살라고 했다. 수도도 없고 찻길도 없는 달동네가 만들어졌다. 날품팔이를 하거나 행상을 하면서 가난을 벗어나지 못한 채 살고 있는 달동네가 뉴타운 개발 구역이 되면서 재개발조합이 결성되고 조합에서는 시유지인 땅을 사들여야 했다.

뉴타운 분양을 받으려는 외부 부동산 투기꾼들이 몰려들고 땅값이 뛰기 시작했다. 그러자 서울시는 공시지가에서 30%로 오른 가격을 매각 가격으로 결정했다.

주민들이 관악구청을 점거했다. 공시지가를 받고 땅을 팔라는 것이었다. 이들은 빨간 머리띠를 두르고 "서울시는 불쌍한 서민 등골 파먹지 마라", "가난한 서민 피 빨아 먹지 마라"라고 외쳤다.

악다구니를 쓰며 욕하는 아주머니는 『난장이가 쏘아올린 작은

공』에서 등장한 재개발 철거로 쫓겨난 영희의 30년 후 모습처럼 보였다. 공시지가보다 비싸게 사라는 건 어려운 여건에 있는 주민들에게는 부당한 폭력이었다. 법에서 허용하는 최대한의 배려를 약자에게 베풀어야 하는 건 당연한 일이었다.

나는 공시지가보다 130% 이상으로 매각 가격을 결정하는 것은 문제가 있다고 판단했다. 시민들의 주거 개선을 위해 정부에서 시행하는 뉴타운 정책이 정작 공시지가보다 비싼 토지 매입비 때문에 지역의 원주민 토박이들은 밀어내고 외부 투기꾼들의 재산을 불리는 일이 된다면 공정성과 정의의 원칙에도 모두 어긋나지 않는가.

민원 대책 회의를 하고 서울시 주관 부서와 협의를 거쳐 재개발조합의 감정 평가액을 토대로 공유재산심의위원회 재심의를 통해 사정해 시가의 가격(공시지가의 117%)으로 매각하는 것으로 방향을 정했다. 달동네 주민들도 원하는 만큼 전부는 아니어도 꽤 낮아지자 얼굴도 풀리고 점거 농성도 풀었다.

내가 정치인은 아니지만, 공직자로서 합당한 절차를 받아 깔끔하게 민원을 해결했다는 사실에 보람을 느꼈다.

그런데 감사원에서 관악구가 재개발 시유지 매각 가격을 공시지가의 130% 이상의 금액으로 처리하지 않았으니 저가 매각이고 따라서 관악구청이 법을 어기는 행정 처리를 했다는 지적을 했다. 감사를 하면서도 감사 공무원들은 오만한 자세로 수감 공무원들을 향해 모욕적인 발언까지 서슴지 않았다. 나는 더 참을 수 없었다. 오히려 적극적으로 민원을 처리한 모범 사례로 평가돼야 할 일이 아닌

가. 그런데도 감사원은 나를 3개월 정직시키라는 무거운 징계를 서울시에 통보했다.

나는 징계 요구에 불복해 절차를 밟아 감사원에 다시 심의해달라고 신청하면서 감사원이 잘못한 부분을 구체적으로 자료를 통해 조목조목 지적했다. 그러나 감사원은 제출된 자료를 제대로 검토하지도 않고 형식적인 재심의를 해 감사원은 잘못된 판단이 없었다고 기각시켜버렸다. 나는 더욱 충격을 받았다.

법원의 판결을 통해 이 사안을 규명해볼 필요가 있다고 생각했다. 감사원에 맞설 경우 닥쳐올 여러 불이익을 감수하고서라도 소송을 진행하기로 결심했다. 감사원의 무소불위의 부정한 권력을 휘두르게 내버려둬서는 안 된다고 결심했다. 법원에 감사원장을 포함한 관계자들의 책임을 묻는 소장을 접수했다.

감사원 통보를 받고 서울시에서는 인사위원회를 열었다. 나의 일처리가 문제가 될 것이 없다고 결정해 불문 결정을 내렸다. 감사원의 요구가 잘못되었다는 점이 서울시에서는 확인된 것이다.

얼음 바다로 뛰어드는 첫 번째 펭귄

동학농민혁명은 보국안민의 기치를 내세웠다. 보국안민의 보는 바로잡을 보輔다. 수레바퀴를 튼튼하게 하기 위해 덧대는 덧방나무라는 뜻에서 만들어진 글자다. 보국은 잘못된 정치를 바로잡고 정상적인 나라가 되도록 나라를 돕는다는 뜻이다.

감사원이 본래의 임무를 망각하고 권위적인 관행으로 공무원 위에 군림하는 것을 바로잡는 것 또한 나라와 국민을 위한 일이기도 하다. 감사원이 본연의 제 임무―나랏일을 하는 행정부를 감시하고 바로잡는 일을 제대로 하지 못하면 피해는 공무원뿐 아니라 국민과 국가에도 미치기 때문이다.

박원순 시장이 당선돼 인사 발령을 낼 때 일이다.

"감사원장을 고발하셨다고 들었습니다. 서울시와 감사원의 관계가 원활해야 하니 고발을 취하하는 것이 좋겠다는 의견이 많습니다. 징계를 당하지도 않았고 하니 취하하시는 것이 좋겠습니다."

"시장님, 저는 30년을 토박이로 살아오신 그분들의 터에 그분들을 위해 건설하는 뉴타운이라면 그분들을 먼저 배려해야 한다고 생각합니다. 그분들은 정당한 요구를 하고 있었습니다.

오랫동안 우리 사회에서 소외됐던 약자들입니다. 거품이 생기기 전의 가격에서 깎은 것도 아니고 상당히 오른 가격인데도 그분들은 양보하고 협상에 응했습니다. 합법적인 정해진 절차를 통해 금액을 일정 정도 낮춰지도록 노력한 저의 행위는 오히려 적극적으로 민원을 해결한 모범적인 사례로 인정받아야 한다고 생각합니다.

그런데 소신을 가지고 처리한 이 일이 정말 감사원의 판단대로 잘못된 것인지 대법원의 판단을 꼭 받아보고 싶습니다. 고위 공직자인 제가 감사원의 판단처럼 업무를 잘못 처리했다면 나는 5급 감사관의 판단 능력조차 갖추지 못했다는 말이 아닙니까? 그게 사실이라면 저는 고위 공무원으로서 자격이 없습니다. 그러나 제 판단이 옳다는 대법원의 판결을 받으면 감사원의 현재 운영 시스템은 대수술이 필요합니다. 감사원의 기강이 바로잡히지 않으면 감사할 자격도 감사받는 의미도 없습니다. 공직 사회가 바로 서고 건강한 시스템으로 작동하려면 감사원 개혁이 우선입니다."

"그렇다 해도 개인적인 명예 회복을 위해 조직을 곤란에 빠트리는 것은 재고해주십시오. 지금껏 공무원이 감사원장을 고발한 일은 한 번도 없었습니다. 감사원에서도 불쾌하게 여기고 감사원장의 망신 주기로 판단할 수 있습니다. 이로 인해 서울시 공무원들이 불이익을 받을 수도 있지 않겠습니까."

시를 총괄하는 수장으로서 충분히 가질 수 있는 우려였다.

"시장님, 전체 공무원에게도 이번 소송은 큰 의미가 있습니다. 감사원의 잘못된 징계 요구가 있을 경우 지금껏 공무원들은 벙어리 냉가슴 앓듯 혼자 끙끙거리며 자괴감과 고통에 시달려야 했습니다. 저의 소송이 어떤 결과가 나오든 공무원 사회는 절차를 확보할 수 있습니다. 감사원이 부당한 명령이나 결정을 내렸을 때 법원의 판단을 받을 수 있는 절차가 있다는 것을 확인할 테니까요.

감사원도 이런 절차가 공개되면 긴장하고 스스로 엄격해질 수밖에 없을 것입니다. 그동안 감사원의 잘못된 징계 요구에도 공무원들이 문제를 제기할 수단이 없다 보니 감사원의 징계 요구가 남용되는 사례가 많았습니다. 이 일을 끝까지 포기하지 않고 새로운 감사 질서를 정립하고 개인적인 명예도 회복하고 싶습니다."

박 시장은 더 권유하지 않았다.

시장의 취하 권유를 듣지 않았으므로 승진을 못 하는 불이익은 감수해야 한다고 생각했다. 대법원이 언제 판결을 내릴지가 궁금했다. 감사원에서는 집요하게 고발을 취하시킬 작업을 할 것이다. 그러나 누가 되었든지 어차피 싸워야 바뀐다. 나는 얼음 절벽 위에서 바다로 뛰어드는 첫 번째 펭귄의 역할을 자처하고 있었던 것이다.

나는 나 자신을 신뢰했다. 더 승진을 못 해도 밥 굶을 일 없으니 괜찮다고 생각했다. 잘못을 바로잡는 일에 아무런 희생이 따르지 않는다면 그게 더 이상하지 않은가. 정의를 위한 불이익은 감당할 자신이 있었다.

그런데 박 시장은 나를 곧장 서울시 교통본부장으로 발령을 냈다. 그의 정치적 소신과 공직자로서의 나의 소신이 같았던 것이다. 박원순 시장은 기회가 있을 때마다 강조했다.

"정치란 개인의 입신양명 수단이나 과정이 아니라 국민이 등 따뜻하고 배부르며 나라가 부강하고 정의가 바로 서며 기회가 평등한 사회를 만드는 활동이다. 좋은 나라, 좋은 사회를 만들어보자는 노력이다. 늘 고통 속에 있는 사람을 챙기는 것이다. 자신을 희생해 남을 돕고 힘없는 자를 부축하는 것이다. 부유한 자보다 가난한 자를 먼저 생각하는 정치를 해야 세상을 바꿀 수 있는 힘을 가진다."

감사원장을 고발하고 시장의 취하 권유에 굴하지 않는 이런 기개 있고 강직한 공무원이 서울시에 꼭 필요하다는 박 시장의 조직적 소신도 있었다는 것은 후에 신문을 보고 알았다. 새옹지마, 전화위복은 이런 경우를 칭하는 말일 것이다.

장차 무엇이 좋을지는 당장은 알 수가 없다. 옳다고 여기는 길로 다만 나아갈 뿐이다. 공직자는 원칙이나 소신을 지키는 것을 주저할 수는 있어도 포기해서는 안 된다.

감사원의 책임을 묻는 나의 소송에 대해서 법원에서도 의미 있는 판결이 나왔다. 감사원의 징계 요구는 파면 해임을 제외하고는 단순한 의견 통보에 불과하기 때문에 감사원의 요구에 구속되지 않는다는 새로운 판례가 탄생했다. 감사원의 부당한 징계 요구는 효력이 발생하기 어렵게 된 것이다.

가짜 뉴스와 맞서다
— 언론에 무릎 꿇지 않은 벌로 추방당하다

2013년 말은 내 인생의 가장 힘든 시기 중 하나였다.

"나랑 함께 KBS를 찾아가 사과를 합시다."

정무부시장은 단호하게 말했다.

나는 대답하지 않았다. 11월이었다.

"시장 선거가 몇 개월 남지 않았습니다. 그렇지 않아도 새누리당 정몽준 후보가 서울시장 경선에 나선다고 술렁이고 있어요. 집권 여당이 밀고 있는 후보 아닙니까. 대통령 후보였던 사람입니다. 만만치 않은 상대라는 것 잘 알지 않습니까. 언론사들이 얼마나 중요한지 몰라요? 지금 버스 노조와 KBS와 몇 개월째 이게 뭡니까?"

대변인도 목청을 높였다. KBS는 여름부터 악의성 허위 보도를 계속 내보내고 있었다. 서울시 교통 분야를 타깃으로 서울시 흔들기를 계속하고 있었다. 좀 더 엄밀히 말하면 선거를 앞둔 박원순 시장 흔들기였다. 저녁 9시 뉴스에서 대형 버스를 주차할 수 없는 곳에 주차 구획을 설치했다며 그 현장을 방송했다. 곧 인터넷과 신문이 소란스러워졌다. 사실 확인과 함께 전수 조사를 해보니 한 군데 외에 나머지는 문제가 없었으며 KBS가 대형 버스를 시연했던 장소도 민영 주차장이었다. 조작 보도를 한 것이었지만 관광버스 주차 공간 확충을 환기시키려는 의지로 해석하고 문제 삼지 않았다.

그런데 얼마 후 9시 뉴스에서 서울시가 밤에 도로 위 표시가 잘 안 보여 사고 위험이 큰데도 정부의 설치 기준을 위반하면서 효과적인 유리알 제품을 고의로 외면하고 있다고 방송했다. 사실 확인을 해보니 명백한 허위 왜곡 보도로 유리알 생산 업체를 지원 홍보하는 보도였다.

서소문 별관 앞에서는 고성능 마이크를 쩌렁쩌렁 울리며 버스회사 노조원들이 '버스회사 부당 탄압 윤준병은 물러가라'는 시위를 석 달째 계속하고 있었다. 원칙에 따라 한정 면허를 연장했는데 일반 면허를 요구하며 억지 주장을 하는 것이었다.

KBS를 상대로 언론중재위원회에 중재 신청을 했다. '보도 내용이 허위이니 KBS는 정정하라'는 결과가 나왔다. 그러자 KBS는 사과는커녕 정정 보도 청구를 취소하라고 강력하게 요구했다. 언론과 우호적인 관계를 유지해야 한다고 사정하는 대변인실의 입장을 고려해서 취하해줬다.

그런데 KBS는 반성은커녕 교통본부에 대한 보복성 기획 보도를 강화했다. 서소문 밖에서 시위 중인 버스 노조위원장을 취재한 후 도시교통본부장 사무실을 방문해 주장의 진위를 확인했다. 노조위원장은 버스 업체 사장이 몇 년 전 비리 사실을 제기한 것에 당시에 교통기획관이었던 내가 앙심을 품고 본부장이 된 후 보복을 위해 일반 면허를 주지 않고 한정 면허를 줬다고 줄기차게 주장하고 있었다.

그러나 그 시기에 나는 교통본부에 있지 않고 교육을 받고 있었음을 근무 기록을 통해 해명해줬다. 그럼에도 KBS는 서울시 국정 감사 전날 뉴스를 통해 내가 버스회사에 행정 보복을 하는 것으로 왜곡 보도를 했다.

9시 뉴스에 나온 내 얼굴을 보고 소동이 일어났다. 방송에 의해 자신들의 거짓 주장이 사실처럼 전달되자 노조의 시위 목소리는 더 기세 좋게 서소문 별관을 울리고 신문에서도 KBS 보도를 받아쓰기하며 여론이 와글와글 소란스러워졌다.

사냥개 노릇을 하면서 개가 아니라고

나는 페이스북에 'KBS가 부도덕한 버스 업체의 주구 노릇을 하고 있다'는 제목으로 보도 내용이 사실과 다르다는 근거를 제시했다. 곧바로 대변인의 전화가 왔다.

"KBS를 주구라고 쓰면 어떡합니까? 서울시 교통본부장이 KBS를 일개 버스 업체의 사냥개로 표현했다고 당장 삭제하라고 큰소리치며 대변인실로 연락이 왔어요."

그 당시 KBS는 이명박, 박근혜 정부의 낙하산에 의해 목줄이 잡힌 권력의 주구였다. 이명박 대통령이 사장 ○○○를 청와대로 불러 조인트를 깠다는 소문은 유명했다.

방송의 공정성을 기대할 수 없을 정도로 엉망진창이었다. 그들이 페이스북을 봤다니 속은 후련했다. 대변인의 요청대로 페이스북에서 그 글은 삭제했다.

그러자 KBS는 이번에는 교통카드에 대해 이미 법원에서 사실이 아닌 걸로 의혹이 해소된 사항을 사실인 것처럼 꾸민 악의적인 가짜 뉴스를 9시 뉴스를 통해 집중 방송하기 시작했다. 언론이 아니라 망나니 칼춤 같은 폭거였다. 다시 페이스북에 사실을 적시하고 악의성 가짜 뉴스를 강하게 비판했다. 그러자 KBS는 더 교묘하게 약 올리듯이 교통카드 의혹을 날마다 뉴스에 내보냈다. 가짜 뉴스도 보다 보면 진짜라고 확신하게 된다. 시민들도 흥분해 진짜 문제가 있는 것처럼 돼가고 있었다.

KBS는 정부 여당의 주구 언론답게 선거를 앞두고 박원순 시장 표 깎기를 노골적으로 수행하는 것과 다름없었다. 나도 모르는 바가 아니었지만 폭주하는 공룡 언론에 맞서 누군가는 사실이 아니라고 진실을 알리는 돌팔매라도 날려야 하지 않냐는 심정으로 KBS에 맞춰 팩트를 밝히는 글을 페이스북에 계속 써서 올렸다. 시청 공무원들도 기자들도 나의 페이스북에 실린 팩트 체크를 주의 깊게 보며 사건의 추이를 지켜봤다.

"날마다 박 시장 표 떨어지는 숫자가 찬바람에 날리는 은행잎보다 많습니다. 이대로 가면 박 시장은 머지않아 헐벗은 은행나무가 될 판입니다."

내 탓이라고 나 들으라고 하는 소리였다.

"이대로 가다가는 지지율이 남아나질 않습니다. KBS와 전쟁을 멈춰야 됩니다."

초조할 만한 상황이었다. 대통령 선거에 실패한 민주당의 지지율은 20%로 새누리당 지지율의 절반도 되지 않았다. 박원순 시장의 재선 당선 가능성도 덩달아 낮아졌다.

서울시장 선거는 지방 선거의 꽃이다. 인구 1,000만의 서울시장을 누가 차지하느냐에 따라 지방 선거의 성패를 판가름해왔다. 박근혜 정부가 박 시장의 아성을 무너트릴 거물급 인물 찾기에 나섰다고 방송과 신문도 호들갑이었다.

"박근혜 대통령 중간 평가 선거입니다. 이번 선거에서 패할 경우 국정 운영 동력이 상실되니 여당은 서울시장 당선에 사활을 걸고 있어요."

나도 모르는 바가 아니었다. 선거에 사활이 걸리기는 정무부시장과 대변인도 마찬가지였다. 시장이 패배하면 모시고 물러나야 하는 측근들이 큰소리로 다그치는 소리 앞에 자존심이 상했다. 나는 그들 앞에서도 거대한 언론 권력 앞에서도 위축되는 한 사람, 힘없는 공무원일 뿐이었다.

"윤 본부장이 먼저 KBS를 찾아가 차장에게 사과하면 시장님이 반장을 불러 사과하기로 했소. 본부장 사과 없이 시장이 사과할 수는 없는 일 아니오."

"길게 봐야 합니다. 잘못한 것이 없는데 언론의 힘이 무서워 사과한다는 것은 맞지 않는 일입니다. 그럴 수는 없습니다."

"전쟁이요, 전쟁. 새누리당 의원들이 죄다 박 시장 저격수로 나서는 것 안 보입니까? 방송도 신문도 사방이 모두 박 시장 공격수예요."

"사과한다고 달라질 것 같습니까? 오히려 더 기고만장해질 뿐입니다. 서울시를 더 만만하게 보고 물어뜯을 것이 자명하지 않습니까?"

본부장이 차장에게, 시장이 반장에게 사과하는 거래를 통해, 저들은 전쟁에서 이긴 것이라고 생각하고 오만하게 뉴스를 중지할 것이다. 언론의 사명이나 진실이나 정의와는 무관하게 무릎을 꿇으라는 이야기였다.

"본부장이 정치를 몰라서 그래요. 불씨를 없애야 합니다. 소탐대실하지 말란 말이오."

정무부시장과 대변인이 화를 냈다. 나는 그래도 사과는 할 수 없다고 말했다.

"내일까지 더 생각하시오. 박 시장의 당선을 바라지 않는 거라고 생각할 수밖에 없소. 늘공이라 이거지. 선거야 어찌 되었든 공무원 노릇 계속할 수 있으니."

나는 내 자리로 돌아왔다.

박 시장을 생각하니 괴로웠다. 박 시장은 청렴했다. 아이디어가 샘물처럼 솟았다. 쾌적한 도시, 보행 도시, 친환경 도시, 안전한 도시,

행복한 도시, 서울을 새롭게 만드는 감탄할 만한 일 중독자였다. 시민의 지지를 받는 시장이었다.

보통 시장이라면 감사원이 잘못된 감사를 했다고 주장하며 감사원장을 고발한 나를 배척했을 것이다. 그런데 오히려 시민의 편에 선 기개 있는 공무원이라며 교통본부장으로 발령한 시장이었다.

나는 퇴근하지 못했다. 불 꺼진 사무실에서 생각하고 또 생각했다. 공무원은 영혼이 있는가, 없는가? 있어야 하는가, 없어도 되는가? 있어야 한다면 그 경계는 어디인가? 제대로 싸우기 위해서는 공무원 조직을 떠나야 하나? 아니면 공무원 신분의 제약 속에서 문제 현상과의 투쟁에서 승리할 때까지 계속 해야 하는가? 직장이 아니라 평생을 할 수 있는 새 직업을 구하는 게 나은가? 영혼 있는 공무원이 되고자 노력하며 살아오지 않았던가.

사회적 약자의 편에 서서 도움과 지원을 적극적인 자세로 실천하는 공무원, 조직의 결정과 요구에 무조건적 순응이 아니라 자신의 가치 철학과 소신을 지키고 관철하는 공무원이 되고자 했다. 복지부동, 무사안일, 영혼 없는 공무원을 꿈꾸지 않았다. 정권이 바뀌면 어제의 정책 논리를 다음 날 다른 논리로 강변할 때 영혼 없는 공무원이 된다. 청계천 용비어천가를 부르며 엎드리지 않아 4년을 좌천당했다.

선거 후 박원순 시장과 철학이 다른 새로운 시장이 오면 180도 다른 정책을 옷을 갈아입듯 또 복종하고 실행해야 하는가. 공무원은 시장이 버튼을 입력하는 대로 북을 쳐야 하는 곰 인형인가? 회의

감이 들었다. 정치와 언론 기업이라는 골리앗들 앞에서 시민을 위한다는 소박한 원칙을 지키기가 힘겨웠다.

영혼 없는 공무원이 될 것인가

내 영혼에도 나만의 가치 철학이 있다. 자신의 가치 철학을 지키려는 노력이 공무원에게 필요한가, 필요하지 않는가, 나는 왜 이리 고단한 싸움을 계속해야 하는가, 영혼을 지키려는 노력이 얼마나 값어치가 있는가. 어둠 속에서 동굴에 갇힌 동물처럼 번민했다.

학교 다닐 때 쟁쟁했던 선배들을 보면 사회에 나가면 온갖 못된 짓을 다 했다. 왜 그러냐고 물으면 사회 나가보면 안다고 했다. 사회에 적응한다는 논리로 자신을 합리화하거나 출세를 위해 중요한 가치를 등지고 변신하는 모습이 마음에 걸렸다.

나는 사회에 나가면 그러지 말아야지, 자신에게 부끄럽지 않게 공직자로서의 양심을 지키며 살아야겠다 다짐했다. 그러나 지금 시점 나는 영혼 있는 공무원인가.

결국 나는 KBS에 사과를 하러 가지 않았다. 대변인의 건의를 받고 시장은 시청을 출입하는 반장을 불러 사과한 후 본부장인 나에게 페이스북을 자제할 것을 지시했다. 그럼에도 불구하고 KBS는 작심하고 허위 보도를 한 달 동안 이어갔다. 나는 더 이상 페이스북으로 반응하지 않았다.

12월 인사철이 왔다. 나는 구의역 사고를 수습하면서 서울시 교통 정책의 미래를 이미 발표했었다. 교통본부장으로 그 일을 마무리하고 싶었다. 그러나 정치적인 상황은 나를 교통본부에서 더 일할 수 없게 만들었다. 박원순 시장은 선거를 앞두고 있었다. 소나기를 피해야 했다. 나에 대한 좌천성 보직 이야기가 들려왔다.

나는 시장에게 차라리 국외 훈련을 보내달라고 했다. 공무원을 그만두기 전에 서울시 교통 정책의 과거와 현재, 미래에 대한 구상을 기록으로 남겨놓고 싶었다. 정도전이 경복궁 건설을 자료로 남겨놓았기에 수백 년 후 흥선대원군이 그 기록을 보며 재건할 수 있지 않았던가.

내가 서울시청을 떠나더라도 자긍심과 함께 서울시 교통 정책의 방향은 유지됐으면 하는 간절한 염원이 있었다. 어차피 나는 선거에 부담스러운 짐이었다. 시장은 내 뜻을 받아주셨다. 미국 샌 버나디노가 내가 1년간 머물 유배지였다.

교통본부장을 그만두기 며칠 전, 크리스마스 다음 날이었다. 서울시 출입 기자단으로부터 감사패를 받았다.

"귀하께서는 평소 까다로운 언론 취재에도 성실하고 친절하게 응대해주셨고 올해도 서울시와 언론의 발전 그리고 시민의 행복을 위해 노력을 아끼지 않으셨습니다. 이에 출입 기자단은 감사와 우정의 작은 증표를 드립니다. 2013년 12월 26일 서울시 출입기자단 일동".

둥글고 모난 투명한 크리스털 상패에 적힌 글귀가 나를 따스하게 다독여줬다. 이 모든 사태를 가장 가까이서 지켜봤던 기자들이 건네는 격려와 위로로 읽었다.

졸지에 다음 해 1월부터 자유인이 되었다. KBS가 교통본부장을 날렸다며 KBS의 힘을 과시하고 다닌다는 소리가 들렸다. 사실인지 아닌지는 내가 듣지 못해 알 수 없었지만 쓸쓸했다. 미국으로의 국외 훈련 출발 전까지 3개월의 여유가 생겼다. 그사이 할 일을 일목요연하게 리스트로 만들었다. 바빠서 미뤄놓았던 사회복지사 1급 시험을 봐서 합격했다.

악의적인 왜곡 보도와 허위 보도에 대해 유사한 사례가 발생하지 않도록 바로잡을 필요가 있었다. 그러기 위해 법이 존재하는 것이다. 서울시라는 조직은 KBS의 다른 보복성 보도가 우려돼 허위 보도에 대한 정정 요구를 청구할 수 없고 그동안 정황으로 봐서 청구할 생각도 없다는 생각이 들었다.

그래서 나는 국외 훈련을 떠나기 전 보직이 없는 상태이므로 윤준병 개인의 자격으로 KBS 회사에 정정 보도 소송과 함께 서울시에 출입하며 왜곡 보도를 한 3명의 기자에 대한 손해 배상 청구 소송을 제기하기로 결심했다. 서울시의 입장을 곤란하게 하지 않으면서 KBS의 잘못을 바로잡을 방법이었다.

3월 공정거래위원회는 그동안 버스회사와 노조, KBS가 줄기차게 주장했던 한국스마트카드에 대한 부당 지원이나 법률 위반이 전혀 없다고 통보해왔다. 또 10개월 후 법원은 내가 버스회사에 행정 보복을 했다는 노조의 주장이 허위라는 것을 인정하고 500만 원을 배상하라는 화해 권고를 내렸다. 권투 선수 타이슨은 말했다. 누구나 그럴싸한 계획은 가지고 있다. 얻어터지기 전까지는.

그러나 KBS 소송에서 승리하지는 못했다. 서울시가 정정 보도 소송을 내야지 개인 윤준병은 청구 적격이 없다는 이유로 본안을 심리해주지 않았기 때문이다. 서울시가 소송을 제기했으면 분명히 정정 보도가 됐을 언론 폭거였다.

처절한 정원의 애처로운 석류처럼*
— 부하 직원들을 지켜주지 못한 책임

"공무원이 양심과 법을 어기고 1억 원이 넘는 뇌물을 업체에서 받았으니 입이 열 개라도 할 말이 없지 않으냐"고 사방에서 김 팀장에게 돌을 던졌지만, 나는 지금도 그 말이 사실이 아니라고 믿고 있다.

청렴성을 인정받아 버스 노선을 담당하는 팀장으로 승진한 그였다.

"빌린 돈입니다. 개인적으로 친분이 있는 사이여서 대출을 해서 빌려준 것입니다. 믿어주십시오."

김 팀장은 허옇게 타들어간 입술로 나에게 말했다. 나 또한 김 팀장을 오래 지켜보고 함께 일을 해온 상사로서 김 팀장이 버스 업체에게 부정한 대가를 약속하고 돈을 받을 사람이 아니라는 걸 잘 알고 있었다.

그러나 경찰의 수사는 김 팀장의 목을 계속 죄어왔다.

---

*프랑스 시인 기욤 아폴리네르의 시 구절.

승객들이 많이 타는 노선으로 더 많은 횟수를 운행할 수 있도록 도와달라고 경기도 버스 업체 사장이 1억 1,000만 원을 뇌물로 줬다고 압박했다. 뇌물로 인정되면 파면을 당하고 인생이 망가지는 액수였다.

빌린 돈이라고 설명했지만 경찰은 뇌물로 단정하고 여론몰이를 하고 있었다. 홀로 산속에서 세상을 뜨기까지 얼마나 외롭고 괴로웠을까. 나는 상관이었지만 그 고민까지 알아채지는 못했다.

경찰의 교통본부 압수 수색이 들어왔고 그 와중에 김 팀장과 버스 업체 사장과의 돈거래가 드러났다. 김 팀장은 걱정 마시라고, 절대 검은돈을 받은 적 없다고 했기 때문에 믿고 안심하고 있었다. 사실 경기도 버스 업체의 버스 노선 조정에 대해 조정을 승인해주는 대가로 받았다는 1억 넘는 돈은 조정에 대한 대가치고는 터무니없이 많은 액수였다.

뇌물은 대가가 증명돼야 하는데 대가를 찾을 수가 없었다. 또한 그 당시 나는 지하철 통합에 매달려 있느라 버스 비리 사건에 정신을 쏟을 수가 없었다.

뇌물 수수자로 부정한 공무원으로 언론이 떠들썩해지자 김 팀장은 유명을 달리했다.

그는 관에 누워 있고 나는 빈소에서 사진을 봤다. 잘 울지 않는 나지만 눈물을 참을 수 없었다. 그는 파렴치한 뇌물 공무원이 아니었다. 그는 조직을 위험에 빠트리고 배신감을 안겨준 부하 직원이 아니라 20년 가까이 한솥밥을 먹은 동료였다. 밤새워 일하던 동지였고 큰일이 끝나면 소주잔을 기울이며 서로를 격려하던 친구였다. 누구보다도 성실했고 믿음직했다.

빈소에서 흰 국화꽃에 둘러싸인 영정 사진을 보며 흘러내리는 눈물을 어쩔 수 없었다. 50대 초반 창창한 나이였다. 부인과 아이들이 검은 옷을 입고 우는 모습에 가슴이 찢어졌다. 다시 살아올 수 있다면 출발부터 잘못된 경찰의 수사를 되돌릴 수만 있다면 얼마나 좋을까. 부질없는 꿈이었다.

문상을 하고 밤늦게 다시 사무실로 왔다. 6월이었지만 날씨는 한여름처럼 더웠다. 그와 함께 일했던 사무실의 불을 켜지 않고 우두커니 앉아 번민에 빠졌다. 몇몇 부하 직원도 억울함을 호소했지만 경찰은 뇌물로 기소를 기정사실화하고 있었다.

본부장인 내가 모든 일에 책임을 지고 사표를 내야 하지 않을까. 하지만 사표를 내더라도 수사 결과를 보고 경찰의 부당한 수사 책임을 묻고 난 후에 사표를 내는 것이 더 책임 있는 자세였다. 나는 지금도 김 팀장이 뇌물을 받았다고 생각하지 않는다. 경찰의 토끼몰이식 수사가 빚은 참극이라고 믿는다. 초라한 수사 결과가 그 사실을 입증하고 있다.

100% 과녁이 잘못된 수사

사건의 시작은 2017년 2월 어느 날이었다. 2016년 10월 말부터 계속된 촛불시위가 대통령의 탄핵까지 이르렀다. 박근혜 정부의 명령을 받는 경찰은 광화문 촛불시위를 적극적으로 협조하는 서울시청과 불편한 관계였다. 경찰이 물대포를 쏠 수 없게 소방 수도꼭지를 모두 잠가버리는 결정에 불쾌했을 수도 있다. 나라의 앞날이 어찌 될지 아무도 알 수 없던 어느 날이었다. 정치적 폭풍 속에서 진실은 정원의 석류처럼 속수무책일 때가 많다. 폭풍이 지나가고서야 울 수도 웃을 수도 있는 것이다.

"광진경찰서 지능수사팀장이요. 사무실로 연락해도 제때 잘 받지 않으시더라고요."

몹시 신경질적인 목소리였다.

"바빠서 사무실에 없는 때가 많다 보니…. 무슨 일이십니까?"

"경찰서로 나와주셔야겠습니다. 비리가 있다는 제보를 받아 A 버스회사를 압수 수색했더니 선물 리스트가 나왔는데, 서울시청 공무원들 여럿에 윤준병 본부장의 이름도 있습니다."

전화 속의 목소리는 이미 나를 범죄자로 단정한 듯 몹시 신경질적이고 위압적이었다. 모욕감이 치밀었다.

"내가 선물을 수취했는지 사실 확인을 했습니까? 사실 확인을 먼저 하고 공문을 통해 출석 요구를 하시지요. 정확한 증거 자료를 수집한 후 소환하는 것은 수사의 기초 중의 기초 아닙니까?"

"뭐요? 당신은 지금 참고인 신분이 아니라 피의자 신분이어서 강제 조치를 할 수 있어요."

"그걸 말이라고 합니까? 사실 확인도 하지 않고 단지 리스트에 내 이름이 있다는 이유로 피의자라니 지금 겁박하는 겁니까? 확인된 증거도 없이 피의자라니 지금이 어느 시대인데 그런 거짓말로 사람을 범죄자 취급하는 겁니까? 그 말에 책임질 수 있어요?"

나도 모르게 고성이 터져 나왔다. 그동안 시의원이 명절에 보낸 양말 세트까지 거부해 원성을 사기도 할 정도로 버스 업체는 물론 그 누구로부터 일체의 선물을 받아본 적이 없었다.

"이렇게 비협조적으로 나오면 곤란합니다. 증거가 있는데."

털어서 먼지 안 나오는 사람은 없겠지만 털어도 뇌물 안 나오는 공무원이 더 많은 법이다.

나 외에도 여러 직원이 이런 전화를 받고 다들 당황스러워했다. 경찰이 무엇인가 작심하고 달려든다는 느낌이 들었다. 1급 교통본부장인 나에게 그렇게 고압적으로 겁박하는데 아래 직원들이 당했을 수준은 오죽했겠는가.

경찰은 버스 업체 대표 조 씨가 법인카드를 이용해 1억 6,000만 원 상당의 상품권을 구입했는데 이 상품권으로 교통본부 공무원들에게 대대적으로 로비를 벌였을 거라고 확신하고 선물 리스트를 근거로 서울시 교통 공무원들을 수사 선상에 올리고 수사하는 것이었다.

직원들에게 A 버스 업체에서 금품을 수수하는 일이 있었는지 내부적으로 조사를 했더니 다행히 한 명도 없었다. 그동안 일을 크게 터트려놓고 사실과 다른 결과가 나왔던 경우가 많았으므로 시간이 지나가면 명백히 밝혀질 일이라고 판단했다. 직원들에게 동요하지 말고 각자 일에 집중하자고 격려하고 청렴이야말로 공무원에게 가장 이로운 일이라고 다시 강조했다.

그런데 얼마 후 경찰이 압수 수색 영장을 들고 교통본부를 치고 들어왔다. 영장을 자세히 살펴보니 명백하게 범죄 혐의의 과녁이 100% 잘못된 수사였다.

압수수색영장에는 "A 업체가 무면허로 버스와 택시를 천연가스를 사용할 수 있게 불법으로 개조하면서 100억 원대의 부당 이익을 취했는데 업체 지정 과정에서 서울시 교통본부가 금품을 받고 무면허 업체에 허가를 내주고 이후에도 금품을 수수한 혐의가 있으므로 압수수색을 한다"고 적혀 있었다.

어이가 없는 이유였기에 정확하게 해명을 하며 압수 수색을 받을 이유가 없다고 밝혔다.

"번지수를 잘못 찾았습니다. 무면허 버스 업체를 정비 허가 업체로 지정한 것은 서울시 교통본부가 아닙니다. 2010년 이명박 정부의 지식경제부입니다. 지정 과정에서 특혜가 있었다는 제보를 받아 수사하는 거라면 지정한 당사자인 정부의 지식경제부를 압수 수색해야지, 서울시 교통본부를 수사하는 것이 말이 됩니까?"

"검찰의 압수 수색 영장 안 보여요? 지금 수사 방해입니다."

"불법 행위에 서울시 교통본부가 유착 방조했다는 범죄 혐의 자체가 압수 수색 근거로 성립되지 않습니다. 지식경제부가 CNG 용기 교체 업체를 지정했고 서울시는 중앙 정부의 지시에 따라 단지 교체 작업을 진행만 했습니다."

하지만 사실 규명에도 경찰은 막무가내, 안하무인으로 대대적인 압수 수색을 벌였다. 서울시 도시교통본부 4개 부서를 압수 수색했지만, 서울시 업무가 아니었으니 당연히 입증할 증거가 나오지 않았다.

의혹을 증폭시키는 건 한순간으로 충분하지만, 반박과 해명에는 많은 노력과 시간이 필요하다. 압수 수색에서 증거를 찾을 수 없는데도 날마다 텔레비전과 신문은 '서울 교통본부 CNG 버스 비리'라는 제목으로 난타했다. 보도와 기사가 수십 건 방송·발행되었다. 인터넷에서도 난리였다. 2014년 선거를 앞두고 KBS가 교통카드와 버스 면허 건으로 버스 노조와 함께 무차별 공격하던 그때와 다르지 않았다.

구의역 사고 1주년도 다가오고 있었다. 구의역 사고 후 구원투수로 교통본부장에 재취임하면서 발표했던 대책들이 대부분 완료되거나 진행 중이었다. 화장실과 잠자리까지 휴대폰을 오장육부 장기처럼 쥐고 다니느라 스마트폰 중독이 아닌가 스스로 우려될 정도가 되었다. 늦은 밤에 전화가 울리면 가슴이 철렁해 벌떡 일어나 앉으며 깊은 잠에 들 수 없었던 시간들이었다.

그사이 박근혜 대통령의 국정 농단에 따른 탄핵이 헌법재판소에서 가결 인용돼 23차례 촛불시위가 마무리되었다. 장미가 피는 5월 9일 선거에서 문재인 대통령이 당선돼 촛불정부가 출범했다.

5월 말 23회의 노·사·정 회의를 거쳐 마침내 서울 지하철 2개의 공사가 통합 출범하게 되었다. 노·사·정 합의를 통해 회사가 합의한 최초의 혁신 사례로 기록될 일이다. 서울시 지하철 통합 공사가 출범하고 겨우 숨을 돌릴 만했다.

버스 비리 수사 사건은 여전히 진행 중이었다. 경찰은 압수 수색까지 한 수사의 성과를 내야 했다. 그렇지 않으면 엄청난 비난에 직면할 것이기 때문이다. 1억 6,000만 원의 상품권이 시청 로비에 쓰인 흔적도 증거도 없었다. 대부분 개인 용도로 사용하고 약간의 상품권을 받은 이들은 버스회사 직원들이었다.

무리한 과잉 강압 수사가 계속되었다. 단지 리스트에 이름이 있다는 이유로 직원들이 몇 차례 경찰서로 불려가고 A 업체와 상관없는 과거의 신상까지 탈탈 털리기 시작했다. 먼지 털기식 수사에서 교통본부 이 팀장이 3년 전에 경기도 버스 업체로부터 금품을 수수한 일이 드러났다. 빌린 돈이라고 주장했던 팀장이 대질 심문을 앞두고 심리적 압박을 견디지 못해 스스로 목숨을 끊었다. 그러나 비극은 거기에서 그치지 않았다.

이 일로 수사를 받던 퇴직 공무원 한 사람이 며칠 후 한강변에서 시신으로 또 발견되었다. 경찰은 무리한 수사를 그만두지 않고 범죄 행위가 드러나는 것이 두려워 자살한 것이라는 발표를 하면서 과녁을 벗어나 쏜 화살에 맞은 두 사람의 죽음을 오히려 수사의 정당성을 증명하는 도구로 삼았다. 최소한의 예의와 양심도 없는 행태에 분통이 터졌다.

경찰의 수사 발표를 앞두고 기소 위기에 처한 직원들도 억울함을 토로했다.

"몇 년 전 구청에 근무할 때 버스 업체 사람들과 직원들 여럿이 밥을 한번 먹었는데 밥값을 업자가 낸 것을 문제 삼고 있습니다. 밥값이 15만 원인데 여럿이 먹어서 개인별로는 김영란법에 저촉되지 않는 5만 원 이내인데 업자가 15만 원만을 냈으니 법 위반이라고 합니다. 게다가 명절에 포도주를 선물 받은 것까지 수뢰로 엮었습니다."

수뢰 혐의는 대가성을 입증해야 하는데 대가로 해준 것이 없었다.

"전자 기기 태블릿을 선물로 보냈길래 즉시 돌려줬는데 그것도 걸렸습니다. 명절 때 소고기 보낸 걸 돌려보내지 않았는데 그것도 수뢰 혐의로 기소되었습니다."

명확한 사실 관계도 없이 실적을 올리기 위해 강압적이고 무리한 수사로 공무원들을 엮고 있었다.

서울시 공무원 2명은 버스 업체의 금품을 받고 특혜를 줬다는 혐의로, 시의원 1명은 버스 업체 편의를 봐주고자 시의 비공개 문건을 전달했다며 공무상 비밀 누설 혐의로, J 씨의 버스 업체 직원 3명과 사장인 J 씨까지 8명이 검찰에 기소되었다.

시작은 창대했지만 마무리는 형편없는 부실 수사

6월 22일 경찰이 수사 결과 발표를 했다. 경찰은 무면허 업체 사장 조 씨가 불법 개조로 100억 원대 부당 이익을 챙겼으며 서울시 사무관 A 씨와 팀장 B 씨 등 2명이 조 씨와 지속적으로 연락하며 와인과 갈비, 굴비, 태블릿PC 등을 받는 등 각각 160만 원과 90만 원 상당의 뇌물을 받은 것을 밝혀냈다고 했다. 경찰은 이들 공무원이 조 씨의 업체가 공항 리무진 면허 인가 및 CNG 충전소 충전 카드 사업, 버스 노선 조정 등 업무 진행 과정에서 편의를 봐주는 대가로 금품을 받은 것으로 보고 있었다.

이들 외에 '명절 선물' 명목으로 금품을 받은 서울시와 관할 구청 공무원 등 12명을 확인했지만, 직무 대가성이 명확히 규명되지 않아 소속 기관에 통보 조치하는 것으로 대신했다고 경찰은 전했다.

경찰은 J 씨 부탁으로 공항버스 면허 평가위원 정보가 담긴 비공개 문서를 전달한 혐의(공무상 비밀 누설)로 서울시의회 소속 K 의원 역시 불구속 입건해 검찰에 송치했다.

경찰은 아울러 다른 팀장급 공무원인 C 씨에게 "여의도로 가는 노선을 증차하는 데 편의를 봐달라"며 1억 1,000만 원을 건넨 혐의(뇌물 공여)를 받는 다른 버스 업체 대표 D 씨도 함께 입건했다.

경찰은 해당 버스회사 대표가 서울시 공무원에게 뇌물을 주며 부당 이득을 취한 것으로 결론을 내고 8명을 검찰에 기소했다. 언론은 경찰의 발표를 대대적으로 보도했다. 서울시청은 순식간에 비리의 소굴이 되어 질타를 받게 되었다.

나는 수사 발표 즉시 경찰 수사의 출발부터의 문제점과 과정, 발표와 다른 사실을 장문으로 조목조목 페이스북에 올렸다.

'CNG 버스 불법 구조 개조에 대한 경찰 수사 유감'이라는 제목의 글에서 "시작은 창대했지만 마무리는 형편없는 모양새"라고 경찰 수사를 정면 비판하며 맞불을 놓았다.

"범죄 혐의가 있으면 수사를 해야 하지만 수사 마무리 과정에서 범죄 혐의를 잘못 가졌다는 사실 등 잘못된 부분도 제대로 시민에게 알렸어야 했는데 유감스럽게도 고해성사가 없어 아쉽다. 서울시 도시교통본부가 CNG 버스 자가 정비 업체를 다른 버스 업체의 CNG 용기까지 정비할 수 있도록 방조한 혐의가 있다고 판단했던 것은 2010년 당시 업무 처리 과정의 기초적인 사실도 확인하지 못한 부실 수사에서 발생했다는 점을 자인하고 사과했어야 했다. 구청에 근무할 때 받은 선물을 토대로 CNG 버스 관련 수뢰 혐의가 있다고 하면 정당한지 과잉 수사에 대한 의혹도 명확히 확인했어야 한다. 인권 경찰로 평가받기에는 턱없이 부족했다.”

이 페이스북 글로 서울시청 출입 기자들 사이에 소란이 일어났다. 나는 기자들의 취재에 성실히 임해 사실 확인을 해줬다. 경찰의 수사 발표와 함께 부실 과잉 수사의 문제점을 지적하는 페이스북 글과 나의 인터뷰가 전 국민이 지켜보는 KBS 9시 뉴스를 통해 전국적으로 보도되었다. 진실 공방이 시작된 것이다.

다음 날 나에게 업체 면허증 사진이 제보되었다. 경찰이 무면허로 불법 개조 100억 원 이상의 부당 이익을 취했다는 업체가 사실은 부실 업체가 아니라 '종합자동차정비업' 면허가 있는 적법 업체였다.

나는 페이스북에 A 버스 업체의 자동차관리사업 등록증을 사진으로 공개하면서 경찰의 부실 수사를 비판했다. 기소 송치를 받은 검찰을 향해서도 이번 경찰 수사의 기본 전제부터 사실 여부, 즉 허위인지를 규명해야 할 것이라고 쐐기를 박았다.

언론사를 향해서도 개조 작업에 버스 업체가 관련된 것도 아니니 버스 비리 사건이라는 제목부터 잘못이며 사실과 다른 경찰 수사팀 발표로 방송사가 농락당했으니 사실을 확인해 정확하게 보도해달라고 요청했다. 뉴스 취재에도 그렇게 응했다. 부실 업체가 아니라는 등록증 공개는 더 큰 파란을 일으켰다. 인명 사고까지 불러온 경찰의 무리수에 의심의 눈초리가 짙어졌다.

이름을 밝히지 않는 서울시의 한 간부도 "윤 본부장은 불의와 타협하지 않는 강직한 성품을 갖고 있다. 그런 사람이 아무런 근거도 없이 경찰의 부실 수사를 지적하지는 않았을 것"이라고 9시 뉴스에서 인터뷰를 하는 바람에 부실 수사 진실 공방의 파장은 더욱 커졌다. 방송과 신문에서 앞 다퉈 경찰 수사에 의문을 표하는 소식이 쏟아졌다.

서울경찰청장이 윤준병을 협박하다

그러자 경찰도 가만있지 않았다. 당장 김정훈 서울지방경찰청장이 기자 간담회를 열었다. 송파구 발급 서류와 서울시 공무원 진술 등을 들어 정면 반박했다. "첩보를 입수해 관련 공무원과 업체 관계자들을 조사할 때 '자가 정비'가 맞다고 했다. 2008년도와 2011년 구청 측이 발급한 서류에도 자가 정비로 표시돼 있다"며 "문제가 된 버스 업체는 무자격"이라고 했다.

또 "담당 업무에 책임을 다하지 않고 경찰에 책임을 전가하고 있다. 뇌물을 수수한 사람이 사망해 사건을 확대해 수사할 수 없어 마무리한 사건이라면서 서울시가 정당한 경찰 수사를 비난하며 뇌물을 받은 공무원을 옹호하는 제 식구 감싸기를 하고 있다며 부실 수사라고 지적한 윤준병 본부장에게 법적 책임을 묻는 방안을 검토

중"이라고 강경하게 발표했다.

다시 기사가 쏟아지고 서울시와 나에게 경찰의 압박이 가해졌다. 나를 교통본부장에서 경질시키고 과장들까지 좌천시키라는 요구가 가해졌다는 이야기가 들렸다.

논란이 커지자 시청 상부 정무 라인에서 호출이 왔다.

"기본 전제부터 잘못된 수사로 2명이 죽고 8명이 기소되었습니다. 수사의 결과로 누군가 실질적인 피해를 당했다면 경찰이 피해를 입은 사람에게 당연히 사과하고 피해도 보상하고 구제해줘야 하지 않습니까?"

나는 서울시청의 명예와 공무원들의 사기를 위해서 경찰의 책임을 물어야 한다고 주장했다. 하지만 담당 경찰서가 아닌 서울경찰청장이 발끈하고 압박을 가하자 다른 일로 서울시에 보복을 할까 두려워했다.

정무 라인에서는 전반적인 책임을 지워 본부장인 나를 문책하기로 결정했다. 1급 교통본부 본부장인 나를 2급 공무원이 가는 상수도본부장으로 좌천시켰다.

불똥은 과장들에게도 튀었다. 그동안 교통본부에서 밤낮없이 고생한 과장들까지 아무 잘못 없이 좌천성 전보된다는 것을 그대로 받아들일 수는 없었다.

"윤 본부장이 페이스북 너무 과하지 않았습니까? 경찰 수사가 부실 수사라고 검찰이 기본 전제부터 사실인지 허위인지를 규명해야 할 것이라고 하니 서울경찰청장이 발끈해 법적 책임을 검토하겠다

고 하지 않습니까. KBS와도 맞서다가 국외 훈련까지 다녀오신 분이
자제를 좀 하세요."

"저는 어디로 가든 괜찮습니다. 팀장의 장례식장에 다녀와 이 일
에 책임을 지고 사표를 낼까 고민을 많이 했으니까요. 하지만 일이
해결되지도 않은 상태에서 제가 사표를 내면 남은 직원들이 너무 힘
들 것 같아서 참았습니다. 책임은 저 혼자면 족하다고 생각합니다."

"윤 본부장은 지나치게 강직한 것이 문제예요. 조직을 생각해야지
요. 혼자서 돈키호테처럼 정의롭다고 창을 들고 무조건 나아가면 결
국 피해는 누가 입습니까."

"서울시의 명예가 실추되고 직원이 죽고 기소를 당했습니다. 조
직이라면 조직원을 보호해줘야 하지 않습니까. 서울시가 이번 경찰
부실 수사에 대해 어떻게 대응했는지 생각해보십시오. 서울시가 제
대로 했다면 제가 페이스북에 그런 내용을 쓸 필요도 없지 않았습
니까."

"결과적으로 1억 원이 넘는 뇌물 수수가 밝혀졌는데 시가 어떻게
합니까? 입이 열 개라도 할 말이 없지요. 지금 서울시가 적반하장으
로 제 식구 감싸기만 한다고 난리가 났어요."

"뇌물이었다면 대가가 있어야 합니다. 팀장은 빌렸다 했고 결국
유의미한 대가 행위도 발견되지 않았습니다. 그런데 아무런 잘못도
직접적인 책임도 없는 과장들까지 전보 조치를 내리는 것은 이해할
수가 없습니다. 경찰이 무리한 수사를 하는데도 시가 지켜주지는 못
할망정 이렇게 직원을 처벌하면 나머지 직원들도 사기가 꺾여 일을

제대로 하겠습니까? 과장들의 전보 조치는 취소해주십시오."

"사건의 심각성으로 볼 때 본부장 혼자 좌천시키고 부서 이동하는 걸로는 부족해요."

"그렇다면 책임을 지고 제가 사표를 쓰겠습니다. 여론과 경찰의 눈치를 보느라 직원을 보호하지 않는 것은 있을 수 없습니다."

"감정적으로 대응하지 마세요. 윤 본부장님이 지하철 통합을 하고 서울역 고가를 보행 거리로 훌륭하게 변모시킨 점 등 올해 공적이 한두 가지가 아닌데 이렇게 뻣뻣하게 나가시면 공든 탑이 다 무너집니다. 이럴 때는 잠시 몸을 피해 있는 것도 지혜입니다. 잠잠해지면 더 큰일 하셔야지요."

몸을 사리는 것이 내게는 더 이익이란 걸 나도 모르지는 않았다. 그러나 부하 직원들과의 의리와 책임이 개인적인 이익보다 더 중요했다.

"저는 어떤 처분도 달게 받겠습니다. 아무 잘못도 없이 열심히 일한 과장들은 건드리지 말아주십시오. 부탁드립니다."

그러나 다음 날 인사 발표에는 나뿐 아니라 과장들도 좌천성 전보 조치되었다. 인간적인 고뇌가 깊어지지 않을 수 없었다.

우체국을 통해 사표를 보내다

"아무래도 사표를 내야 할 것 같아."

미안하지만 아내에게 말했다. 나의 성격과 그동안의 마음고생을 아는지라 아내는 눈물을 글썽거리며 고개를 끄덕였다.

다음 날 인사 발령과 함께 시장은 예정되었던 러시아 순방을 떠난 후여서 부시장에게 사직서를 제출했다.

"시장님도 안 계시는데 제가 사직서를 수리할 수는 없습니다. 좀 더 생각해보시고 시장님 귀국 후 거취를 정하셔도 늦지 않을 것 같습니다."

부시장을 곤혹스럽게 하고 싶지 않아 나는 우체국에 가서 사직서를 부쳤다. 시장이 돌아와 사표를 수리할 때까지 일단 장기 휴가를 냈다.

교통본부에 들렀다. 폭풍우에 할퀴어지고 찢겨 떨어진 열매들이 풀밭에 나뒹구는 정원처럼 사무실은 스산했다.

책상을 정리해 짐을 빼고 직원들과 아쉬운 작별 인사를 했다. 죽은 팀장의 책상도 기소된 직원의 죄송스러워하는 얼굴도 애써 씩씩한 표정을 짓는 좌천된 과장의 얼굴도 고통이었다. 눈물을 훔치는 직원들을 두고 폭염에 이글거리는 뜨거운 세상으로 나왔다. 수사 발표 일주일 만에 이뤄진 인사였다. 불과 열흘 사이 삶은 예상치 못한 방향으로 흐르고 있었다.

집에 돌아와 휴대폰을 껐다. 교통본부 근무하면서 밤중에도 늘 휴대폰을 끄지 못하고 머리맡에 두고 자고 언제나 새벽 4시에 깨어 하루를 시작했었다. 사표를 낸 홀가분함 때문일까. 오전까지 한 번도 깨지 않고 달고 깊은 잠을 잘 수 있었다. 아무도 만나지 않고 북한산을 산행하고 텃밭에 엎드려 호박과 가지를 돌봤다. 한밤중에 갑자기 쏟아지는 장맛비에 깨어 고향에 계신 어머니께 어찌 말씀을 드려야 할까 걱정도 했다.

그러는 사이 여러 가지 일이 있었다. 시청 게시판에 나의 사표를 아쉬워하는 부하 직원의 글이 걸리고 댓글이 엄청나게 달렸다. 이것을 뒤늦게 전해 들었다. 자기 일처럼 생각해주는 직원들에게 고마웠다. 떠나는 뒷모습이 추하지 않아서 다행이었다. 역대 공무원 역사에 이런 경우는 처음이라는 말에 공직 생활이 이것 하나로 성공했구나, 마음이 따뜻했다.

경찰의 부당하고 무리한 수사, 문책성 인사 조치에 맞서 사직서를 제출하자, 언론은 비상한 관심을 보였다. 2017년 7월 9일 《주간조선》은 「팽 당한 '시민의 영웅' 윤준병」이라는 기사에서 관련 내용을 자세히 보도했다.

"수세에 몰리는 듯하던 서울시는 윤준병 전 본부장이 자신의 페이스북을 통해 경찰 수사의 허점과 부당성을 조목조목 반박하면서 엉뚱한 방향으로 흐르기 시작했다. 윤 전 본부장은 '시작은 창대했지만 마무리는 형편없는 모양새'라며 '내가 경험한 내용만으로도 경찰이 인권 경찰로 평가받기에는 턱없이 부족했다'고 정면으로 성토했다.

또한 경찰 수사에 대한 반박 증거 자료를 자신의 페이스북에 낱낱이 공개하기에 이르렀다. 윤 전 본부장은 '우리가 보는 시각에서는 사실에 부합하지 않는 측면이 많이 있다'고 말했다"라고 써서 내 목소리에 힘을 실어줬다.

서울시의 문책성 인사와 그에 대한 반발로 내가 사표를 냈다며 기자들이 기사를 쓰는 바람에 서울시가 곤란을 겪었다. 순방에서 돌아오자마자 박 시장으로부터 만나자는 연락이 왔다. 서로 초췌해진 얼굴로 여러 이야기를 나눴다. 나는 이미 마음의 결정을 내린 터라 오히려 편안했다.

"직원들의 사기가 말이 아닙니다. 부하 직원들을 위해 사표를 냈다 하니 더욱 그러하지 않겠습니까. 아버지를 잃은 것 같은 침통한 분위기입니다. 꼭 돌아오셔야 합니다."

"과장들에 대한 전보 조치를 취소하지 않으면 어쩔 수가 없습니다."

"당장은 취소가 어렵다는 것 아시리라 생각합니다. 추후에 합당한 조처를 꼭 하겠습니다."

박 시장은 말을 가볍게 하는 분이 아니었다.

"가족들과 의논해보겠습니다."

"윤 본부장님 제가 얼마나 태산처럼 의지하는지 잘 아시지요? 저는 윤 본부장님 못 보냅니다. '구원투수'로 서울시가 위험에 처할 때 늘 해결해주시지 않았습니까."

다음 날 시장은 출입 기자단과의 해외 순방 기자 간담회를 열었다. 나의 거취에 관한 질문이 쏟아졌고 기사화되었다.

"저는 사실 윤 본부장을 굉장히 좋아하는 사람입니다. 제가 처음 시장이 됐을 때 윤 본부장이 관악구 부구청장으로 있으면서 감사원장을 상대로 고발을 한 상태였습니다. 보통 시장 같으면 불러올 수가 없습니다.

그런데 저는 '상당히 오기가 있는 사람이구나' 생각했습니다. 실제 도시교통본부장으로서 지하철 9호선 재구조화라든지 심야 올빼미 버스, 최근에는 양 지하철 공사 통합 등 굵직한 일들을 정말 거침없이 해냈습니다.

그렇다고 잘한다고 계속 오래 있어야 하느냐. 부서도 돌게 돼 있고 이번에 여러 본부장의 이동이 있었습니다. 시에는 자기가 하고 싶은 일을 과감히 하는 그런 공무원도 있어야 합니다. 가능하면 주저앉히려고 노력하고 있습니다.”

7월 11일 기소 송치된 버스 비리 사건에 대해 검찰이 경찰에 보강 수사를 하라는 명이 떨어졌다. 검찰은 경찰이 송치한 여러 가지 범죄 사실 중에 수사가 미진해 증거 법리 해석이 부족해서 보강 수사를 지시했다고 밝혔다. 검찰의 지휘 아래 경찰이 어떤 결론을 내릴까?

경찰이 보강 수사까지 해서도 부실 수사 논란을 씻을 수 없다면 역풍을 맞을 것이고 서울시는 명예를 회복할 수 있을 것이다. 하지만 부실 수사가 아니었다는 것이 밝혀진다면 조직 이기주의에 매몰돼 비리 공무원까지 감쌌다는 거센 비판에 직면할 수도 있다. 그러나 나는 사실이 밝혀지고 서울시가 명예를 회복할 거라고 굳게 믿었다. 나는 긴 휴가를 마치고 상수도본부장으로 다시 출근했다. 시청 게시판의 글들이 나를 다시 복귀하게 한 결정적 이유였다.

정의는 이긴다, 다만 시간이 좀 걸릴 뿐이다

다음 해인 2018년 1월 나는 서울시 행정부시장으로 승진했다. 좌천되었던 과장들도 제자리를 찾았다. 그리고 얼마 후 공무원에게 뇌물로 유착하고 무면허로 100억대 부당 이익을 챙겼다는 서울시 버스 비리 경찰 수사는 단지 버스 업체 사장 단 한 명을 공금 횡령과 자동차 관리법 위반으로 기소하는 선에서 초라하게 마무리되었다. 1년이 다 돼서 마무리된 수사였다.

결국 이렇게 될 줄 알았다. 정의는 이긴다. 다만 시간이 좀 걸릴 뿐이다.

가스 업체 지정 과정에서 금품을 받고 특정 업체에 특혜 의혹을 줬다는 서울시 교통본부의 혐의는 모두 무혐의 처리되었다. 전·현직 서울시 공무원 2명의 목숨을 빼앗아가고 도시교통본부장 과장들이 좌천을 당하고 내가 사표를 냈던 수사의 말로치고는 참으로 초라하지 않을 수 없었다.

억울함을 호소하다 끝내 유명을 달리한 이 팀장 생각이 많이 나는 하루였다.

아직도 누군지 모르는 익명의 그 사람들
— 서울시청 내부 게시판의 반란

그동안 이 자유게시판을 채우던 여러 이야기 속에서
개인적인 공감 혹은 가끔은 무지한 반론의 의욕을 가져보았으나,
저의 생각, 의견을 개진함에 단 한 번도 적극적이지 않았습니다.
그런 제가, 이런 글을 쓰게 되었네요.
하위직으로 오랜 시간 서울시 공무원으로 재직했고,
능력과 인품을 두루 갖춘 선배이자 상사인 여러분이 계셨지만,

저 개인적으로 윤준병 본부장님을 마음 깊이 존경합니다.

복잡하고 어려운 서울시 교통,

인사이동 때마다 전 직원에게 언제나 기피 업무 1순위인 교통 분야,

부패 척결의 방편으로

보통의 공무원에게는 한 분야의 전문가가 될 만큼 임무가 길게 주어지지도 않지만

그 와중에 제일 어렵고 힘들다는 서울시 교통 정책 총괄 분야에

과장으로, 국장으로, 본부장으로

수많은 일을 이끌어주시고 해결해오셨던 윤준병 본부장님

서울시 직원 대부분이 어렵게 여기고 기피하지만

절대 소홀히 임할 수 없는 중요한 그 일에 중심에서

언제나 주인으로, 언제나 우두머리로 당당하게 버텨주시던 본부장님께서

곧 떠나신다는 이야길 듣고 그저 눈물이 났습니다.

아는 이야기, 그저 모를 이야기를 다 합해도

윤준병 본부장님께서 결심하신 용퇴를 쉽게 받아들일 수가 없었습니다.

이 조직이 난관에 봉착할 때마다 구원투수로 나타나

큰 어른으로,

믿어 의심치 않을 상사로,

보여주셨던 멋진 모습

저뿐만 아닌 많은 동료에게

오래오래 기억되고,

아주 많이 그리울 거라는 인사를 드리고 싶었습니다.

개인적인 인사로 전하기엔

기회와 상황이 여의치 않아

게시판을 통해서라도 저와 같은 마음이신 분들과 함께 작은 외침을 하고 싶었습니다.

윤준병 본부장님께서

혹시 이 글을 보시든, 못 보시든,

당신과 함께 같은 조직의 일원이었음이 매우 영광이었다고

말씀드리고 싶습니다.

앞날 내내 이보다 건승하시길 꼭 응원하겠습니다.

그리고 익명의 그 게시판에는 무수한 댓글들이 달려 있었다.

의견 59

본부장님의 공직 생활은 대성공인 것 같네요.
본부장님 수고하셨습니다.

의견 58

허한 마음을 감출 수 없네요.
저를 비롯한 많은 직원의 롤모델이신 윤 본부장님.
진심으로 존경합니다. 건강하시고 자주 연락드리도록 하겠습니다.

의견 57

한결같이 소신과 정성으로 일하시고 따뜻한 가슴을 지니신 우리 윤 본부장님 존경합니다. 항상 응원하겠습니다. 늘 건강하시고 행복하시길 간절히 바랍니다.

의견 56

같이 근무를 해본 적도 뵌 적도 없는 분이지만 직원들의 이런 반응을 보니 참 행복하신 분이네요. 이런 멋진 분이 계셨다는 것도 또 그런 분의 마지막을 응원하는 여러분도 다 멋지십니다.

의견 55

윤준병 본부장님은 항상 서울시 발전을 위해 고민하시고 몸과 마음을 바쳤던 분!
저도 이번 인사 '부동의'합니다!!

의견 54

개인적으로 교통에 능력자이면서 인간적인 본부장님을 존경합니다. 건승하시길 바랍니다.

의견 53

하루에 지하철로 600만, 버스로 500만의 사람이 움직이고,

택시가 7만 대 서울시 버스가 7,400대
신호교차로가 5,600개, 전체 도로 연장은 8,000km가 넘습니다.
이 어마어마한 숫자들을 10여 년간 과장으로 국장으로 본부장으로 관리
하셨던 분입니다.
너무 아쉽고 한탄스러워 자꾸 눈물이 납니다.
본부장님의 명언 중 "부동의합니다"가 있는데 이번 인사에 대해서 저도
"부동의합니다."

└ 의견 53-3
저도 "부동의"합니다. ㅠㅠ

└ 의견 53-2
저도 "부동의 합니다."

└ 의견 53-1
지난해 예산 심의 때 자전거 예산을 상임위에서 전액 삭감했고,
집행부의 동의 여부를 묻는 위원장께
"부동의합니다"라고 강력한 의사 표시를 하셨죠.
참 멋졌고 이런 상사와 일한다는 것이 행복하게 느껴졌습니다.
앞으로 그분만큼 당당한 선배님들이 계속 나와주었으면 좋겠습니다.
그리고 저도 이번 인사에 대해 "부동의합니다."

의견 51
과장님 때부터 모셨던 사람으로 너무나 가슴 아프고 속상하고 눈물이 납
니다. 교통 분야는 누구도 따라올 수 없을 만큼 탁월한 리더십과 전문가로
교통 분야 안 좋은 일이 터질 때마다 방패막이가 돼주셨던 분인데… 일을
열심히 하는 직원들에게는 확실한 방향을 잡아주시기에 존경했고 일을 열
심히 안 하는 직원들에게는 이것저것 많이 하기에 힘들게 느꼈던 분으로
도 생각될 수 있지만 늘 본인이 앞장서 솔선수범하시고 부하 직원들 확실
히 챙겨주시는 정말 공무원다운 멋진 분이셨습니다. 행정적으로 어느 누구
도 따라오지 못할 것이라고 저는 확실히 말씀드립니다. 존경하는 본부장님
이 사표까지 내셨다고 해서 일할 맛이 나지 않습니다. 의원 분들에게도 자
신의 소신을 굽히지 않고 당당하게 말씀하시는 모습을 보고 정말 멋쟁이라

생각하고 따랐는데 마무리를 이런 식으로 하시게 되어 마음이 아프고 화가 나고 속상합니다. 본부장님, 존경합니다. 본부장님이 하신 업적 그 누구도 따라오지 못할 것입니다. 본부장님을 응원하고 마음 아파하고 속상해하는 직원들이 많이 있음을 기억해주셨으면 합니다. 본부장님 수고 많이 하셨습니다. 늘 건강하시길 기원합니다.

∟ 의견 51-2
저도 예전에 함께 근무했었는데 인간적인 면에서 무한신뢰를 가질 수 있었던 분이셨습니다. 늘 어려운 상황 속에서도 꿋꿋하게 서울시 교통 발전을 위해 아낌없이 열정을 불태우셨고 우리가 본받을 만한 존경스러운 최고의 공무원이셨는데 왜 용퇴하셔야만 했는지 정말 아쉽네요. 최근 시내버스 관련 왜곡된 언론 보도에 대한 해명 자료를 읽었는데 그도 하나의 이유일 수도… 외부에서뿐 아니라 내부에서도 왜곡되지는 않았을지 더욱 안타까운 마음입니다.ㅠ 어디에서든 건강하시고 건승하시길 바랍니다.

∟ 의견 51-1
저도 동감입니다. 보도 해명 자료 방금 저도 봤습니다. 여러 가지 답답한 마음이 많으셨을 것 같아 저도 무척 안타깝네요. 교통 분야 업적에 있어서는 그 어느 분이 과연 윤 본부장님을 따라올 수 있을런지요. 그동안 정말 수고 많이 하셨습니다. 마음이 아프고 눈물이 납니다. ㅠㅠ

의견 50
사이먼 사이넥(Simon Sinek)이란 분이 이런 말을 했네요.
"최고의 성공을 달성하는 조직, 경쟁자들의 허를 찌르는 혁신을 이뤄내는 조직, 충성도가 높고 직원 이탈이 적으며 그 어떤 도전을 만나도 이겨낼 수 있는 조직에는 일정한 패턴이 존재한다. 이런 특출한 조직들은 위에서는 리더가 보호막을 쳐주고 아래에서는 조직원들이 서로를 지켜주는 문화를 갖고 있다."…

의견 49
누구도 따라올 수 없는 소신과 결기! 서울시 인물이지요. 윤 본부장님을 따르고 존경하는 무리 속에 저도 끼워주세요~~

의견 48

저도 본부장님을 존경합니다. 안타까운 마음을 어찌할지…. 건강하시고 더 큰 일을 위해 잠시 쉬었다가 간다고 생각하세요~~~~

의견 47

저도 언젠가, 일해보고픈 분 중에 한 분이었는데, 아쉽네요. 하지만 더욱 큰일 하시고 개인적으로도 좋은 기회가 되시기를 바랍니다.

의견 46

그분의 뛰어난 업무 능력과 관리자로서 책임감은 구분돼야 될 듯합니다.

의견 45

정년까지 아직 많이 남았는데 참으로 안타깝습니다.
앞으로 서울시에 윤준병 본부장님처럼 존경받을 만한 공무원이 언제쯤 나올까요.

의견 43

과장님 시절 모시었는데 추진력과 열정이 대단하시어 힘을 내어 열심히 일했습니다. 업무적으로 힘들었으나 따뜻한 마음과 웃으시는 모습, 어려운 일이 있으면 그 사항을 경청해주시고 가능한 해결해주셨던 분이시기에 저도 존경합니다.

의견 42

같이 근무는 안 해봤지만, 진정한 리더라고 전해들은 바가 있습니다. 후배로서 가시는 길이 꽃길이길 기원드립니다.

의견 41

많은 분이 영혼 없는 공무원이라 하시고 위로 올라가시면 영혼을 버려야 한다고 말할 때 오히려 공무원은 영혼과 철학을 가져야 한다고 말씀해주시고 몸소 실천하셨던 본부장님. 일함에 있어 정치권에 눈치 보지 말고, 힘들수록 원칙과 기준을 지키고, 결정 시에는 시민을 우선해서 결정하셨던 본부장님. 진심으로 가슴 깊이 존경합니다.
일하면 더 힘들어지는 조직. 일한 사람한테만 책임을 묻는 조직. 그 조직을 자신의 뜻과 입지와 외부의 시선을 의식해 판단하는 이 조직.

하나하나 댓글을 읽어가며 눈시울이 뜨거워지고 눈앞이 흐려졌다. 아, 인생 헛산 것이 아니었구나. 이대로 공무원 그만두어도 아무 여한이 없을 것 같았다. 그만큼 얼굴을 모르는 서울 시청 가족들의 목소리는 따뜻한 위로와 용기를 주었다.

나는 지금도 이 목소리들을 소중하게 간직하고 가끔씩 꺼내 들여다본다. 지금도 글쓴이들의 얼굴은 모르지만 사랑과 기대에 부끄럽지 않게 살아야 한다는 각오를 새롭게 한다.

조폭과 싸워 이긴 서울시 공무원들
─ 공무원은 언제 춤추는가

"부시장님 우리가 마침내 이겼어요. 업무를 방해한 혐의로 기소된 상가 관리 업체 대표와 상인 협동조합 이사장 그 사람들 모두 재판 끝나자마자 바로 구속돼 감방으로 잡혀 들어갔어요. 판사가 징역 10개월을 선고했어요."

"아이구 우리 주무관님 고생 많으셨습니다. 검찰이 구형한 벌금 1,500만 원보다 훨씬 무거운 형량이네요."

"그 동대문 마피아들 감방에서 콩밥 원 없이 먹게 되었으니 저도 속이 시원하네요."

악덕 사업주와 조폭들이 점거한 동대문 쇼핑몰 유어스를 시민의 재산으로 환수하기 위해 2년을 용감하게 맞서 싸웠던 교통본부 여

직원의 목소리는 울음에 잠겨 있었다.

"네. 그동안 온갖 조폭들과 맞서 싸우느라고 수고 많았어요."

"본부장님, 아니 부시장님 아니었으면 여기까지 못 왔을 거예요. 한턱 쏘실 거죠? 주전자 건배하며 우리 직원들 모두 본부장님과 술한 잔 마시고 싶어요."

"좋습니다. 주전자 건배 외치며 저도 한잔하고 싶네요. 얼른 날 잡으세요."

"네. 본부장님. 부시장님 되셨어도 제게는 언제나 영원한 본부장님입니다. 항상 믿어주시고 밀어주시는 본부장님 덕분에 신나게 공무원하고 있습니다. 감사합니다. 본부장님."

"제가 감사합니다. 멋지십니다."

장미꽃이 달콤한 향기를 뿜어내는 계절이었다. 승리는 장미꽃 향기처럼 달콤했다. 시장 선거에 출마한 박원순 시장을 대신해 서울시장 권한대행을 맡고 있던 5월에 들려온 낭보였다.

며칠 후 메신저로 '조폭과 싸워 이긴 서울시 공무원들'이라는 신문 기사를 받았다. 순식간에 1,000여 개의 댓글이 뜨겁게 달렸다. 정의가 승리했다는 격려와 서울시를 응원하는 목소리였다. 춤을 추고 싶을 만큼 기뻤다. 선거에 나간 박원순 시장에게도 시민의 신뢰와 지지를 받는 큰 선물이 되었다.

황금알을 낳는 거위의 주인은 시민

서울시 소유의 동대문 대형 의류 쇼핑몰 유어스는 내가 서울시

교통본부장으로 근무하던 2년 전 임대 기간이 만료돼 서울시 소유가 되었다.

1993년 동부건설이 동대문 인근 서울시 소유부지에 지하 1~6층 규모의 주차장을 건설했다. 이후 적자를 이유로 서울시에 주차장 지상에 상가를 증축하게 해달라 요청해 수차례 법정 다툼이 있었다.

이명박 시장 재임 시기에 2006년 10년 후 상가를 서울시에 기부 채납 한다는 조건으로 지상 5층 상가 건물 동대문 유어스가 완공되었다. 이후 10년간 대표는 상가를 임대해 연간 200억 원의 임대료를 받아 본인의 수익으로 해마다 100억 원을 챙겨 10년간 1,000억 원이 넘는 이익을 가져갔다.

그리고 10년이 지나 기부 채납 약속일에 맞춰 상가 소유권은 서울시로 넘어왔다. 주차장 부지에 증축한 상가였기 때문에 교통본부의 관할이었다.

서울시는 공유 재산 관리법에 따라 상가 운영권을 환수해 서울시 설관리공단에 맡기고 점포는 경쟁 입찰로 선정하겠다고 모든 공공 상가에 적용되는 원칙을 발표했다. 그러나 대표는 황금알을 낳는 거위를 내주기 싫어서 1년간을 무단 점거하며 인수를 방해했다.

본부장인 나는 법과 원칙에 따라 한 치도 물러서지 않고 강경하게 대응했다. 서로 간에 30여 건의 고소 고발이 이뤄졌다. 나를 포함한 서울시 간부 공무원들도 업무 방해죄로 고소를 당했다. 그러자 경찰들은 공무원들에 대해서는 즉시 기소 의견으로 검찰에 송치하면서도 시에서 고소한 주도자들의 공무 집행 방해나 공유 재산

법 위반에 대해서는 무혐의로 자체 종결하거나 불기소 의견으로 송치하는 부당한 수사권을 행사했다.

동대문 경찰이 조폭 모친상 부고를 동대문 경찰서 내부에 돌리고 조의금을 걷어 문상을 다녀오고 경찰이 조폭 단합대회에 참가한다는 사실은 그동안 공공연하게 언론에 보도되었다. 거액의 정치 자금이 필요한 정치인들이 상가 대표를 스폰서로 두고 검찰로부터 비호해준다는 소문도 단지 소문이 아니라는 걸 누구나 알고 있었다. 수천억대 대형 상가 대표들은 경찰과 조폭과 검찰까지 두려울 게 없었다.

성공만 하면 하루아침에 돈방석에 올라앉는 상가 분양 투기꾼들로 서울은 몸살을 앓고 있었다. 자본금 1억 원을 가진 건설업자가 남의 돈 100억 원을 끌어들여 1조 원 규모의 초대형 사업을 벌였다가 부도가 나기도 했다. 돈과 폭력, 정치권력이 부동산 시장을 점령했다. 건축 인허가를 둘러싼 수억대의 로비와 뇌물이 판을 쳤다.

돈을 긁어모은다는 대형 쇼핑몰 상가 대표들은 탈세 혐의로 조사를 받았지만 모두 무혐의로 풀려났다. 소유권 분쟁으로 여러 차례 경찰과 검찰에 고발되었지만 무혐의 처리되었다. 온갖 탈법을 저질러도 거물 정치인들의 비호로 건재했다. 불법적인 특혜 분양과 탈세의 구조 속에 조직 폭력배와 사채업자들만 배를 불리고 있었다.

국회의원들은 스폰서인 상가 대표의 부친상에 문상을 다니고 동대문 상권을 관할하는 중부경찰서 퇴직자가 쇼핑몰 보안 담당 직원으로 채용돼 대표의 고발 고소 사건이 단 한 건도 처리되지 않았다고 했다. 쇼핑몰 대표와 중부경찰서 고위급들이 함께 술 마시러 다니는 모습은 공공연하게 노출되었다.

그런 부패한 무리에 굴하지 않고 골리앗과 맞서는 다윗처럼 용기 있게 맞선 결과 주도자들 2명은 징역 4개월에 집행유예 1년, 2명은 징역 8개월로 법정 구속을 선고받았다. 업무 방해죄로 시가 고발한 2명의 주모자도 원래 경찰과 검찰은 약식 기소했지만 법원이 직권으로 정식 재판에 회부해 징역 10월로 법정 구속을 시킨 것이다.

시민의 공공 재산을 특정 집단들이 사적 이익을 위해 무단 점거하고 공무원들을 협박하고 고소 고발한 사건은 용기 있는 공무원들에 의해 이렇게 철퇴를 맞았다. 동대문 주차장 지상 상가의 인수 과정에서 고생한 이대현 국장, 윤보영·오진환 과장, 전태호 팀장 그리고 주차계획과와 서울시설공단 관계자들은 모두 시민의 재산을 지킨 용감한 영웅으로 기록돼야 할 것이다.

주전자 정신으로 건배

흔히 공무원을 복지부동 철밥통이라고 불신한다. 가만있어도 월급날에 월급이 나오고 정년을 보장받기 때문에 공무원은 주어진 일만 시늉으로 처리한다며 질타한다. 눈치껏 줄서기를 잘하거나 직권을 남용해서라도 윗선에 충성해 쉽게 승진하는 길을 찾는 무리가 공무원이라고 비난한다. 아첨으로 단체장의 눈과 귀를 막아 주민들에게 피해를 끼치는 간신이라고도 한다.

하지만 처음부터 그런 공무원이 되고 싶어 하는 이들은 없다. 창의적으로 솔선수범해 일하면서 기쁨을 느끼고 싶어 한다. 지역의 발전과 시민의 이익을 위해 새로운 업무를 만들고 헌신하고 싶어 한다. 상급자가 지시하는 일을 시키는 대로 처리하는 영혼 없는 공무원이 아니라 세상을 바꾸는 멋진 정책을 만들어 보람을 느끼고 싶어 한다. 하지만 왜 이들이 금세 의욕이 꺾이고 그저 별일 없이 월급이나 받는 호구지책으로 연명하게 하는가.

문제는 조직의 문화다. 역량을 발휘해 열심히 일하다 보면 시키는 대로 하는 사람보다 실패할 가능성도 크다. 실패했다고 추궁을 받거나 책임을 물어 징계에 처해지거나 승진에서 굴러떨어진다면 아무도 창조적인 정책을 내놓거나 모험을 하려 않는다.

나는 창조적인 정책이 응원 받고 그 정책을 서로 도와주고 격려하며 문제를 해결하는 생기 있는 조직 문화를 사랑한다. 공무원이 신분 보장이 되는 가장 큰 이유는 실패를 두려워하지 말고 소신과 원칙을 지키며 역동적이고 창조적인 역량을 발휘하도록 하기 위해서라고 생각한다.

상급자는 부하 직원을 믿고 지원하고 격려하며 책임을 져주는 든든한 울타리가 돼야 한다. 인사권자는 공정하고 형평성에 맞게 적재적소에 합당한 능력을 가진 사람을 임명해야 한다. 나는 언제나 부하 직원들이 나를 마음 놓고 기대고 나를 딛고 오르기를 바랐다. 상사가 자신은 무한 책임을, 영광은 부하에게 돌리는 조직일수록 생기발랄 신나는 에너지와 시너지가 넘칠 수 있다.

젊은 시절에는 나도 부하 직원들이 양에 차지 않아 자주 질타했다. 그런데 혼난 부하 직원이 『칭찬은 고래도 춤추게 한다』는 책을 선물했다. 믿고 도와주고 격려하고 칭찬하라. 그리하면 지질하게 뇌물의 유혹에 빠지지 않으면서 우울에 빠지지도 않고 조폭도 물리치는 거대한 힘을 발휘하게 된다. 주전자는 공무원을 춤추게 하는 마법의 건배사다.

주 : 주인의식을 가지고

전 : 전문성을 키워

자 : 자신 있게 일하자

우리가 부패한 무리와 싸워 이긴 일에 대해 언론도 칭찬을 아끼지 않았다. 2018년 5월 20일 《아시아경제》는 「'동대문 조폭'과 싸워 이긴 서울시 공무원들」이라는 기사를 통해 일련의 과정을 자세히 소개했다.

"서울시 도시교통본부의 책임자는 소신·원칙주의자로 유명한 윤준병 현 시장 권한대행이었다. 윤 권한대행은 서울시의회·언론 등 공무원들이 무서워하는 상대라고 할지라도 원칙에 어긋난 민원·요구라면 당당히 거부하고 양해를 구하는 소신·원칙 행정가로 널리 알려져 있다. (…) 이런 '뒷배'를 등에 업은 서울시 공무원들은 원칙과 법에 의한 행정을 펼쳤다"고 평가했으며 "특정 집단들이 사익을 위해 공공 재산을 무단 점거하던 잘못된 불법 행태에 좋은 경종이 될 것"이라며 각별한 의미를 부여했다.

회오리 속에서 태산처럼, 아버지처럼
― 원칙을 지켰습니다. 두려워하지 않아도 됩니다

요즘은 호환 마마보다 무서운 것이 가짜 뉴스라고 한다. 가짜 뉴스는 사막의 돌개바람과 같다. 모래를 조리질하듯 작게 시작되지만 금세 소용돌이로 부풀리며 그 가운데 놓인 사람을 눈을 뜨지 못하게 만들고 몸을 가눌 수 없게 만신창이로 만든다. 점점 커져 모래를 휩쓸어 길을 지우고 모래 산을 옮겨버린다. 그리고 무슨 일이 있었냐는 듯 사그라진다.

전국을 회오리로 강타했던 서울시 지하철 부정 채용 부정 특혜 공방도 그랬다. 그 당시 도시교통본부장이었던 내가 총괄 지휘했던 업무였기에 나는 페이스북에 팩트를 체크하며 진실을 외쳤지만 미친 듯이 소용돌이치는 정치권과 언론의 돌개바람 속에서 내 목소리는 연약하게 묻혀버렸다.

그래도 부정을 저지르지 않고 원칙대로 일을 처리했기에 나는 시간이 지나면 진실이 승리하리라는 굳건한 자신감이 있었다. 아무리 거센 폭풍이라 할지라도 굳건하게 뿌리 내린 정자나무를 뽑을 수는 없는 법이다.

2018년 덕수궁 돌담길에 단풍이 아름답던 10월, 정기 국정 감사에 필요한 서류 제출도 끝났고 국정 감사만 남겨놓고 있었다. 우려했던 태풍 콩레이도 큰 피해 없이 한반도를 빠르게 지나간 후였다. 밤하늘을 화려하게 수놓은 서울 세계 불꽃 축제도 잘 끝나 마음도 가을 하늘처럼 여유로웠던 주말이었다. 찬 이슬이 맺힌다는 한로가 지났기에 땅이 얼기 전에 서둘러 텃밭의 생강과 도라지, 고구마를 캤다.

오후에는 한가롭게 아내와 거실에 앉아 지난번 고향에 내려갔을 때 어머니께서 트렁크에 실어주셨던 누렁 호박의 껍질을 깨끗이 벗겼다. 호박씨까지 말끔히 긁어낸 뒤에 적당한 크기로 나눠 냉장고에 얼렸다. 머지않아 흰 눈이 내리면 어머니의 정을 느끼며 노란 호박죽을 끓여 먹을 생각에 흐뭇하기만 했다. 이틀 후 전국을 강타할 어마어마한 폭풍이 휘몰아치리라는 걸 까맣게 모른 채.

16일 화요일이었다. 자유한국당 김용태 사무총장의 긴급 기자 회견 속보로 서울시는 발칵 뒤집혔다. TV 속에서 국감에 제출한 서울시 자료가 공개되고 지난해 지하철 인력 채용 시 서울시청 및 서울교통공사가 대규모 불법 특혜와 고용 세습, 부정 채용을 저질렀다는 의혹이 천파만파로 전국에 생중계되고 있었다.

"불공정 수준을 넘어 일종의 일자리 약탈 행위이고 가장 먼저 청산돼야 할 적폐 중의 적폐입니다. 이번 사건은 일부 몇 사람이 저지른 채용 비리가 아니라 중앙 권력, 지방 권력, 노조 권력 등 대한민국에서 절대적인 힘을 가진 권력 집단들이 의도적으로 만든 일입니다. 문재인 정부가 충분한 검토도 없이 덜컥 공공 기관 비정규직의 정규직 전환 정책을 발표했고 서울교통공사는 노조와 결탁해 친인척들을 무기 계약직으로 채용한 후 다시 정규직으로 전환하는 수법을 썼습니다. 더욱 충격적인 것은 이번 채용 비리가 구의역 스크린도어 참사에서 출발했다는 것입니다. 구의역 비극의 재발을 막기 위해 안전 관리 업무를 정규직으로 전환한 조치들을 악용했습니다. 비정규직의 정규직 전환 정책을 전면 중단해야 합니다."

날벼락도 이런 날벼락이 없었다. 긴급 대책 회의가 소집되었다. 당시 업무를 총괄했던 나는 단 한 건의 부정 채용도 특혜도 없었음을 강경하게 밝혔다. 사실은 이랬다. 지하철을 운용하던 두 회사가 서울교통공사로 통합되면서 인사 발령 때 한 부서에 가족이 배치되지 않게 하려고 친인척 조사를 실시했다. 조사해보니 10명에 1명꼴인 11.2%가 육촌 이내의 친인척이 있다고 답변을 했고 이 자료로 부서 배치를 할 때 부부나 친척이 한 부서에 발령 나지 않게 조정했다. 단순한 서울교통공사의 인사 참고용 조사였다.

그런데 야당 정치인이 친인척이 있다고 응답한 11.2%의 비율을 전체 응답률로 잘못 해석해 의혹을 제기한 것이다. 무기 계약자의 일반직 전환자 1,285명 중 응답률이 11.2%에 불과했는데도 108명이 친인척으로 밝혀졌으며 만약 100% 전수 조사를 했다면 1,080명이 친인척이라고 일반직 전환자 87%가 친인척으로 채워졌다는 논리였다. 실체와는 동떨어진 의구심을 유발해 고용 세습으로 몰고 가면서 서울시 기존 공무원들이 가족들에게 일자리를 몰아주는 바람에 청년 일자리가 빼앗겼다는 허위 주장에 이르고 있었다.

소가 웃을 일이었다. 일반직 전환자 1,285명 중 육촌 이내의 사내 가족이 있는 인원이 11.2%인 108명이라고 명백히 나와 있는 자료를 제공했다. 조사 응답자가 11.2%일 뿐이라고 100% 조사가 이뤄졌다면 실제 가족 수는 1,080명이라고 주장하는 것은 팩트와 동떨어진 허위 사실 유포라고 반박하며 부정 비리나 특혜 없이 원칙적으로 공정한 절차를 거쳐 비정규직을 정규직으로 전환 채용이라고 언론에 밝혔다.

서울시청을 난입한 주연 배우 김성태

그러나 돌개바람은 더 거세게 확장되었다. 언론이 의혹을 기정사실화하면서 온갖 비난을 쏟아내는 데는 하루가 채 걸리지 않았다

다음 날 김병준 자유한국당 비상대책위원장은 "서울교통공사의 친인척끼리 고용 세습은 권력형 채용 비리 게이트"라고 침소봉대해 발표했고 곧바로 KBS를 비롯한 각 방송국의 헤드라인을 차지했다. 국민과 취업 준비생들의 분노는 더 커지고 여론은 분노했다. 언론은 걷잡을 수 없이 받아쓰기를 하며 타는 불에 기름을 붓듯 증폭되었다. 그러나 당장 진실과는 거리가 먼 혹세무민 망나니 춤을 막을 방법이 없었다.

18일 서울시의 행안위 국감에서도 자유한국당은 친인척 채용 비리를 제기했다. 국회 행정안전위원회 자유한국당과 바른미래당 소속 의원들은 서울교통공사 채용 비리와 관련해 시장을 질타하며, '비정규직의 정규직 전환' 정책을 중단할 것을 요구했다.

나 또한 부시장으로 박원순 시장과 함께 정례 국정 감사를 받고 있었다. 부정 채용이 없었다고 사실대로 답변을 하던 중 감사하던 자유한국당 국회의원들이 갑자기 국감장을 박차고 나갔다. 그 즉시 국정 감사가 파행되었다.

같은 시각에 자유한국당 김성태 원내대표가 박원순 서울시장 면담을 요구하며 국감 진행 중인 서울시청으로 난입한 것이었다. 서울시청 로비는 이미 아수라장이었다.

"청년 일자리 도둑질한 서울시! 고용 세습 엄중 수사 촉구!"

플래카드를 앞세우고 국회의원들과 당직자들이 대열을 지어 시청 본관으로 진입했다. 청원 경찰들이 셔터를 내리고 진입을 막았지만 격렬한 몸싸움을 하면서 기어이 셔터를 올리고 시청으로 돌진했다. 기자들과 카메라를 든 언론인들 수십 명이 그 뒤를 따라 취재에 열을 올리고 있었다.

기가 막힐 노릇이었다. 이미 진상을 알면서도 억지를 부리는 정치 쇼가 분명했다. 정부의 정규직 확대 정책을 거부하는 기업과 기업이 장악한 언론과 그 기업의 이익을 위해 싸우는 보수 정당의 카르텔은 견고했다. 거짓이 진실을 가리고 억측이 사실을 덮으며 거센 쓰나미가 되었다.

카메라 플래시가 번쩍번쩍 쏟아지는 가운데 존재감을 뽐내며 주연 배우 김성태 자유한국당 원내대표는 성능 좋은 마이크에 대고 외쳤다.

"청년 일자리를 도둑질하는 장본인이 바로 서울시 박원순 시장입니다. 민주당 정권이 친인척 채용 비리에 앞장서는 작태에 대해서 국민과 함께 분노합니다."

소동에 놀라 나온 공무원들이 걱정이 가득한 얼굴로 그 모습을 지켜보고 있었다.

"자유한국당은 이제 문재인 박원순 민주노총 적폐 연대의 뿌리 깊은 적폐를 철저히 발본색원해낼 것입니다. 국회 차원의 국정 조사를 통해서 누가 청년들의 일자리를 빼앗아갔는지 누가 뒤에서 특혜를 누리고 있는지 사회적 공정성을 저해해왔는지 반드시 그 실체를 가려낼 것이라는 걸 국민 여러분과 서울 시민들 앞에 자유한국당은 엄중하게 선포하는 바입니다."

자유한국당의 정치적 의도는 문재인 정권 전체에 대한 공격으로 끌고 가고자 함이 분명했다. 서울시청 로비 앞에서 마이크를 대고 채용 비리 의혹 진상 조사를 위해 국정 조사에 나서겠다고 쩌렁쩌렁 호통 치는 김성태 원내대표의 사자후는 곧바로 방송 뉴스를 통해 전국에 수십 번 되풀이 방송되었다.

"권력형 채용 비리 국정 조사".

"교통공사 채용 비리 서울시장 각성하라".

"기회 박탈 고용 세습 청년들이 분노한다".

"교통공사 고용 세습 서울시를 수사하라".

"고용 세습 비리 채용 이것이 촛불정신인가".

붉은 글씨의 피켓을 들고 구호를 외치는 자유한국당의 목소리가 메아리쳤다. 천지가 뒤집어질 듯 요동치는 기세였다. 문제될 것이 없는 명백한 자료를 허위로 둔갑시켜 상상 의혹으로 민주당과 문재인 대통령, 민주노총, 박원순 시장을 한꺼번에 공격하는 부조리한 현장이었다.

"아무도 흔들 수 없는 조직은 흔들리지 않는 조직원들이 만든다는 말이 있습니다. 매미가 우는 것도 한철입니다. 거짓말의 유통 기한은 매미보다 짧습니다. 이슬이 맺히고 서리가 내리는 절기를 피해갈 수 없습니다. 과도한 억측이 진실을 가리고 흙탕물이 천지를 휘저어도 시간이 해결해줍니다. 흔들리면 안 됩니다. 겁내서도 안 됩니다."

우리는 고독하게 강철 같은 각오로 시간을 견뎌야 했다. 거짓말은 날마다 들불처럼 언론을 타고 번졌다.

"정규직 전환자 중 1,080명이 기존 직원의 친인척이다."

"서울교통공사 전 노조위원장 김 모 씨의 아들이 비정규직에서 무기 계약직이 되고 이번에 정규직이 됐다."

"정규직 전환을 미리 염두하고 서울교통공사 직원의 친인척들이 대거 임시직으로 입사했다."

빨간 구두 아가씨처럼 춤추는 가짜 뉴스

'아들, 딸, 며느리까지 교통공사 신고용 세습'.

'자료 따로 해명 따로, 앞뒤 안 맞는 교통공사'.

'고용 세습에 날아간 청년 일자리 1,029개'.

'이번 신입사원 누구 아들? 고용 세습 24% 고위직 가족'.

'서울연구원 비정규직 맞추려 비정규직 55명 퇴출'.

'가족 30% 뽑아, 서울교통공사 출자 회사 채용 주먹구구'.

'시설관리공단의 혼잡 통행료 징수원에 부인 부당 채용 의혹'.

'고용 세습 비판 커지자, 공문 보내 입단속 나선 교통공사'.

'비정규직 짐 싸게 만드는 서울연구원 정규직 전환 역설'.

'야, 통진당 출신이 교통공사 시위 주도 ○○○ 기획 입사 의혹도 제기'.

'고용 세습 서울교통공사, 노조가 경영진 목까지 졸랐다'.

'서울교통공사 친인척 잔치 정부, 시, 노조의 합작 비리'.

'교통공사 추가 시험 난색… 박원순-노조위원장 면담 뒤 상황 반전-정규직 전환 시험 민노총 뜻대로'.

'계약직 곧 정규직 된다는 소문 때 직원 가족 65명 대거 입사'.

'서울교통공사 노조, 박원순 시장 면담 뒤 정규직, 승진 문제 한꺼번에 해결'.

'견제와 감시의 사각지대에서 민주노총 놀이터 된 서울교통공사'.

무시무시한 제목의 신문 기사와 의혹을 부채질하는 방송 보도만 보면 서울시와 지하철 노조가 속한 민주노총은 천하의 파렴치한 범죄자였다. 춤을 멈추지 못하게 하는 빨간 구두를 신은 아가씨처럼 언론은 끝없이 가짜 뉴스로 춤을 그치지 않았다.

가짜 뉴스는 취업을 못 한 청년들과 부모님들을 비롯한 국민의 공분을 활활 불타게 했다. 제풀에 쓰러질 때까지 멈추지 못하리라는 걸 나는 경험으로 알고 있었다. 의구심은 언론에 의해 기정사실화되었다.

교통본부장으로 재임하면서 채용을 총지휘했던 나를 의심의 눈초리로 보는 이들이 늘어나고 시청 내부도 술렁이기 시작했다. 채용에 있어서 추호의 부정도 없었을뿐더러 그동안 가짜 뉴스와의 전쟁에서 맷집도 강해졌기에 나는 크게 당황하지 않았다. 시간이 필요한 일이었다. 새벽이 오면 환히 드러날 진실이었다. 페이스북과 사내 방송을 통해 외쳤다.

"부시장 윤준병은 도시교통본부장으로서 서울교통공사의 안전 시스템 강화 대책을 만들고 집행하는 과정에 참여했기 때문에 그 과정을 자세히 알고 있습니다. 정치권의 공격은 허위나 과장된 내용이 대부분입니다. 서울시와 서울시 공무원들의 명예를 실추시키려는 비열한 정치 공세를 바로잡겠습니다. 안심하십시오. 우리가 근무하는 서울시가 조직적으로 계획적인 채용 비리를 저지르거나 용인할 정도로 허술하지 않습니다. 강경한 대응을 할 것입니다. 저를 믿고 안심하십시오."

진실을 믿고 두려워 말라

서울시 부시장이자 당시 채용을 총괄했던 교통본부장으로서 기자 회견을 준비했다. 제기된 의혹에 대해 사실을 조목조목 반박하며 팩트를 제시하는 장문의 글을 미리 페이스북에 올렸다. 서울시청 직원들의 동요를 막고 기자들이 사실을 알고 이성적으로 기사 작성을 하게 하려는 뜻이었다.

또한 의혹을 밝히기 위해 국정 감사가 끝나는 즉시 서울시가 감사원에 '서울교통공사 특혜 채용 의혹'에 대해 감사 청구를 하겠다고 밝히고 허위 기사들은 언론중재위원회에 요청하겠다는 강경한 뜻을 밝혔다.

그러나 야당 공세와 가짜 뉴스는 걷잡을 수 없는 괴질처럼 창궐했다. 페이스북에 팩트를 규명했음에도 의혹을 부풀리고 분노를 선동하는 악의적인 제목의 기사들이 넘쳐났다. 비정규직의 정규직화를 공약으로 내걸었던 대통령과 여당을 공격하는 호재로 공세를 멈추지 않았다. 정치인들의 말을 받아쓰며 교묘히 확대 재생산하는 방송과 신문 인터넷 방송 흙탕물이 사회 전체에 범람하며 세상을 삼킬 듯 요동치고 있었다. 진실이 무엇인지 사실이 무엇인지는 중요하지 않았다. 하멜른의 피리 부는 사나이처럼 언론의 거짓 피리 소리는 여론을 지배했다.

　자유한국당은 10월 21일 오후 국회 본청 앞에서 국회의원과 당원 등 500여 명이 모인 가운데 '국민 기만 문재인 정권의 가짜 일자리·고용 세습 규탄 대회'를 열었다. 규탄 대회뿐 아니라 모든 공기업 채용 비리와 관련된 기자 간담회를 열고 박원순 서울시장에게 부정 채용 비리에 책임지고 시장직을 걸라며 공개 질의서를 보내왔다.

　바른미래당과 민주평화당 등과 함께 서울교통공사 '고용 세습' 의혹 규명을 위한 국정 조사 요구서 발의를 추진하고 있어 야 3당 공조도 가시화되었다. "정부와 청와대, 지방 정부에게 경고한다. 지금까지 벌였던 일자리 탈취에 대해 사과하고 스스로 잘못을 낱낱이 밝히라"고 발표했다. 김성태 원내대표도 "문재인 정권은 자유한국당과 바른미래당, 민주평화당의 국정 조사 요구를 즉각 수용해야 한다"면서 "한국당은 즉각적인 전수 조사와 국정 조사, 국회 차원의 청문회를 통해 채용 비리 고용 세습의 커넥션을 반드시 밝혀내고야

말 것"이라고 강조했다.

정치권 일각에서는 자유한국당의 이 같은 총공세를 국정 감사 기간의 정국 주도권을 확보하기 위한 카드로 이해했다. 더불어민주당이 국정 감사 기간 중 '사립 유치원의 비리' 문제로 이슈를 주도하려 하자 이에 대해 맞대응하면서, 문재인 정부와 박원순 서울시장의 노동 정책을 비판하기 위한 회심의 일격이라는 의미다.

다음 날 나는 기자 회견을 열고 조목조목 사실을 밝혔다.

"서울시는 공정한 인사 관리에 최선을 다했으며 앞으로도 어떤 채용 비리에 대해서도 단호하고 엄중하게 대처하겠다는 점을 밝힌다. 지난 18일과 22일에 실시된 행정안전위원회, 국토교통위원회 국정 감사를 통해 서울교통공사에 제기된 다양한 의혹에 대한 입장과 사실 관계를 밝혔고 제기된 의혹이 대부분 명확한 실체가 없는 것으로 나타났다.

일부 정치권에서는 가짜 뉴스와 허위 자료를 확대 양산하며 진실을 거짓으로 호도하고 '차별적 고용 구조 해결'이라는 서울시 노동 정책의 본질을 폄훼하고 있다. 구체적으로 밝혀진 채용 비리가 없음에도 불구하고, 인사 참고용으로 조사된 친·인척 관계의 직원 수치, 그 자체를 문제 삼으며 취업 준비생들의 눈물과 고통을 정치 공세의 소재로 이용하고 있다."

비정규직 정규직화는 일자리 빼앗기가 아니라고 거듭 강조했다. 특히 비정규직이 정규직으로 전환되면서 양질의 일자리가 창출되고 고용 안정도 도모할 수 있다고 설명했다.

"비정규직에서 일반직으로 전환된 이들이 비리 채용에 연루된 것처럼 매도당해 마음의 상처를 입지는 않았는지 우려스럽다. 비정규직 정규직화 정책 대상자는 일반적인 취업 준비생들이 지망하는 일자리와는 전혀 다른 안전문 보수원, 경비, 청소 등의 일자리 종사자다. 일부 정치권에서는 이들에 대한 정규직화가 마치 청년 일자리를 뺏는 것처럼 왜곡해 을과 을의 싸움을 조장했다. 고용 불안에 시달려야 하는 비정규직을 정규직으로 전환하면서 일반직 정원이 증원됨에 따라 지속 가능한 양질의 일자리가 창출돼 고용 안정을 도모할 수 있게 됐다. 비정규직의 정규직화 노력이 흔들려서는 안 된다. 근거 없는 의혹 제기는 사상누각에 불과하다.

서울시는 국민에게 한 점의 의혹도 남겨서는 안 된다는 판단 아래 제기된 의혹들에 대한 보다 객관적이고 확실한 검증을 위해 어제 감사원 감사를 청구했다. 감사원 감사를 통해 채용 과정상에 문제가 있었는지 진실을 명명백백하게 밝히고 혹시라도 문제가 드러난다면 관련자들을 일벌백계할 것이다.

서울교통공사의 비정규직 근로자에 대한 일반직 전환은 구의역 사고 이후 지하철 안전 강화 대책의 일환으로 추진됐다. 위험의 외주화를 해소하고 양극화된 노동 환경을 개선해야 한다는 시대 요구는 당시나 지금이나 변함이 없다고 생각한다. 이번 논란으로 비정규직의 정규직화 전환 노력과 정책 자체가 호도되고 왜곡돼선 안 된다. 서울시는 차별적 고용 구조 해결을 골자로 한 노동 정책은 중단 없이 추진하고 감사에는 철저하게 임하겠다. 앞으로도 서울시는 우리의 청년들이, 아들딸들이, 이웃들이, 동료들이 비정규직이라는 이유로 위험에 내맡겨지는 일이 없도록 같은 일을 하면서도 불평등한 대우를 받는 사회가 되지 않도록 최선을 다하겠다. 채용 과정의 검증이 필요해 감사원에 감사를 청구했다. 채용 절차는 공정했다."

하지만 사실을 보도하는 기사는 가뭄에 콩 나기였고 대부분 기자 회견을 반박하는 기사들이 다시 넘쳐났다. 나는 담담하게 시간이 지나면 흙탕물이 가라앉고 진실이 드러날 거라 믿었다. 시간이 필요할 뿐 진실은 밝혀지리라는 믿음으로 오보에 대한 팩트 체크를 페이스북에 계속 해나갔다. 윤리적 결기가 제대로 있는 사람이면 1,000만 군사가 들이닥쳐도 꿈쩍도 없다고 말한 이는 공자였다.

태산명동 서일필

난무하는 의혹을 뉴스와 인터넷으로 확인하고 아침 출근을 하는데 가을비가 내렸다. 우리 서울시청 가족들에게 걱정 말라는 메시지를 보내고 싶었다. 나는 낭만과 추억을 선사하는 예쁜 단풍잎을 찍어 페이스북에 올렸다. "예쁘게 물든 시청 단풍나무와 덕수궁 돌담 노오란 은행잎에 가을을 느껴보세요."

여유롭게 글을 올렸다. 국감 자료 제출이 끝나면 10월은 부서별로 체육대회도 하고 야유회도 하며 잠시 여유를 갖는 시간인데 부정 채용 회오리에 다들 숨을 죽이고 잔뜩 움츠러들었다. 내가 먼저 부서원들과 야외 단합대회를 가서 사진도 페이스북에 올리고 걱정 말고 부서 행사하라고 직원들을 안심시켰다. 젊은 직원들은 나를 보면 정말 별일 없는 거냐고 물었다. 걱정 말라고, 아무 걱정 말라고, 웃으며 토닥여줬다.

시간이 지날수록 채용 비리로 밝혀진 사실은 없었다. 정치권이 무책임하게 제기했던 허위 사실을 과대 포장해 국민의 판단을 흐리고 갈등만을 조장하던 신문 기사들이 슬그머니 사라지기 시작했다. 무사히 지나갔다는 안도감으로 끝나서는 안 되는 일이었다. 이제 사실을 바로잡고 책임을 물어야 할 때가 왔다.

10월 29일 나는 '태산명동 서일필泰山鳴動 鼠一匹'이란 제목으로 페이스북에 글을 올렸다.

"태산이 떠나갈 듯 요동치게 하더니 튀어나오는 건 쥐 한 마리뿐이라는 말입니다. 정치권과 언론의 허위 사실 발표와 보도가 지나고 보니 결국 세상을 시끄럽게 했던 건 '쥐 한 마리'였던 셈입니다.

이러한 허위 사실의 무책임한 확대 재생산에 대해서는 엄정하게 책임을 묻겠다는 서울시 입장을 이미 말씀드렸습니다. 그동안 허위 사실을 보도해 서울교통공사의 채용 비리 의혹을 제기한 《중앙일보》와 《문화일보》에 대해 서울교통공사가 오늘 언론중재위원회에 정정 및 반론 보도, 손해 배상을 청구했습니다. 정치인에 대해서도 법률 검토가 끝나는 대로 고소 등 법적 책임을 물을 예정입니다.

앞으로도 허위 사실 발표나 보도에 대해서는 이미 말씀드린 바대로 책임을 엄정하게 묻겠습니다."

폭풍은 채 한 달도 되지 않아 사그라들었다. 법원 판결과 언론중재위원회의 결정 등을 통해서 실체적 진실이 서서히 힘을 발휘하기 시작했다. 소송 결과도 나왔다. 비정규직의 정규직 전환 채용에 대해 서울교통공사가 잘못이 없다고 법원이 승소 판정을 내렸다. 언론 중재위원회도 허위 사실을 유포한 기사에 대해 열람 검색되지 않도록 조치하라는 결정을 해당 언론사에 내리기 시작했다.

여야가 '공공 기관 채용 비리 의혹에 대한 국정 조사'에 합의했기에 국정 조사 과정에서 질문의 소재가 되지 않도록 허위 기사를 바로 잡을 필요가 있었다. 그동안 허위 사실을 보도한 방송과 기사에 대해 국정 조사 전까지 정정 보도와 반론 보도를 할 것을 청구했다. 언론중재위원회 심리로 허위 기사들이 줄줄이 철퇴를 맞기 시작했다.

첫눈이 내렸다. 밤새 내린 첫눈은 서울시를 소복하게 덮었다. 단풍이 곱던 나무에도 흰 눈이 덮었다. 어릴 때 나의 증조부께서는 첫눈이 내리면 어린 나를 안고 마당에서 눈을 맞으셨다. 그리고 첫눈을 서설이라고 가르쳐주시며 서설이 내릴 때 소원을 빌면 소원이 이뤄진다고 가르쳐주셨다. 나도 소원을 빌었다. 국정 감사와 가짜 뉴스, 행정 사무 감사, 감사원 감사 등으로 많이 지쳐 있을 서울시 공무원과 산하 가족들이 위축되지 않고 당당하게 예산 심의와 내년에 있을 공공 기관 국정 조사를 잘 마무리할 수 있기를, 그리고 증조부께서 그러셨을 것처럼 가족의 건강도 빌었다.

11월 마지막 즈음 방송과 신문들이 정정 반론 보도문을 보도하기 시작했다. 허위 기사에 대해서 손해 보상금을 지급하라는 결정도 나왔다. 신문사가 거부해 조정이 성립되지 않은 기사는 손해 배상 청구를 했다.

페이스북을 통해 다시 쐐기를 박았다.

"진실 보도가 언론의 자존심이어야 하며 언론은 광고주를 위해 존재하는 것이 아니라는 것은 상식이다. 그런데 언론은 단독이나 특종이라는 이름으로 정치권의 주장을 검증 없이 받아쓰는 허위 기사로 명예를 훼손하고도 잘못을 반성하지 않았다. 사실을 왜곡하는 자극적인 제목으로 기사 조회 수를 늘렸다. 진실이 밝혀진 뒤에도 우리도 먹고살아야 하지 않냐고 정당화하며 아무런 책임도 지지 않고 구렁이 담 넘어가듯 눙치고 지나갔다. 이번 기회에 이런 잘못된 관행을 바로잡아야 했다. 공공 부문 채용 비리 의혹 국정 감사를 거치면 서울교통공사 등에 대해 일부 정치인과 언론 기사나 보도가 허위였음이 더욱 명백하게 밝혀질 것이다. 그리고 그런 허위 기사와 악의적 주장이 불러온 의혹으로 수많은 젊은이를 분노시켰음이 확실해질 것이다."

2019년 새해가 밝았다. 진실이 명백하게 드러나리라 기대했던 부정 채용 국정 조사는 시작도 되지 않고 흐지부지되었다. 서울시에는 이 일의 연루자로 단 한 명의 공무원 징계도 없었다. 부정 채용으로 밝혀져 채용이 취소된 직원도 없었다. 내부적인 자긍심이 높아졌다.

가짜 뉴스와의 또 한 번의 거센 전쟁은 그렇게 끝났다. 시장이 끝까지 믿고 흔들리지 않았기에 조직에 상처도 내부 동요도 없었다. 쏟아지는 화살 속에 서로를 의지하고 의연하게 뚫고 지나는 거대한 철갑선 같았다. 원칙을 지키면 어떤 음해나 공작도 두려울 것이 없었다. 불안에 가슴 졸이던 젊은 직원들이 나에게 아버지 같다고 했다. 부시장님은 태산처럼 우리 모두를 굳건하게 지켜줬다고 고마워했다. 어머니가 늘 태산 같은 어르신이라고 그리워하는 증조부가 떠오르는 날이었다.

요동치던 태산이 잠잠해진 뒤 떨고 있는 쥐 한 마리

고골리의 짧은 소설 「외투」는 불운한 9급 공무원 아카키가 어렵게 마련한 외투를 불량배에게 빼앗기고 찾을 수 없어 그 상심으로 죽었다는 줄거리를 가지고 있다. 소설이 아카키의 죽음으로 끝났다면 부패한 사회를 고발하는 리얼리즘 소설이 되었겠지만, 아카키가 유령이 되어 출몰하면서 인간이란 어떤 존재인가를 고민하게 하는 환상 소설로 거듭났다.

서울시 부정 채용 비리 사건도 이쯤에서 마무리되었다면 시간이 걸리지만, 진실은 밝혀진다는 교훈을 남기고 끝났을 것이다. 그러나 환상적인 마무리를 위해서인지 주연 배우 김성태가 언론에 다시 등장했다. 물론 유령은 아니지만 유령 못지않게 기괴한 모습으로 국회의원이란 어떤 존재인가 고민을 안겨줬다.

2018년 12월 20일, 크리스마스가 며칠 남지 않은 어느 날이었다. 서울교통공사 부정 채용에 악의적 기사를 쏟아냈던 중앙 일간지에 서울시청 난입자 김성태 원내대표의 딸 KT 특혜 채용 의혹이 대문짝만하게 기사화되었다. 무려 6년 전 KT 이석채 회장의 국정 감사 증인 출두를 막아주고 그 대가로 직접 딸의 이력서를 건네주며 취업 청탁을 했다는 것이다. 비정규직으로 취업한 딸이 얼마 후 정규직이 되었다는 내용이었다. 다들 경악을 금치 못했다. 본인의 리얼한 경험 때문에 서울시가 부정 채용을 했다고 확신하게 되었던 것 아닐까 하는 합리적 의심이 꼬리를 물고 퍼졌다. 그러자 김성태 의원은 신문 기사를 향해 정치 공작 기획이라고 비장하게 주장했다.

"단지 그 아버지가 야당 정치인이라는 이유 하나만으로 의혹의 눈길을 보내고 특혜 취업으로 매도하려는 것은 정치권력과 언론이 결탁한 전형적인 정치적 공작이자 기획이라는 점을 지적하지 않을 수 없습니다. 해당 기사를 작성한 기자뿐 아니라 팩트 확인 절차를 생략한 데스크와 편집이 책임을 져야 할 것입니다."

그러나 정규직 전환 시에 공채 서류 접수가 끝난 지 한 달이 지나서야 지원서를 제출했고 인·적성 시험도 불합격 판정이 나왔으나 합격으로 뒤바뀌어 정상 합격자를 취소시키고 최종 합격했다는 보도가 뒤따랐다. 불법 채용 부정 청탁의 명백한 증언과 증거가 드러나 뇌물 혐의로 재판에 기소되었다.

그러자 주연 배우는 이번에는 정치 보복이라고 주장하며 절대 용서치 않겠다고 남부지검 앞에서 1인 시위를 했다.

'피의 사실 공표 정치 검사 즉각 수사하라'는 피켓을 목에 걸고 방송국 카메라 앞에서 가련하고 애처로운 표정으로 눈물 닦는 시늉을 했다. 악어의 눈물이라고 댓글이 붙었다.

"깊은 고뇌와 번민이 있지만 부정한 청탁을 하지 않았다는 스스로의 결백…"

심오해 해독하기 어려운 인터뷰는 도중에 잘린 채 방송되었다.

거짓말쟁이 아내

서울에서 나는 집 한 채를 사서 30년을 살았다. 전북도청에서 사무관으로 근무를 시작했기에 우리는 전주 월세방에서 신혼살림을 시작했다. 한 달 생활비를 건네자 아내가 놀라 눈을 똥그랗게 떴다. 뒤에 알았지만 내가 준 생활비가 아버지에게 받던 한 달 용돈과 똑같았다는 것이다.

서울시청으로 발령받아 올라올 때 아내는 혼자 전주에서 이삿짐을 쌌고 내가 근무를 마치고 서울 집에 도착하자 저녁밥을 지어줬다. 다음 날 다시 시청에서 근무를 마치고 돌아오자 이삿짐이 정리돼 있었다.

우리는 서울에 집을 마련했다. 강남의 아파트를 사야 한다고 그러면 저절로 집값이 몇 억씩 올라 공무원 월급보다 재산을 모으는 데 더 효과적이라고 주위에서 조언을 많이 해줬다. 그러나 나는 집은 투기가 아니라 살림을 위한 것이라고 생각했기에 직장인 서울시청과 멀지 않은 곳으로 구했다. 구기동 북한산 중턱 연립 주택이 맘에 들었다. 아내에게 누누이 우리는 서민이라고 생각하고 살아야 한다고 강조했다. 집을 사고 대출을 갚아나가기 시작했다.

북한산 아래 집이어서 강남에 비해 값이 싸기도 했고 도토리와 솔방울이 떨어지고 맑은 물이 흐르는 뒷산이 가까이 있어 좋았다. 봄에는 뻐꾸기, 겨울에는 부엉새 소리를 들으며 책을 읽었다. 찔레꽃 향기가 봄바람에 실려오면 고향의 어머니와 모는 잘 심었는지 전화했다. 서리에 단풍잎 물들면 내장산으로 소풍 갔던 중학교 친구들 생각이 나기도 했다.

휴일 새벽이면 언제나 등산을 할 수 있었다. 공동으로 쓰는 마당에 앵두가 빨갛게 익어 어린 시절 앵두나무를 추억하며 아들과 딸에게 따 먹이는 재미도 좋았다. 감나무에 감꽃이 피어 땅바닥에 떨어지는 모습도 정겨웠다. 고향 마을처럼 자연에 둘러싸인 기쁨으로 그 집에서 살다 보니 아이들은 어느새 어른이 되고 나는 머리카락이 희끗희끗한 나이가 되었다.

그리고 그 집에서 미안하게도 아내 정경임 씨는 거짓말이 늘었다.

"잘못 찾아오셨어요. 여기 윤준병 씨 집 아닌데요."

아내는 업자들이 보낸 선물 상자가 집으로 오면 그렇게 말하고 돌려보냈다.

어느 날은 007가방을 들고 사람이 찾아와 윤준병 씨 집이 분명하다고 가방을 내밀었다.

"윤준병 씨는 이사 갔고 제가 새로 이사 온 사람인데요."

화장과 장신구를 싫어하는 남편 때문에 화장대도 치운 채 시골 아낙처럼 수수하게 낡은 원피스를 입고 나온 아내를 보고 007 사내도 서울시청 고위직 공무원 부인이라고 믿기 어려웠는지 돌아갔다.

택배가 활성화되자 업자들은 선물을 택배로 보내 사무소에 맡겨두었다. 아내 정경임 씨는 본인 지갑을 열어 택배비를 계산하고 선물을 되돌려 보내야 했다. 부시장님이 보낸 명절 선물까지도 그 틈에 되돌려 보내졌다. 부시장님이 보낸 선물을 당사자가 반송시킨 건

처음 있는 일이라고 업무 담당자가 무슨 일이냐고 물었다.

아내는 모르는 사람이 집으로 하는 전화도 무조건 윤준병 씨 집 아니라고 말하며 딱딱 끊었다.

휴대폰이 없던 시절 하루는 고건 시장님이 급한 일로 집으로 전화를 하셨다. 윤준병을 찾는 시장님께 이 집에 없는 사람이라고, 그런 사람 모른다고 아내는 또박또박 말했다. 서울시장이라고 이름까지 말하며 진짜 서울시 공무원 윤준병 씨 집 아니냐고 해도 아내는 끝까지 아니라고 하며 끊었다. 고건 시장님이 다음 날 나에게 그 이야기를 하며 기막혀하셨다.

어쨌든 내가 공직 생활을 무사히 마무리할 수 있었던 것은 나의 아내 정경임 여사께서 그렇게 거짓말을 해가며 30년 넘게 북한산 아래 구기동 연립 주택 수문장 노릇을 엄격하게 해주신 덕분이다.

감사합니다. 정 여사.

5장

나는 파란 주전자가 되고 싶다
─ 새로운 꿈

등 굽은 소나무 ― 서울시 행정부시장이 되다

서울시 부시장은 대통령이 임용권을 가진 차관급 국가 공무원이다. 서울시에서는 더 올라갈 데 없는 최정상이다.

상수도사업본부장과 기획조정실장을 거쳐 공직 생활 35년 만에, 2018년 1월 서울시 행정부시장에 임명되었다. 임명장 수여식이 있는 날 넥타이를 매며 거울을 봤다. 흰 머리카락이 절반인 내 얼굴이 못생긴 소나무처럼 보였다.

옛 어른들은 선산을 지키는 건 멋진 큰 나무가 아니라 오랜 세월의 풍파를 이겨낸 등 굽은 소나무라고 말씀하셨다. 바위틈에 무릎 꿇고 앉은 등 굽은 소나무. 그 못생긴 소나무가 부모의 산소를 지키고, 조상의 선산을 지키고 남아서 고향을 지킨다고 하셨다.

같은 소나무여도 좋은 땅에 뿌리를 내리고 비바람을 덜 받아 곧고 수려하게 자란 소나무는 목수의 눈에 띄어 기둥으로 서까래로 쓰이기 위해 일찍 잘린다. 또 괴이하면서도 특이한 소나무는 어릴 때 분재용으로 송두리째 뽑혀간다. 그러나 척박한 땅에 뿌리를 내린 굽은 소나무는 모진 고생을 하면서 자라지만 쓸모가 없기에 누구도 거들떠보지 않는다. 그리하여 그 굽은 소나무는 언제까지나 무덤가에 남아 있다.

못난이 소나무는 선산을 지키며 씨를 뿌려 자손을 번성케 하고 비바람과 폭설에 가지를 내밀어 산을 지킨다. 그리하여 또 잘생긴 소나무가 멋지게 자라서 재목이 될 수 있게 정성을 다해 보살핀다. 서울시 최고 근속 근무자로 행정부시장이 되었으니 남은 일은 등 굽은 소나무처럼 후배들이 올바른 공무원으로 성장할 수 있게 선배로서 잘 도와주는 일뿐이었다.

종로에 오신 녹두장군

서울시 부시장으로서 했던 일 중 특별하게 마음을 썼던 일 중 하나가 종로의 전봉준 장군 동상 건립이었다. 전봉준 장군의 동상은 국민 성금을 모아 종로 네거리에 세우기 위해 동상건립위원회가 결성되고 서울시와도 협의가 진행 중이었다. 내게도 어린 시절부터 전봉준 장군은 특별한 분이셨다.

2018년 2월 어느 날 나에게 특별한 요청이 들어왔다. 동학혁명 기념일이 다가오고 장군이 순국한 날에 맞춰 제막식을 해야 하는데 서울시의 심의가 지연되고 있어서 애가 탄다, 정읍 출신 부시장이니 조속히 심의가 매듭지어질 수 있도록 도와달라는 것이었다.

즉시 서울시 디자인정책과 담당 과장을 불러 진행 상황을 확인했다. 동상 건립 위치를 최종 확정하기 위해서는 공공미술자문위원회를 통과해야 하는데 외부 전문가로 구성된 공공미술위원들 간에 의견이 달라 진행이 더뎌지고 있다는 것이다.

서울시가 소유하고 있는 땅에 동상 등 미술 작품을 설치하기 위해서는 공공미술자문위원회 심의를 통과해야 한다. 특히 역사적인 인물을 동상으로 만들기 위해서는 정확한 역사적 고증과 주변과의 조화가 중요한 심의 요건이었다.

과장에게 많은 분이 제 날짜에 제막식을 못 할까 봐 애를 태우고 있으니 공공미술자문위원들께 연락을 드려 결론을 빨리 내어달라고 간곡히 요청을 드리고 이후에도 몇 차례 점검했다.

심의가 통과되었고 4월 제막식에는 시장님이 서울시를 대표로 인사 말씀을 하셨다. 장군께서 돌아가신 지 123년, 장군의 교수형이 집행되었던 그날처럼 4월 24일에는 바람이 불고 쌀쌀한 날씨였다. 종각역 건너 영풍문고 앞, 지하철 종각역 5번 출구와 6번 출구 사이 종로 네거리에 상투 머리 바지저고리 차림으로 녹두장군 동상이 세워졌다. 촛불시위 시민들이 쏟아져 지하철역에서 끝없이 쏟아져 나오던 그 자리에 동상이 자리해서 감회가 더욱 남달랐다.

옛 전옥서 터에 세워진 전봉준 장군의 모습은 칼을 비켜 찬 광화문 이순신 장군이나 높은 곳에서 아래를 내려다보고 있는 세종대왕 동상과 모습이 달랐다. 낮은 자리에서 시민들과 눈을 마주칠 수 있게 조각돼 있었다.

고창 출신 원로 조각가 김수현 선생이 조각한 전봉준 장군의 눈빛은 여전히 그날처럼 형형하다. 잡히실 당시 뒤꿈치 아킬레스건이 칼날에 잘려 일어설 수도 없는 자세지만 그 무엇에도 굴하지 않는 눈빛으로 123년이 훌쩍 지난 지금 한양 한복판에 되살아오셨다. 나는 때때로 장군의 동상 앞에서 발걸음을 멈추고 장군의 발을 가만히 쓰다듬어보곤 했다.

입암산성과 천원역

나의 기억 속에 전봉준 장군은 늘 우리 동네 입암산 입암산성에 계셨다. 우리가 다래를 따러 올라가곤 하던 입암산은 꼭대기에 지금도 변함없이 갓바위와 산성이 있다. 어느 날 어머니는 논에서 일하시는 작은아버지가 새참으로 드실 막걸리 주전자와 김치보시기를 내 손에 들려 보냈다. 논 기슭 밤나무 아래 그늘에 앉아 기다리는데 모 심을 논에 써레질하는 작은아버지는 소를 이랴이랴 나오실 줄 모르고 찔레꽃 향기에 입암산 뻐꾸기만 울었다.

소 등에 황새가 올라앉았다. 우렁이와 개구리를 집어 먹으려 논에 내려앉아 퍼드덕거리는 걸 보다가 주전자 부리에 입을 대고 막걸리를 홀짝홀짝 맛봤다. 달착지근한 맛에 한 모금 한 모금 하다가 하늘도 빙빙, 밤나무도 빙빙, 작은아버지와 황소도 빙빙 돌았다. 나는 쓰러져 잠이 들었다. 작은아버지는 지게에 싸리나무 발채를 펴고 술에 취한 열두어 살 조카를 눕혀지고 오시며 노래를 불렀다.

"새야 새야 파랑새야 녹두밭에 앉지 마라. 녹두꽃이 떨어지면 청포 장수 울고 간다."

해 질 무렵 바지게에 누워 그 노래를 들었다. 작은아버지는 몇 번이나 무심하게 불렀다. 숙모가 아기를 재울 때도 부르고 어머니가 바느질할 때도 부르고 할머니가 길쌈을 할 때나 콩 타작을 할 때도 부르는 그 노래는 어딘가 한스러움이 묻어 있었다.

"새야 새야 파랑새야 녹두밭에 앉지 마라. 녹두꽃이 떨어지면 청포 장수 울고 간다."

참새들은 가을이면 벼이삭에 매달려 벼를 쪼아 먹는다. 허수아비를 세우고 구멍 난 솥단지를 두드리며 휘이휘이 새 쫓는 것이 방과 후 중요 일과였다. 까치는 감과 배를 좋아해 부리로 쫀다. 동네 뒷산 대숲에 떼 지어 사는 파랑새들은 녹두밭이나 콩밭에 내려앉아 싹도 쪼아 먹는다. 녹두는 척박한 산비탈 돌밭 돌 틈 가뭄에서도 싹이 튼다. 가뭄에도 시들지 않고 꽃을 피워 식량과 약이 되는 소중한 곡식이다. 녹두밭에 떼로 앉아 밭을 망치는 파랑새를 쫓으러 밭으로도 가야 했다.

"새야 새야 파랑새야 녹두밭에 앉지 마라. 녹두꽃이 떨어지면 청포 장수 울고 간다."

옛날부터 새 쫓는 아이들이 밭둑에서 무심코 부르던 노래가 일제 강점기 일본군 몰래 부르는 진혼곡이 된 것은 갑오년 동학군들의 최후가 너무나 처참했고 일제 강점기의 고통 또한 처절했기 때문이다.

곡식을 망치는 얄미운 파랑새를 일본군, 일본군과 싸운 전봉준 장군은 녹두꽃으로 바꿔 생각하며 불러보면 이 노래가 어떤 의미를 담고 있는지 누구나 짐작할 수 있다. 「새야 새야 파랑새야」 노래는 미완의 혁명으로 끝난 동학 농민 희생자들을 위해 온 백성이 다 같이 부른 진혼곡이 아닐 수 없다.

입암산 아랫자락에 천원역이 있다. 기차 철로가 놓이기 500년 전부터 천원역은 역이었다. 조선 시대 의주-한양-해남을 잇는 삼남가도에 자리한 중요한 역이었다. 전라도 아랫들녘으로 가는 관리들이 험한 갈재를 넘기 전에 팔팔한 새말로 바꿔 타는 곳이었다. 한양이나 전주로 향하는 관리들이 갈재를 넘어오느라 기진맥진한 말을 바꿔 타기도 했을 것이다.

1894년 갑오년 11월 29일 천원역에 일본군이 도착했다. 우금치전투, 태인전투 후 남쪽 바닷가로 동학군을 몰아가기 위해 쫓아온 일본 후비병 19대대 부대였다. 그 일본군 부대도 우뚝한 입암산 갓바위를 한참이나 올려다봤을 것이다. 훗날 3·1운동을 총지휘한 손병희 대장군은 전날 북접군을 이끌고 입암 갈재를 넘었다. 전봉준은 수하 몇 명을 데리고 입암산성으로 스며들었다. 정유재란 때 남원성에서 1만 백성을 유린한 고니시 군대가 곧이어 들이친 곳이 입암산성이었다. 그때 성안으로 피신한 백성들과 의병들과 힘을 합쳐 끝까지 싸우다가 순절하고 말았다는 입암산성 별장 윤진의 이야기를 우리는 어려서부터 들으며 자랐다.

전봉준 장군도 그런 이야기를 듣고 자라셨을 것이다. 우금치에서의 패배로 남쪽으로 밀려온 전봉준 장군은 체포 사흘 전 입암산성을 찾았다. 그때 입암 별장 이춘선과 무슨 이야기를 하며 장군은 산성 객사에서 하룻밤을 묵었을까? 일본군이 밀고 내려오고 있다고, 조선의 관군들이 일본군과 함께 총을 쏘아 죽이고 있다고, 지금은 동학군을 토벌한다지만 동학군 토벌 후에 제 나라로 돌아가겠냐고, 그때는 나라를 빼앗기고, 백성 모두가 일본군 총구 앞에서 위험해질 거라고, 그러니 지금 우리와 함께 싸우자고 설득하지 않았을까?

그러나 국가의 관리인 입암 별장 이춘선은 동학군을 토벌하라는 임금의 명령을 거부하고 일본군과 맞서 싸울 수는 없었을 것이다. 관리였던 그는 다만, 1만 냥의 상금이 목에 걸린 녹두장군을 체포하지도 관에 알리지도 않음으로써 의리를 지켰다. 입암산성을 치고 들어온 일본군이 전봉준을 찾아 장성으로 향하자 이춘선은 아들을 산길로 보내 백양사에 있던 전봉준을 긴급 피난시켰다. 그 때문에 잡혀가 아들과 함께 벌을 받았다. 남은 후손들도 입암산 아래 살면서 두고두고 고초를 겪었다.

새야 새야 파랑새야, 노래를 부르며 다래 따러 동무들과 오르내리던 입암산 산길이 전봉준 장군이 이춘선 별장을 찾아 오르셨던 바로 그 산길이었다. 중학교를 오가며 날마다 건너던 다리 옆의 마을 깻다리는 방장산 너머 고창에서 활동했던 무장 대접주 손화중 장군이 태어난 마을이다. 손화중 장군의 호는 초산인데 바로 내가 다니던 중학교 뒷산 이름이 초산이었다.

전봉준 장군을 순창까지 모시고 갔다던 차치구 접주와 그 아들 차경석이 살던 집은 내가 다니던 초등학교가 있는 대흥리 보천교 본소였다. 입암산성으로 가기 전 전봉준 장군이 하룻밤 묵었다는 그 기와집을 담장에 붙어 까치발을 하며 들여다보기도 했다. 지금도 그 집은 변함없이 그 자리에 있다.

보국안민 사인여천輔國安民 事人如天. 나라를 바로잡고 백성을 편안하게 한다는 그 정신을 후손들에게 유산으로 남겨준 동학군. 전옥서 교수형의 처참한 순간을 앞두고 녹두장군은 두 눈을 부릅뜨고 말씀하셨다.

"나를 죽일진대 종로 네거리에서 목을 베어 오고 가는 사람들에게 내 피를 뿌려줌이 옳거늘 어찌 이 암연한 소굴에서 남몰래 죽이느냐?"

종로의 장군은 똑바른 눈빛으로 물으신다. 지금은 백성들 고루고루 별걱정 없이 살만 한 세상이냐고. 나라는 튼튼하냐고. 가난한 떠돌이 유랑 훈장이었지만 보국안민 대의의 길에 떨쳐나선 마흔한 살 전봉준. 키가 작았다는 그는 한 점 부끄러움 없이 영원한 녹두장군으로 남았다.

그 눈빛 앞에 서면 옷깃을 여미며 어찌 살아야 할지 생각하지 않을 수 없다. 잘못된 것은 피하지 않고 바로잡으려는 내 고집도 어쩌면 장군의 보국안민에서 그 기운을 받았을지도 모른다. 나라를 바로잡아 백성을 편안하게 하는 일. 그 일이 장군의 꿈이었고, 공직에 있는 나의 소임이란 걸 녹두장군 앞에서 오래 생각했다.

248

삼고초려

2019년 3월, 마침내 새로운 결심을 했다. 주위의 권유를 더 뿌리치지 않고 정읍·고창 국회의원 선거에 민주당 후보로 출마하기로 결정한 것이다.

서울시청에서의 마지막 봄이라고 마음먹으니 날마다 보아왔던 풍경 하나하나가 새롭고 애틋했다. 점심을 먹고 푸른 잔디로 봄단장을 마친 광장을 거닐었다. 파란 하늘, 등을 어루만지는 봄볕이 따스하다. 서울 도서관 외벽에 걸린 꿈 새김판에 곱게 쓰인 짧은 글귀가 눈길을 붙잡는다.

'이름 없는 날도 봄이 되더라. 이름 없는 꽃도 향기롭더라.'

평범한 나날 속이지만 해마다 봄날이 온다. 평범한 사람도 때가 되면 향기로운 꽃처럼 피어난다. 인생의 봄날이 따로 있는 날이 아니다. 나도 때때로 나만의 향기를 고집하며 지금껏 살아왔다.

그런데 공무원 36년 외길 인생 막바지에 예상치 못한 새로운 갈림길이 나타난 것이다.

"우리 민주당에 입당하셔서 내년 총선에 정읍·고창 국회의원으로 출마해주십시오."

"정치를 생각해본 적이 없습니다. 아무나 정치하는 것 아니라는 것쯤은 알고 있습니다."

"그동안 살아온 과정에서 충분한 능력과 자질이 검증되었으니 우리 당의 인재로 영입하려는 것입니다. 우리 민주당 외부 인재 영입

1호입니다."

당의 모 인사 방문을 받고 완강하게 고개를 저었다. 퇴직을 하면 대학 강단에서 교통과 법을 강의하며 시골의 부모님 곁에 더 오래 머무르고 싶었다. 가족과 함께 여행도 하고 아내와 여유로운 시간을 보내고 싶었다.

물론 『삼국지』를 좋아하고 역사에 흥미가 많았던 나였기에 천하를 논하는 정치에 아주 욕심이 없었다면 거짓말일 것이다.

자신들의 말과 행동이 억지인 줄 알면서도 시청 로비에서 마이크를 잡고 국민과 청년들을 위해 문재인 정권의 책임을 묻겠다며 소리치던 김성태 의원의 얼굴을 생각하면 내가 차라리 국회에 가면 끝내주게 멋진 상남자 국회의원 노릇을 할 수 있을 텐데, 혀를 차기도 했다. 그러나 막상 권유가 들어오니 이번 기회에 출마해볼까 하는 열정보다는 정치라는 진흙탕에 발을 담그고 싶지 않은 마음이 더 컸다.

그런데 연결 고리로 여기저기 작업이 시작됐는지 고향 친구와 학교 선후배들이 부쩍 전화를 하기 시작했다. 이번 기회에 결심해서 서울처럼 정읍·고창도 새롭게 한번 변화시켜보라고 설득했다. 1,000만 시민의 일을 한 사람이니 정읍·고창은 손바닥처럼 쉬울 거라고, 국회의원이야말로 진짜 공무원이라고 국가를 바로 세우는 큰일 아니냐고 바람을 불어넣었다.

얼마 후에는 당 주요 인사가 만나자고 했다.

"정읍·고창을 위해 제대로 역할을 해주십시오. 역량 있는 인물이 필요합니다."

"친구의 지역구인 걸 잘 아시지 않습니까?"

고등학교 동창이 정읍·고창 지역구 3선 국회의원이었다. 내년에는 4선 출마를 하는데 그동안 일궈놓은 텃밭을 망치는 일은 친구로서 의리를 저버리는 일이라며 은근한 압력도 전해지던 터였다.

"지역구를 자기 텃밭이라고 생각하는 것이야말로 지역을 망치는 지름길입니다. 선거철에만 가서 추수하듯 표만 긁어오면 된다는 자세가 지역을 낙후시킵니다."

누구나 지역구 발전과 주민 권익을 위해 출마한다고 입으로 말하지만, 정치는 인간의 가장 내밀한 욕망에 기초한다고 나는 생각한다. 파우스트처럼 정치를 통한 자기실현의 사회적 욕망의 크기가 정치로 인한 시련과 고통과 절망, 치욕의 크기를 능가해야 하는 건 아닐까? 권력에 대한 황홀한 동경 혹은 권력의 독에 혀를 대어본 자만이 선거라는 그 뜨거운 불판 위를 건널 용기를 가질 수 있는 것이 아닐까?

"지금의 정읍·고창 현역 국회의원이 3선 12년을 했습니다. 또 출마한다고 합니다. 3선 의원과 맞붙을 만한 중량을 가진 후보를 오랫동안 물색하던 중 윤 부시장이 적임자라는 의견 일치를 봤습니다. 정치는 독불장군 골목대장으로 하는 것이 아닙니다. 합의에 바탕해서 예산과 정책이 움직입니다. 집권 여당 국회의원으로 출마해서 당선하면 야당이나 무소속 의원보다 훨씬 힘이 있습니다. 결단만 해주시면 힘껏 돕겠습니다. 집권 여당 국회의원으로 더 큰 변화와 발전을 도모할 수 있습니다."

아내를 비롯한 가족들도 상상해본 적이 없던 선거 출마를 반기지 않았다. 완강한 반대도 적극적 지지도 없는 착잡한 눈길이었다. 그렇게 시간이 또 흐르자 박원순 시장이 직무실로 불렀다.

"저에게 설득해보라 부탁이 왔습니다. 이쯤 되면 삼고초려 아닙니까. 한번 도전해보시지요."

"공무원이 갑자기 정치하겠다고 결정하기가 그리 쉬운 일이겠습니까. 정치적 능력이 있어야 하는 거지요."

"공무원 아니라도 사람들 대부분 정치 결심 쉬운 일 아니지요. 저도 시민운동 하면서 정치는 꿈도 꾸지 않았어요. 하지만 정치로 세상을 더 크게 바꿀 수 있다고 결심한 순간 몸에 잠들어 있던 정치적 세포가 용트림을 하며 깨어납니다. 저를 보세요. 벌써 선거를 세 번이나 치르지 않았습니까."

7년을 함께한 박 시장은 창의적 아이디어가 끝이 없어 잠시도 쉬지 않는 일 중독자였다. 일의 속도와 요구를 따라가기 버거울 때가 많았고 직원들의 하소연과 원망도 적지 않게 들었다. 하지만 서울 시민들에게는 신나는 시장임에 틀림이 없다.

박원순 시장은 2018년 선거가 끝나자마자 공약대로 그 뜨거운 7월 기록적인 폭염에 강북구 삼양동 옥탑방 한 달 살이를 시작했다. 서민들의 삶터에서 직접 소통하고 누적된 불균형을 바로잡는 정책을 내오겠다는 의지였다. 선풍기도 없었다. 뉴스를 본 대통령께서 선풍기를 선물로 보냈다. 박 시장은 서민과 약자를 배려하는 정치인이었다. 언행일치의 정치인이었다.

꼼수 부리지 않고 옥탑방 생활하는 모습에 내심 놀랐다. 쇼라고 하는 이들도 있었지만 강남·북 불균형의 현장을 생생하게 보여주는 기회였다. 강남·북 격차 해소를 위한 정책을 머리뿐 아니라 몸으로 고민하는 것은 아무나 할 수 없는 일이었다.

"정치 안 할 것 같은 사람이 정치를 해야 창의적인 마인드로 변화를 가져올 수 있습니다. 정치꾼들이 아니라 정치하기 싫다고 했던 분들이, 자기의 현장에서 성실하게 역량을 발휘했던 분들이, 국회로 몰려가야 진짜 민생을 위한 정치를 펼칠 수 있지 않겠습니까. 이제 정치도 창조적이고 혁신적인 인재가 필요합니다."

"저는 시장님처럼 그런 인재가 못 됩니다."

"올빼미 버스, 통합 교통카드, 택시 개혁, 지하철 9호선 인수 등 난마와 같던 서울시 교통 환경에서 정책을 입안하고 실행한 분이 누구입니까. 천만 시민의 발인 교통 기관을 총괄 지휘해 서울시 교통 제도를 세계 최고 수준으로 정착시킨 것은 기적이자 혁명입니다. 정치가 별일이 아닙니다. 서울시를 위해 쏟았던 열정, 이제 고향에 가서 쏟아 정읍·고창도 서울처럼 바꿔보십시오.

나라를 바꾸는 정책을 세우고 시민을 편하게 하는 법을 만드는 일을 한다고 생각하면 가슴이 뛰지 않습니까? 그렇게 단순하게 생각하고 출발하시면 됩니다. 출발만 하면 됩니다. 능력과 자질은 이미 충분히 검증되셨으니."

박원순 시장은 정치 선배로 여러 가지 이야기를 들려주며 정치 입문을 권유했다. 정치는 세상을 바꾸는 힘이다. 세상을 바꿀 수 있다는 자신감을 가져야 한다. 사랑의 힘을 가진 정치인이 필요하다. 정치는 헌신이다. 불이익을 감수할 각오를 해야 한다. 힘없고 가난한 자들을 부축하는 정치를 해야 한다.

제갈공명도 삼고초려에 뜻을 정했다. 내가 힘들 때 나에게 가장 큰 용기를 줬던 말은 함께 일했던 동료 직원들이 쓴 글이었다. 사표를 냈던 3년 전 내부 게시판에 올라왔던 글과 그 아래 달렸던 댓글들이었다. 사실을 비틀어서 부정 채용 비리로 대통령과 시장, 민주당, 민노총을 총공격하는 정치권과 언론의 공격에 만신창이가 되었을 때 나는 예전에 인쇄해놓았던 그 글을 다시 꺼내 읽고 큰 힘을 얻기도 했다.

"하루에 지하철로 600만, 버스로 500만의 사람이 움직이고, 택시가 7만 대 서울시 버스가 7,400대 신호교차로가 5,600개, 전체 도로 연장은 8,000km가 넘습니다. 이 어마어마한 숫자들을 10여 년간 과장으로, 국장으로, 본부장으로 관리하셨던 분입니다."

혼자 했던 일은 아니었다. 언제나 함께해주던 교통본부 가족들이 가슴 뜨거운 열정으로 함께했던 일이었다. 제도의 뒤편에는 시민들의 편의를 위해 보이지 않는 곳에서 정책을 만드는 사람이 있다. 정책의 변화가 우리의 삶을 바꾼다.

지금껏 서울시청에서 해왔던 것처럼 정읍·고창을 변화시키는 정책을 만들고 그 정책의 실현으로 정읍·고창이 새롭게 변화할 수 있다고 편하게 마음먹자 가슴이 뛰었다. 잠들고 있던 정치적 세포가 봄비 맞은 씨앗처럼 내 가슴에도 움트는 건가.

자신의 능력을 힘껏 고양시켜 세상을 더 아름답게 풍요롭게 행복하게 바꾸고 싶은 정치적 열망은 누구나 품고 있는 씨앗과 같은 것인지도 모른다. 어쩌면 지금 나에게 운이 좋게도 씨앗이 움터 꽃 필 기회가 저절로 찾아온 것 아닌가. 행운이 찾아올 때는 의자를 내줘야 한다는 말이 있다. 나는 더 끌지 않고 의자를 쑥 내주기로 마음먹었다.

"30년을 서울시청에서 일했습니다. 제가 고향에 내려가 일을 한다면 서울시청은 저에게는 친정 같은 곳입니다. 서울시에서 저를 잘 도와줘야 제가 고향에 가서 낯이 서지 않겠습니까?"

"허허. 시집갈 결심을 하자마자 친정에서 보따리 챙길 생각부터 하는 겁니까?"

"지역 주민을 위해 일한다면 주머니를 채워줄 방법부터 연구해야 할 텐데 제대로 도와줄 곳이 달리 없지 않습니까?"

"걱정하지 마십시오. 서울과 정읍·고창이 상생할 길이 어디 한두 가지겠습니까? 저보다도 부시장님이 서울시 직원들에게 존경을 받으니 다들 서로 도우려 하지 않겠습니까. 등 뒤에서 1,000만 서울시민, 5만 서울시 공무원들이 든든하게 받쳐주고 있다고 생각하고 맘껏 일해보세요. 정읍·고창 변화가 기대됩니다."

"생각만으로 집을 지을 수는 없습니다. 정읍·고창은 재정 자립도가 10%도 안 됩니다. 기둥과 서까래까지 외부에서 구해야 할 형편입니다."

"그렇기에 낙후된 지역일수록 여당 국회의원이 필요합니다. 정책을 실행할 국가 예산을 가져와야 하니까요. 선거는 마음을 사로잡는 예술입니다. 거짓 공약으로 현혹해서 사로잡는 것이 아니라 이뤄야 할 꿈으로 가슴 뛰게 하고 그 꿈을 이루기 위해 함께 손잡는 과정입니다."

4월로 예정돼 있던 유럽 출장을 마치면 공직을 마무리하고 연어처럼 고향으로 회귀하기로 했다. 선거가 딱 1년이 남은 시점이었다.

유럽에서 본 정읍·고창

공직 마지막 출장은 유럽이었다. 유엔세계관광기구 시장 포럼 참석을 위해 7박 8일 일정으로 출발했다.

각국 시장, 장관, 민간 기업인이 모여 관광 우호 협력을 체결하고 관광 네트워크를 돈독하게 하기 위한 출장이다. 포럼에 참석해 '지속 가능한 도시 관광을 위한 서울 공정 관광 사례' 발표를 영어로 하기로 예정되었다.

정읍·고창 관광 자원의 스토리텔링이 필요하다

유럽 여러 나라를 순방하면서도 내 머리에는 정읍과 고창이 떠나지 않았다. 포르투갈 포르투시는 소설 『해리포터』의 배경이 된 렐루서점이 있어 찾아오는 관광객이 많다. 25만 명의 도시에 해마다 2,000만 명의 관광객이 찾는 관광 명소다. 도보 여행을 권장해 차량이 엄격하게 통제되는 보행 친화형 관광 시스템을 만들어놓았다. 포트와인과 싱싱한 해산물로 미식가들이 즐겨 찾는다. 관광청을 방문해 관광청장을 만나 관광으로 먹고사는 지역 경제에 대한 방안을 공부했다. 관광은 현재뿐 아니라 100년 1,000년 후에도 후손들이 먹고살 아름다운 공동체 산업이다.

포르투갈의 수도 리스본은 유럽의 문화 수도로 선정된 세계 대항해 시대 중심 도시다. 도심 재생 순례길을 걸으며 세계문화유산 제로니무스 수도원에 도착했다.

500년 전쯤 항해사 바스쿠 다가마는 인도 항로를 개척해 포르투갈로 동방의 향신료를 실어왔다. 계피, 정향, 후추 같은 동방의 향신료를 유럽 각국에 팔면서 나라가 부강해졌다. 부유해진 포르투갈 왕 마누엘 1세는 리스본 항구에 국제적인 항해 도시답게 고딕, 이탈리아, 스페인, 플랑드르 등 세계 여러 나라 건축 양식이 혼재된 화려한 수도원을 지었는데 그 수도원이 바로 지금도 수많은 관광객을 불러들이는 제로니무스 수도원이다.

제로니무스 수도원에는 향신료 무역 왕 바스쿠 다가마의 묘가 있고 밧줄을 쥔 손을 조각해놓은 기둥이 있었다. 밧줄을 쥔 손 조각상을 만지면 항해를 무사히 할 수 있다는 믿음 때문에 조각은 오랜 세월 사람들의 손길로 반질반질 빛나고 있었다.

배를 타고 파도치는 바다로 떠나지 않아도 사람은 누구나 인생의 바다를 헤쳐나가는 항해사이니 뱃사람 아닌 나도 기둥에 손을 대고 남은 인생의 항해가 무사하기를 빌지 않을 수 없었다. 나도 외면

할 수 없는 오랜 믿음과 행운에 대한 기대는 조각상에 스민 전설, 오래된 스토리텔링의 힘에서 나온다.

제로니무스 수도원 근처에 유명한 달걀 요리 맛집이 있었다. 달걀로 만드는 에그 타르트 맛집도 수도원에 왔으면 순례지로 꼭 들러봐야 한다고 해서 일행과 함께 찾아갔다. 세계에서 가장 맛있는 에그 타르트 전문점이란 수식어가 붙은 '파스테이스 데 벨렝'이었다. 제로니무스 수도원 못지않은 유명세로 세계인의 발길을 불러 모으는 명소였다. 오래돼 보이는 낡은 가게, 푸른 페인트칠을 한 출입문과 색 바랜 푸른 차양으로 겉은 허름해 보였지만 막상 들어가니 100명은 족히 앉을 수 있는 넓은 레스토랑이었다.

바스쿠 다가마가 유럽으로 실어왔을 동방의 향신료인 설탕과 계핏가루를 뿌려 먹는 에그 타르트를 맛봤다. 감탄할 맛이라고는 생각되지 않는데 입소문에 성공한 유명 맛집으로 보였다. 별 다를 바 없는 흔한 달걀 요리 에그 타르트를 세계적인 브랜드로 차별화한 비밀은 무엇일까?

'파스테이스 데 벨렝'에서는 제로니무스 수도원에서 내려오는 레시피 그대로 150년을 이어 만들고 있고 비법은 주인 할아버지를 포함해 딱 3명만 알고 있다고 했다. 그런 이야기를 모르면 그저 달콤한 설탕과 알싸한 향의 계피를 뿌려 먹는 동그란 달걀 과자의 느낌밖에 없었을 것이다. 하지만 '수도원 150년 비법', '3명밖에 모르는'이라는 그 신비한 이야기가 바로 사람들에게 호기심을 자아내고 입소문을 내게 하는 성공한 스토리텔링 아닌가.

제로니무스 수도원처럼 세계문화유산으로 지정된 고창 고인돌공원과 정읍 태인의 무성서원이 생각나지 않을 수 없었다. 똑같은 세계문화유산이다. 어떤 이야기를 스토리텔링을 해서 세계인들이 찾는 관광 명소로 만들 수 있을까? 어떤 음식, 어떤 전설, 어떤 기념품이 필요할까?

포르투갈의 상징은 정의와 행운을 나타내는 수탉이다. 붉은 볏이 화려한 수탉을 이미지로 정의로운 포르투갈의 브랜드 이미지를 외국인에게 심고 동시에 행운을 준다는 주술적 의미까지 더해 수많은 수탉 관광 상품이 판매되고 있었다.

수탉 인형은 원색으로 앙증맞아 누구에게든 "이 수탉 인형은 정의와 해운을 상징한대. 너에게도 행운을 가져다줄 거야"라고 말하며 선물해주고 싶은 마음이 들게 한다. 수탉을 이미지로 만든 온갖 관광 상품이 주머니를 열게 한다.

정읍·고창을 상징하는 관광 상품은 이렇다 할 것이 없어 유럽의 가게에서 문득 아쉬운 마음이 들었다. 관광 자원에 생기를 불어넣는 힘은 스토리텔링에 있다. 눈에 보이는 건축 유산뿐 아니라 마음을 움직이고 기억하고 누군가에게 입소문을 낼 만큼의 감동이 있는 새로운 스토리텔링이 관광 자원에 필요하다는 것을 느끼게 해주는 방문이었다.

관광은 1,000년의 사업

리스본에서 떨어진 인구 1만 명의 작은 시골 파티마는 세계적으로 유명한 가톨릭 성지 순례 여행지다. 파티마 삼위일체대성당 외벽에서 난데없이 만난 한글 표기가 무척 반갑게 내 눈을 사로잡았다.

'인간이 무엇이기에 이토록 기억해 주십니까? 사람이 무엇이기에 이토록 돌보아 주십니까?'

머나먼 유럽의 해양 국가 외진 시골 마을에서 벽에 새겨진 한글을 보는 순간 저절로 마음이 찡해졌다. 내가 누구인지 존중받고 있다는 따뜻한 느낌이 스며들었다. 파티마 성지를 순례하는 한국 사람들이 갈수록 늘어나는 데는 성당 벽에 새겨진 한글 기도문 입소문 효과도 분명 있을 것이다.

파티마 대성당은 성모가 직접 나타난 기적의 장소로 바티칸에 의해 성지로 지정되고 성당이 세워졌다. 지금부터 100년 전 찔레꽃 피는 5월 파티마 마을에 성모가 나타나셨다. 어린 양치기 소년 3명이 양 치던 풀밭 언덕에서 양들과 함께 성모 마리아를 만났다. 5월부터 10월까지 매월 13일이면 성모는 양치기 소년들에게 나타났다. 소년들이 이름을 물어보니 로사리오 성모라고 답했고 그 이야기가 마을 신부님, 포르투갈 주교와 바티칸 교황에게까지 알려져 그곳에 성당이 세워졌다.

세 소년은 양을 치는 평범했던 시골 마을 파티마를 세계적인 성지로 만들었다. 해마다 100만 명이 넘는 순례자가 이곳을 찾아온다. 어린 목동들은 그 후로도 고향에서 양을 치며 나이가 들었고 나란히 파티마대성당 안 묘지에 묻혔다. 파티마 성지에 온 관광객이나 순례자들은 누구나 그 소년들의 이름을 기억한다. 신비한 스토리에 아름다운 성당, 평화로운 자연 환경이 이곳을 세계적인 명소로 만들고 있었다.

시원스럽게 펼쳐진 넓은 광장과 높은 종탑이 있는 파티마성당을 찾아오는 사람이 많아지자 성당 주위로 아름다운 작은 호텔도 들어서 마을은 활기를 띠게 되었다. 보기에도 아름다운 신선한 양상추 토마토 샐러드는 고소한 치킨과 함께 세계인의 입맛을 충족시켜 주는 메뉴로 유명하다. 관광이 지역 경제를 살리는 멋진 사례다.

왕비의 마을이라는 오비두스 요새도 방문했다. 너무 아름다워 왕이 왕비에게 결혼 선물로 줬다는 마을은 체리 와인이 유명했다. 그 말을 듣고 보니 더 아름다워 보인다. 오비두스 성에서 이 아름다운 마을을 내려다보며 붉은 체리 와인을 마셨을 왕과 왕비를 떠올리며 나도 그 붉은 와인을 한잔 마셔보는 체험을 했다.

파티마성당에서 고창 개갑장터의 최마티아 성지와 정읍 과교동 신성마을 천주교 공소를 떠올렸다. 정읍과 고창은 교통의 거점이자 선운산, 내장산 자연 경관과 동학, 개신교, 천주교, 원불교, 증산교 등 다양한 종교 성지가 있다. 세계문화유산으로 지정된 갯벌과 늪지와 고인돌과 서원이 있다. 관광 자원은 무궁무진 풍부하다.

누가 미친 듯이 혼신의 힘을 기울여 그 구슬들을 꿰어 매력적인 관광 상품으로 창조할 것인가. 무엇을 스토리텔링해 잊히지 않는 감동과 입소문을 이끌어낼 것인가. 무심코 서 있는 돌 하나에도 감동과 생명을 불어넣는 일이 스토리텔링이다. 한 도시를 살릴 수 있는 창조의 숨결이다. 출장을 통해 역사, 문학, 자연 등 관광 자원에 대한 스토리텔링의 중요성을 다시 확인했다.

또 여행 방문지를 중심으로 먹고 즐기고 체험하고 묵을 수 있는 패키지 단위의 인프라를 갖춰 지역 상권과 연계되는 지역 관광 체제를 구축하는 것이 중요하다. 한번 왔던 사람들이 다시 찾아오고 싶고 지인들에게 살살 소문이 퍼지게 섬세한 관리를 하는 것이 관광 도시의 성공 정책임을 배웠다.

머나먼 낯선 유럽에서 정읍·고창을 새롭게 바라보니 새로운 상상으로 가슴이 설레기도 했다. 중요한 목표도 생겼다. 그동안 내가 쌓아온 인맥과 경험, 고민을 바탕으로 국제적 관광 네트워크에 정읍·고창을 어떤 관광 명소로 등재시킬 수 있을까? 어떤 관광 상품을 개발할까? 지역 경제와 관광을 어떻게 연계시킬까? 그 답을 차근차근 찾아가고 싶었다.

나는 주전자가 되고 싶다

역할을 잘 소화하고 돌아오는 비행기 속의 머릿속은 온통 어떤 정치인이 돼야 하는가로 모였다.

나는 주전자 같은 정치인이 되고 싶다.

'정치란 주전자를 들고 국민에게 가는 일이다. 점심시간 교실에서, 모 심는 들판에서, 주전자의 물은 목마른 사람이 가장 먼저 마실 수 있었다. 물 주전자 앞에서는 힘 있는 사람도, 나이 든 사람도,

많이 배운 사람도, 좋은 학교 나온 사람도, 부유한 사람도, 우선순위가 아니다. 다 같이 목마를 때는 어린아이, 노인, 여자부터 챙긴다. 목마른 사람이 여럿일 때도 사람들은 자기가 서둘러 많이 마시려하지 않는다. 그 자리의 모든 사람을 가늠하며 자신의 목을 축인다. 목마른 자가 곁에 있는데 자기부터 마시고 자기 병에 담기까지 하는 일은 상상할 수도 없는 것이 주전자 공동체다. 그것이야말로 진짜 정의다.

정치인은 가장 목마른 자를 가장 먼저 챙겨야 한다. 부유한 자보다 가난한 자를, 누리는 자보다 고통 속에 있는 자를 먼저 챙겨야 한다. 정책을 세우고 예산을 집행할 때 주전자처럼 공정하게 공익을 실현하는 것이 목표가 돼야 한다. 정치인은 모두가 마신 후 자신은 마지막 물방울에 목을 축이는 희생정신이 있어야 한다.'

이런 생각도 했다.

'정치는 개인의 명예나 입신양명의 도구가 아니라 물 주전자처럼 국민 모두의 행복과 안전을 위해 쓰이는 공공 도구다. 구멍 난 주전자에 물을 담을 수는 없다. 능력이 있어야 한다. 정치인이 기획하는 정책과 집행하는 예산이 공익을 실현하고 민주주의를 강화하면 공정과 정의가 꽃처럼 피어난다.'

눈을 감아도 잠이 오지 않았다.

'세상을 바꾸는 아름답고 정의로운 힘이 정치다. 다양한 주전자를 만드는 것이 법이다. 지금껏 나는 정해진 법안에서 한정된 자원을 적재적소에 배분하는 의사 결정을 하고 실행하는 행정에서 일했다. 국회의원은 법을 만드는 일을 한다. 법은 국민의 걱정을 덜어주고 행복을 키우는 걸 목표로 삼아야 한다. 무쇠 주전자처럼 국민을 보호해주는 부강한 나라, 투명한 유리 주전자처럼 부정부패가 없는 나라, 따뜻한 찻주전자처럼 아픔을 위로해주는 나라, 노란 주전자처럼 갈증을 해결해주는 나라, 그렇게 주전자 같은 법을 만들어야 한다.'

창밖의 흰 구름을 보며 다짐도 했다.

'정치인이 된다면 주전자 같은 사람이 되고 싶다. 겸손하게 고개 숙여 자기를 내주는 사람, 주전자 뚜껑처럼 구멍이 있어 늘 소통하는 사람, 산업혁명의 영감을 줬던 주전자처럼 혁신적인 사람, 뜨거운 난로 위에 자신을 올려놓는 용기 있는 사람, 사람들이 빙 둘러앉아 노래도 부르고 눈물도 흘리며 외롭지 않게 잔을 부딪치는 막걸릿집, 둥근 탁자 위에 올려진 그 움푹 찌그러지기도 한 양은 주전자 같은 다정한 사람.'

주전자 같은 정치인이 되겠다고 마음먹자 눈을 감으면 주전자가 빙빙 떠다닌다. 나는 촛불정부 민주당의 파란 주전자를 상상한다.

'이왕이면 통 큰 주전자가 되고 싶다. 물을 가득 채워 출렁출렁 가뭄에 말라가는 고추 모에 달려가듯 걱정으로 시들어가는 얼굴들을 생기 있게 소생시킬 커다란 주전자를 들고 달리고 싶다. 재정 자립도가 10%도 안 되는 정읍·고창, 당장은 물 주전자로 목을 축이지만 스스로 자립하는 경제의 우물을 파야 한다. 그러나 당장은 파란 주전자를 들고 달리고 싶다.

촛불정부의 파란 주전자.'

마지막 편지 — 30년 정든 서울시를 떠나며

서울시 가족 여러분.

안녕하십니까. 윤준병 행정1부시장입니다.

저는 이제

만 30년을 근무한 정든 서울시를 떠나,

또 다른 여정으로의 새로운 출발을 하고자 합니다.

서울시 가족 여러분께 정식으로 인사를 드리고자

이 자리에 섰습니다.

우리 속담에 '굽은 소나무가 선산을 지킨다'는 말이 있습니다.

여러모로 부족한 제가

오늘 이렇게 이 자리에 설 수 있었던 건

온전히 우리 서울시 가족들이 저를 신뢰하고 공감해준 덕분입니다.

돌아보면 어렵고 힘든 일도 있었지만,

즐겁고 보람 있는 일이 훨씬 더 많은 시간이었습니다.

여러분의 든든한 지지와 성원 덕분에

패기 넘치던 젊은 날 사무관으로 시작해

30년이란 긴 세월,

국민을 섬기는 공직자로 흔들림 없이

당당하게 살아올 수 있었습니다.

오늘

이렇게 명예롭게 퇴직하며,

어찌 보면 과분했던 시간을 즐겁고 행복하게 마무리할 수 있는 것도

여러분과 손발을 맞춰 일해온 시간의 결과물이 아닌가 합니다.

진심으로 감사드립니다.

그동안 우리는 매일 머리를 맞대며

시민의 삶, 서울의 미래를 위한 많은 과제를 구상했고 실행했습니다.

때론 밤새워 고민하며 사업을 가다듬었고

때론 풀리지 않는 숙제를 함께 풀어냈습니다.

이 과정에서 시민과 서울을 위한 결실도 맺었지만,

한 인간으로서 그리고 동료로서 우리 모두 함께 성장해왔습니다.

제가 걸어온 길, 그 굽이굽이마다 여러분이 함께해주셨습니다.

그 소중한 시간과 감사한 마음 평생 간직하겠습니다.

그리고 앞으로 살아가며 두고두고 보답하겠습니다.

이제는 조직의 간부가 아닌,

여러분과 같은 길을 30년간 걸어온 선배로서

서울시 가족들의 뒷바라지 역할을 하겠습니다.

우리 후배들이 공직 생활을 하면서 본의 아니게 겪게 되는 어려움,

특히 외부에서 작용한 힘으로 어려운 상황이 생겼을 때

가능한 범위 내에서 최대한 지원하고 싶은 마음입니다.

예전부터 공무원을 그만둔 이후의 제 역할로 구상하고

주변에도 이야기해온 일이기도 합니다.

제가 어떤 위치에 있고 어떤 역할을 하든

우리 서울시 공무원들에게 든든한 후원자,

지지자가 되겠다는 그 마음

여전히 유효하고, 앞으로 실행에 옮기겠습니다.

혹 제가 여러분께 도움이 될 일이 있다면,

혼자서 풀기 어려운 일이 있다면, 저를 찾아주시기 바랍니다.

여러분의 일을 내 일처럼 기꺼이 뒷바라지하겠습니다.

아울러, 여러분이 항상 서울시 공직자로서 자부심과 소신을 갖고

항상 용기 있고 당당하게 생활하길 당부 드립니다.

사실 서울시만큼 유능한 조직이 흔치 않습니다.

시장님께서 늘 여러 가지 주문을 하고 계시지만,

그 내용을 모두 소화해낼 수 있는 역량 있는 조직이고

중앙 정부를 정책적으로 리드하는 역할까지 해내고 있습니다.

그런 자긍심을 언제나 간직하고 생활하시기 바라며,

저 역시 지속적인 후원을 아끼지 않겠습니다.

공직자로서 원칙이나 소신을 지키는 것에 있어서도

주저하지 않았으면 좋겠습니다.

공무원이 신분의 불안이 없도록 보장돼 있는 것은

좀 더 용기 있고 당당하게 생활하라는 뜻도 담겨 있다고 생각합니다.

때론 그 길이 부담으로 다가오기도 하고,

불이익이 있진 않을지 해서 주저하는 경우도 있을 것입니다.

그러나 제 경험에 비춰보면

일시적으로는 곤경에 처할지라도,

먼 길을 가다 보면

결국 원칙이나 소신을 지킨 선택이 옳았다는 것을 깨닫게 되었고

나아가 전화위복의 계기가 되는 일이 많았습니다.

저 역시 언제 어디서나 퇴임 이후에도

서울시 공무원으로서 지켜온 가치나 소신,

자긍심이 훼손되지 않도록 선배로서 주어진 환경에서 최선을 다하며

떳떳하게 생활할 것을 약속드립니다.

아울러, 기회가 된다면 30년간 쌓아온 소중한 경험이

또 다른 방식으로 쓰임 받을 수 있도록 새로운 도전도 해보려 합니다.

저는 이제 30년간 장성해, 정든 집을 떠납니다.

그러나 한 번 가족은 영원한 가족입니다.

자식이 결혼을 하거나 독립을 해서 떨어져 살더라도

항상 자신의 집이 잘 되길 바라고 걱정하는 마음,

힘들 때 마음 편하게 찾아와서

힐링하고 싶은 마음이 있게 마련입니다.

제 마음 역시 그러합니다.

언제나 서울시 가족 여러분과 함께하겠습니다.

고맙습니다.

2019년 4월 30일

행정1부시장 윤준병

만 30년의 고락이 깃든 서울시를 떠나는 나에 대해 언론도 애정 어린 보도를 했다. 《연합뉴스》는 2019년 5월 1일, 「따뜻한 배웅 받

으며 떠나는 '대쪽' 윤준병 서울시 부시장」이라는 제목을 단 기사에서 "청렴, 강직, 대쪽, 성실, 온화, 순박…. 36년 공직 생활 동안 이런 수식어를 달고 다닌 윤준병(58) 서울시 행정1부시장이 4월의 마지막 날 퇴임했다. 동료와 후배들은 따뜻한 박수로 새 출발을 응원했다"고 퇴임 사실을 전했다.

그리고 "원칙과 소신 때문에 '불이익'을 보는 일도 있었다. 윗사람에게도 바른말을 하다 보니 어려움도 겪었다. 4년 동안 '귀양살이' 비슷한 생활도 했다. (…) 스스로에는 엄격하지만 후배들에게는 온화하고 너그러워 신망이 두텁다는 평이 많았다"고 나의 공직 생활을 평가했다. 덧붙여 "서울시를 떠난 윤 부시장에게는 새로운 도전이 기다린다"며 나의 다음 행보에도 관심을 두었다.

스마트 촌놈 – 남들이 생각하는 나, 내가 생각하는 나

2013년부터 페이스북을 했다.

페이스북의 가장 좋은 점은 한 사람 한 사람 누구나 수평적으로 교류할 수 있다는 점이다. 페이스북의 세계에서는 아무런 강요도 의무도 없다. 20년 차 후배가 댓글로 ㅋㅋㅋ 혹은 ㅎㅎㅎ 또는 ㅠㅠ로 자신의 감정을 표현할 수 있다. 물론 나는 여전히 문장을 완성하려 한다. 이런 나는 페이스북피테쿠스인지도 모른다.

댓글을 읽어보면 남들이 나를 어떻게 생각하는지 알 수 있다. 물론 입으로 하기는 낯 뜨거운 말이다. 페이스북이니 가능한 말들이다. 내 친구 우인섭은 나를 "부화뇌동과는 거리가 멀고 잡인들 상대 안 하고 인간미가 짙은 친구"라고 써놓았다.

"실무자의 고민을 덜어주고 대선배의 풍모를 보여준다."

"부드러운 카리스마의 소유자, 소외된 직원과 묵묵히 일하는 직원들을 보람 있게 하는 밸런스 감각과 조용하지만 강력한 추진력의 소유자. 내 전결로 하라. 모든 책임은 부구청장이 질 테니 하고 싶은 일은 마음껏 하라."

"낮은 자세 리더십을 갖춘 사람이다."

"교통 정책의 반석. 조직을 끝까지 책임지는 자세를 가졌다."

"대한민국 최고의 교통 전문가."

"낮은 자세 늘 섬기려는 마음."

"공직자의 표상."

"한 치의 빈틈이나 흐트러짐 없이 치우침이나 과함도 부족함도 없이."

"배려와 노력, 상대를 먼저 생각해주는 인품."

"건강하고 따뜻하다."

"진정성."

"인품이 훌륭하고 경청하는 사람."

"존경하고 응원한다."

"의지와 집념."

"스스로에게는 엄격하지만 후배들에게는 너그럽고 온순하신 분."

나는 나를 스마트 촌놈이라고 생각한다. 빅데이터를 이용해 사업을 진행하고 페이스북으로 수천 명의 친구와 소통한다. 국제 포럼에 나가 영어로 발표하고 표준 회계 시스템 소프트웨어를 개발하기도 했지만 어머니의 된장국이 없으면 속이 편하지 않은 촌놈이다.

어머니는 내가 태어나기 전부터 콩밭이었던 뒷밭에서 콩을 거둬 해마다 메주를 삶는다. 베개만 한 메주를 지푸라기로 싸서 처마 밑에 대롱대롱 매달았다. 고구마를 깎아 먹는 겨울 방 윗목에서 큼큼하게 메주가 익었다. 맑은 햇살의 봄날, 날을 받아 새벽 항아리에 우물물 길어 소금을 푸시고 동동 메주를 띄우셨다. 검은 숯 붉은 고추를 메주 틈에 띄워 뚜껑을 닫고 새끼줄 동여맨 항아리에 붙인 흰 종이 버선. 잡귀가 얼씬 못했다. 새벽이면 항아리 뚜껑 위에 정화수 올려놓고 북두칠성님께 국태민안 가화만사성 비나리를 하셨다.

나는 어머니가 담근 간장과 된장을 먹어야 뱃속이 편하다. 눈 속에 푸른 잎을 내미는 저시사리(얼갈이배추의 전라도 방언)를 집간장과 고춧가루로 슬쩍 버무린 달보드레한 겉절이가 내 생애 최고의 음식이다. 나는 된장국이 없으면 못 사는 촌놈이다.

6장

걱정 많은 사람들
– 정읍·고창 정치 이야기

정읍에 이사 온 지 다섯 달이 넘어가면서 보고 듣고 고민한 이야기들이 많다. 그것들을 모아봤다.

'한달음 공항버스'와 '효자발 버스'

어느 날 노인정을 방문하고 인사를 드릴 때였다.

"정읍에서 인천공항으로 가는 공항버스가 운행이 중단되어 고창, 부안 주민들이 겪는 어려움이 이만저만이 아니요. 새벽에 전주까지 택시를 타고 가서 거그서 공항 가는 버스를 타고 인천공항에서 비행기를 탔소. 여행 잘하고 돌아왔는데 공항버스가 밤중에 전주에 도착했소. 또 할증 택시를 타고 집으로 오니 비행기 값이나 전주 정읍 오간 택시 값이나 도긴개긴 거그서 거그더라 이 말이요. 정읍에서 공항까지 한달음에 달려가는 버스가 얼른 생기지 않으면 나 같은 사람이 늘상 생기지 않겠소."

'정읍에서 공항까지 한달음에 오가는 버스' 그 말이 귀에 박혔다. 어르신의 하소연을 듣고 보니 흘려들을 이야기가 아니었다. 공항으로 오가는 시간과 경비를 줄이고 주민들의 편의를 위해서라도 공항 버스가 다시 운행돼야 했다. 이런 일은 정부의 정책이 개입하지 않고서도 버스회사들과 조정을 통해 얼마든지 가능한 일이라고 판단했다.

나는 K고속의 양보가 이 문제 해결의 관건임을 직감했다. 서울시 교통 업무를 처리하면서 알고 지내던 K고속의 H사장에게 전화를 걸어 정읍시민들의 편의를 위해서 양보를 부탁한다고 말씀드렸다. H사장께서 흔쾌히 양보를 해주겠다며 기존의 입장을 변경해 경기도와 국토교통부에 통보했다. K고속의 양보에 따라 전라북도의 조정안이 마련되었고, 이러한 조정안이 국토교통부의 조정심의를 거쳐 10월 24일 확정되었다.

시민의 발인 교통은 가장 공공성이 큰 분야이다. 정읍에서 하루 일곱 차례 공항으로 버스가 오가게 되어서 무척 기쁘다. 어려움에 귀 기울이고 해결하는 노력이 실제로 변화를 가져올 수 있다. 공항 버스 운행이 확정되자 나락 베는 날 주전자를 들고 들판으로 부지런히 걷던 날처럼 가슴이 설렜다.

나는 꽃을 선물 받았다. 추석 때 고향 집에 온 서울 대학생이 주홍색 맨드라미 꽃다발을 엽서와 함께 보내줬다. 서울에 올빼미 버스를 만든 사람이 정읍에서 국회의원 출마를 한다는 이야기를 엄마에게 들었다고 했다.

"서울에 올빼미 버스를 만들어주셔서 고맙습니다. 공부가 늦게 끝나도 친구와 오래 만나고 밤늦게 집에 가도 무섭지 않아요. 올빼미 버스가 없었다면 밤에 혼자 택시를 타면 택시비가 많이 나오고 무서웠을 텐데 용돈도 굳어서 좋아요. 그런데 부탁이 있어요. 시골 마을에 버스가 또 줄어서 우리 할머니 병원 다니시기가 힘드시대요. 할머니가 편히 탈 수 있는 효자발 버스를 만들어주세요. 가려운 데를 긁어주는 효자손처럼 가야 할 데를 태워주는 효자발 버스!!!! 꼭 부탁드립니다."

시골 인구가 줄어들면서 시내버스도 운영난을 호소하고 있다. 시에서는 예산을 세워 보조금을 지원하지만 버스 운행 횟수는 해마다 줄고 있다. 가장 큰 곤란은 시골 어르신들이 겪는다. 나는 서울시 교통본부에서 오랫동안 일했던 경험으로 이 문제를 주의 깊게 살피고 해결 방안을 고민하고 있다. 할머니를 생각하는 손녀의 갸륵한 마음이 담긴 '효자발 버스'도 '한달음 공항버스'처럼 정읍 고창 시골길을 오갈 수 있게 최선을 다할 생각이다.

다윈시스와 나비 효과

정읍 입암산에도 가을이 왔다. 골짜기 은사시나무가 먼저 노랗게 물들고 계곡에는 물봉선화 꽃이 대롱대롱 흔들린다. 노령역이 있는 하부리 들녘에 공사가 한창이다. 지하철 전동차를 생산하는 회사

다원시스의 전동차 생산 공장이 4월에 착공식을 한 후 세워지는 현장이다. 2020년 초 공장 준공식을 하고 1년에 300개의 객차를 만들어낼 계획이라고 한다. 500개가 넘는 일자리가 새로 생긴다는 말에 시민들의 눈과 귀도 다원시스에 쏠려 있다.

인도양 상공의 나비 한 마리 단순한 날갯짓이 뉴욕 창공에 태풍을 불러온다. 나비 효과다. 작고 사소한 사건 하나가 나중에 커다란 효과를 불러일으킨다는 의미다. 다원시스 생산 공장 현장을 보면서 나비 효과라는 말이 떠오르는 것은 몇 년 전 기억 때문이다.

내가 서울시 도시교통본부장으로 재직하던 그 당시 교통본부 주요 업무 중의 하나가 전동차 구매였다. 잦아진 철도 사고로 시민 불안이 커졌다. 교통본부에서는 운행한 지 21년 이상 된 2~3호선 노후 전동차 약 610량을 2022년까지 교체한다는 계획을 발표했다. 8,000억 원 이상의 예산이 들어가는 사업이었다. 당장 지하철 2호선 노후 전동차 200량의 교체에 따른 구매 입찰에 들어가야 했다. 조달청에 구매 입찰을 공고해야 했는데 내가 보기에는 심각한 문제가 있었다.

당시 전동차 영역은 현대로템의 독점 지대였다. 서울 시내버스 버스는 85%를 현대자동차가, 전동차는 100% 현대로템이 수주했다. 독점 체제다 보니 독점 가격이 시장 가격으로 굳어진 지 오래였다. 『허생전』에서 허생은 감과 사과, 배 등 제사 과일 몇 가지를 사재기로 독점해 단숨에 수만 냥을 버는 재주를 보여줬다. 그런데 전동차 시장은 허생처럼 한철 독점이 아니라 수년 동안, 독점 생산으로 그대로 지속되면 전동차 가격이 계속 상승할 수밖에 없었다.

제사를 지내기 위해서는 울며 겨자 먹기로 과일 독점 선비 허생이 부르는 대로 사과와 배 값을 지불해야 하는 것처럼 서울시도 다른 선택지가 없다 보니 현대로템이 입찰에 써내는 전동차 값을 고스란히 수용할 수밖에 없었다. 전동차 가격을 낮춰 예산을 줄이는 일은 꿈도 꿀 수 없었다. 전동차는 공공 예산으로 구입하는 시민들의 발이었다. 공공 분야의 교통수단을 특정 대기업이 독점해 가격 경쟁이 애초에 차단돼버리는 시장 왜곡 현상을 그대로 방치해서는 곤란하다고 생각했다.

본부장인 나는 교통본부 직원들과 머리를 맞대고 방안을 연구했다. 현대로템의 전동차 독점 구도를 타파하고 공개경쟁 체제로 전환시키기 위해 힘겨운 노력을 했다. 새로운 공개 입찰 방식을 마련했지만, 시 예산을 지원받아 전동차를 구입하는 주체인 서울메트로는 곧 부정적인 반응을 보내왔다. 강경하게 공개 입찰로 전환해야 한다고 입장을 밝히니 근거를 들어 반대하기 시작했다.

"왜 문제가 없는 기존의 방법을 바꾸는 것입니까. 검증된 제품을 써야지요. 가격을 낮게 쓴 중소기업에 낙찰되면 어떡합니까?"

"조달청에 등록된 업체입니다. 조달청이 그렇게 허투루 업체를 심사하고 등록시켰단 말입니까?"

"예산 절감을 위해서라니 이해가 가지만, 가격이 싸지만 제품에 하자가 발생할 가능성이 큽니다. 제품에 문제가 생기면 그 책임을 어떻게 지려고 하십니까?"

"제품 하자는 현대로템도 여러 번 발생했어요. 경쟁 업체가 있다 보면 현대로템도 가격뿐 아니라 품질 경쟁에도 시너지 효과가 날 것입니다."

"본부장님, 이러시면 신생 업체와 유착되었다고 본부장님이 오해받을 수 있어요. 아무 대가 없이 신생 업체를 위해 이런 무리수를 둔다고 누가 상식적으로 생각하겠습니까?"

내가 오해받을 수 있다는 말은 반협박이었다. 나를 흔들어버릴 수도 있다는 말이었다. 돈이 오가지 않았다면 이렇게 입찰 방법 전환에 고집을 피울 수 있는가 하는 뉘앙스가 풍겼다.

"그 점은 염려 놓으셔도 됩니다. 오해라니요. 뇌물이 절대 통하지 않는 두 사람이 염라대왕과 포청천이라지요. 한 명이 더 있는데 나 윤준병입니다."

구매 입찰을 공지했다. 조달청이 입찰 업체를 검토하기 시작하면서 입찰 당사자들의 전화 자체를 거절했다. 단 한 통도 받지 않았다. 불필요한 오해와 의혹의 꼬투리를 만들지 않기 위해 나 자신을 철저히 관리했다.

변화를 감지한 현대로템도 저항을 시작했다. 언론들이 공개 입찰을 부정적으로 보도하기 시작했다. 경쟁 업체의 진입을 필사적으로 막는 대기업의 기득권은 철옹성이나 마찬가지다. 전동차 개발에 뛰어든 중소 업체들은 시장 진입의 높은 장벽에 가로막혀 경쟁력을 발휘하며 성장을 할 수가 없었다. 대기업 중심의 독점 체제는 결국 비싼 구입가를 형성해 시민의 예산을 낭비하는 폐단을 반복하기 때문에 고리를 끊는 결단이 필요했다.

정부는 경제 성장을 위해 규제 완화를 풀어주지만 진정 완화돼야 할 규제는 재벌과 대기업의 기득권을 보호하는 각종 정부의 조치들이다. 우리 경제가 살아나기 위해서는 재벌과 기업에 눌려 있는 중소기업이 살아나고 활성화돼야 한다는 신념으로 밀고 나갔다.

로원과 합병한 다원시스의 전동차 사업 진출 이후 입찰 금액이 낮아져 전동차 가격이 합리적 수준에 이르게 되었다. 전동차 시장이 경쟁 체제로 돌입해야 기술력과 가격 경쟁력 있는 신규 부품 업체들도 생기고 기술력도 더욱 향상될 수 있다는 것은 상식이었다. 서울교통본부의 전동차 공개경쟁 입찰 진행이 재벌 독점 회사의 압력과 저항을 뚫고 시행되면서 전동차 시장의 독점 구도가 경쟁 구조로 재편되었다.

"대기업은 텃밭을 빼앗긴다고 생각하고 언론을 총동원해서 공격할 거예요."

현대로템의 저항이 만만치 않으리라는 걱정이었다. 개혁은 불합리한 기득권을 깨야 하기 때문에 어렵고 시끄럽다. 기득권 세력의 저항이 불가피하기 때문이다. 또한 개혁은 기존 시스템을 인정하고 조금씩 바꿔가기 때문에 저항할 시간도 저항 세력이 가진 자원도 풍부하다. 하지만 미래를 내다보고 바람직한 변화를 가져오기 위해서는 개혁이 불가피하다.

개혁은 어떻게 성공하는가. 치밀한 준비로 명분과 여론전에 앞서 가야 한다. 저항에 대한 대비책을 단단히 세워야 한다.

2015년 3월 12일 서울메트로 2호선 전동차 200량 구매 입찰에서 최저가 낙찰제 입찰에서 로윈-다윈시스 컨소시엄은 가격 면에서 우위를 보이며 현대로템을 제치고 낙찰되었다. 다윈시스는 로윈과 컨소시엄으로 입찰해 조달청에서 적격자로 낙찰을 받았다. 이후 로윈과 다윈시스는 합병했다. 다윈시스의 전동차 사업 진출 이후 입찰 금액이 낮아져 전동차 가격이 합리적 수준에 이르게 되었다. 현대로템의 독점 체제를 깬 것이다.

수주에 실패한 현대로템은 예상했던 대로 로윈이 전동차 제작 실적이 없다며 입찰 자격 여부를 문제 삼아 법원에 후속 절차 중지 가처분 신청을 하면서 강하게 반발했다. 신문과 텔레비전을 통해 다윈시스를 비난했다. 검찰은 현대로템의 가처분 신청을 받아들여 로윈을 압수수색했다. 기소가 이어져 다윈시스와 로윈은 힘든 시기를 보냈다. 그러나 법원에서는 7호선 전동차를 자체 제작해 완성차 실적을 인정받은 바 있음을 밝히고 이 신청을 기각했다.

2017년에는 현대로템이 2호선 전동차 214량에 대한 입찰에 나서 수주했다. 공정한 경쟁을 통해 수주했으니 축하할 일이다. 2017년 전동차 입찰은 국내 전동차 시장을 독점에서 경쟁 구조로 전환시키는 결정적 계기가 되었다는 점에서 의미가 적지 않다 이러한 전환 효과는 전동차 낙찰 가격에서 나타났다. 입찰 예정 가격이 차량당 11억 5,000만 원 수준이었지만 낙찰 가격은 기존과 같은 독점 구조였다면 상상할 수 없는 약 74% 선이다. 서울교통공사가 700억 원의 구입비용을 줄일 수 있게 된 것이다.

현대로템의 전동차 독점 구도가 공개경쟁 체제로 전환되면서 정읍에 다원시스 공장 건설을 이끌었다고 말하면 이 또한 나비 효과라고 할 수 있겠다. 그 결과 고향에 연간 300량 규모의 전동차 생산 공장 건설로 이어지니 신기하고 흐뭇하다.

현재 서울 지하철 전동차가 낡아 전동차 교체 수요가 증가하고 있는 시점이기 때문에 전동차의 생산 능력 확대가 중요한 상황이다. 10년 이내 6조 원 전동차 시장이 열리는데 현실적으로 국내에서 철도 차량 생산이 가능한 곳은 현대로템과 다원시스뿐이다. 다원시스는 2018년 10월 서울교통공사의 전동차 2, 3호선 196량의 구매 공급 낙찰자로 선정되었고 안정적인 성장세를 이어가고 있다. 특히 디자인 면에서도 현대로템보다 우위를 점해 시민들에게 좋은 반응을 얻고 있다. 입암 하부리 공장이 차질 없이 건립돼 생산이 본격화되는 2020년 하반기부터는 전동차 생산의 메카로 정읍 지역 경제에 이바지하고 서울 지하철 안전에도 기여할 수 있게 되기를 기대한다.

호주머니를 채우는 방법

내가 정치인이 되면 가장 하고 싶은 일은 먹고사는 걱정을 해결하는 것이다. 맹자는 '사람은 항산恒産이 있어야 항심恒心이 생긴다'고 했다. 걱정 없는 안정적 삶을 위해 국민의 호주머니를 어떻게 채워줘야 할 것인가. 경제적 불평등을 줄이고 함께 잘사는 나라를 어떻게 만들 수 있을까?

지역에 내려와 보니 만나는 사람마다 너나없이 말한다.

"수명은 길어진다는데 먹고살 일이 걱정이에요. 연금도 없고 모아둔 돈도 없고 아이들은 아직 돈 들어갈 일 태산인데 일을 하고 싶어도 일자리가 없어요."

정읍·고창의 40·50·60대 누구나 하는 고민이다. 대학을 졸업하고도 취업을 못 하는 자식을 계속 뒷바라지해야 하니 더 힘겹다. 20~30대도 일자리가 없어 생기를 잃었다. 일자리가 없으니 결혼이나 출산도 남의 일이다. 백수로 지내며 부모님 뵙기 민망해 서울 가서 쪽방이나 고시원에 따개비처럼 살면서 아르바이트로 겨우 연명하는 자식 이야기를 하며 한숨을 쉬시는 어른들의 이야기를 들으면 나도 가슴이 답답하다.

이 걱정을 어떻게 풀 수 있을까? 내가 살면서 여러 어려운 문제를 만났지만, 정읍·고창에 내려와 부딪치는 이런 문제보다 풀기 어려운 문제는 없었다. 원인을 생각해보면 죄책감이 든다.

나는 고등학교 때부터 매월 한 말 든 쌀자루를 하숙비로 등에 지고 전주로 갔다. 학비를 낼 때면 쌀 판 돈을 받아 학교에 냈다. 내가 서울로 대학을 가면서 한 달에 쌀 한 가마니는 서울로 부치셨을 것이다. 대부분의 농촌 부모님들이 그러셨을 것이다. 소를 팔아 대학 다니는 자식 등록금도 보내주시고 집 사라고 차 사라고 논도 밭도 팔아 부치셨다.

시골이 허리가 휘고 등골이 빠지는 동안 서울은 더 커지고 더 풍족해졌다. 서울에서 취직한 자식들은 연금도 넣고 아파트도 넓혀가고 자식들 과외시켜 좋은 대학 보내는 동안 시골에 남은 부모님은 흙에 엎드려 나날이 늙고 가난해져 텅 빈 우렁 껍데기처럼 야위셨다. 도시로 나간 자식들은 시골로 돌아오지도 시골에 돈을 부치지도 않았다. 비싼 서울의 집값을 쫓아가느라 자식 가르치고 키우느라 시골을 돌아볼 틈이 없었다. 농촌이 갈수록 가난해진 것은 그런 이유도 있다.

신음하는 지방에서 먹고살 길을 어떻게 찾아야 할까? 이것은 비단 정읍·고창만의 일도 아니고 한국의 일만도 아니다. 산업 구조가 변하면서 노동을 필요로 하는 세계 모든 나라가 겪는 일이다.

개인의 잘못도 아니고 개인이 해결할 수 있는 일도 아니다. 국가 정책이 필요하고 지역의 적극적인 호응이 필요한 일이다. 병아리가 혼자서 알을 깨고 나올 수 없다. 병아리가 알 속에서 나갈 준비가 되었다고 부리로 껍질을 두드리는 신호를 애타게 보내면 알을 품고 있던 어미 닭이 밖에서 함께 힘껏 쪼아주는 줄탁동시啐啄同時가 있어야 한다. 국가가 어미 닭이라면 병아리의 부리 역할을 하는 것이 지역을 대표하는 국회의원이라는 생각이 든다.

지역구의 성장과 발전을 이끌고 지역민들의 어려움을 해결하는 것이 국회의원 존재의 이유다. 특히 지방 정부 재정 자립도가 열악한 정읍·고창은 중앙 정부의 예산을 끌어와 해결할 일이 한두 가지가 아니다. 중앙 정부와 예산 줄다리기에서 지역구의 편에 서서 힘껏 줄을 당겨 끌어와야 한다.

국회의원은 세금으로 활동비를 받으며 지역 주민을 위한 일을 하는 공적 존재다. 지역구 의원은 자신의 돈벌이나 출세 발판을 위해서가 아니라 지역민들의 돈벌이, 지역민들의 삶의 질 향상을 위해 의정 활동을 펼쳐야 한다. 국회의원의 활동이 국회의원과 그 측근만 배 불리는 결과를 가져와서는 안 된다.

국회의원은 행정 공무원보다 더 철저한 국회 공무원이다. 공적인 일이 가장 우선돼야 한다. 공공을 위한 법을 만들어야 한다. 사적인 이익을 취할 수 있는 소수 이익 집단과 연관된 법을 대표 발의하거나 공동 발의해서는 안 된다. 좋은 법은 새로 만들고 고쳐야 할 법은 개정하고 없애야 할 법은 폐지해야 한다.

농촌이 지역구인 국회의원은 가장 먼저 농촌을 살릴 수 있는 법을 만들어야 한다. 정읍은 전국 최고의 축사 밀집도를 자랑하면서 축산 악취로도 악명을 떨치고 있다. 귀향했던 사람들이 악취에 쫓겨 다른 지역으로 떠나는 것은 물론 귀향 기피처 1순위가 되었다. 외부인뿐만 아니다.

"설이나 추석이 돼도 자식, 손자들을 오라고 말을 못 헌다께요."

업자들이 이익은 사유화하면서 피해는 사회화하는 이런 일을 1순위로 해결해야 한다. 축산 악취는 10년도 더 되는 골치 아픈 문제였으나 이 지역의 국회의원은 축산 악취 방지를 위한 법 제정 등 제도적 개선 노력을 시도조차 하지 않았다고 한다.

정읍·고창 국회의원이라면 마음 놓고 숨 쉬며 살 수 있는 축산 악취 방지법 제정에 앞장서야 한다. 밥을 못 먹는 것보다 물을 못 먹는 것보다 숨을 쉬지 못하는 것이 더 고통스럽다. 대도시 한가운데 축사가 있었다면 아마 난리가 났을 것이고 이미 법이 만들어졌을 것이다. 축산 악취 방지를 국가 정책 정책으로 만들어 농촌이 구석구석 맑은 숨, 편안한 숨을 쉴 수 있어야 한다.

국회의원은 독불장군처럼 혼자 해낼 수 있는 일이 많지 않다. 정당이 있어야 한다. 자신이 속한 정당의 지지율을 위해 당론을 형성하고 정책을 만들어낼 책임이 있다. 정치적 사안을 꿰뚫어보고 정책의 방향을 제시하는 팀플레이 정신 없이 자신의 이익을 따라 철새처럼 당을 옮기고 부수면서 메뚜기처럼 뛰어다니는 국회의원은 결국 지역구에 피해를 끼친다.

고향의 쌀과 부모님의 땀으로 성장한 내가 할 수 있는 일은 중앙 정부에서 꽉 채운 자루를 고향으로 가져오는 일이다. 그 자루를 풀어 지역을 되살리는 일이다. 집권 여당의 국회의원이 고향을 살릴 힘과 예산을 더 확보할 수 있다는 것은 상식이다. 정읍·고창 지역구와 중앙 정부를 잇는 징검다리가 되고 싶다. 그 징검다리로 더 많은 교류와 변화를 이끌어내고 싶다.

고구마와 핵발전소
─ 언제 사고가 날지 모릉게 사는 것이 겁난당게요

정읍·고창은 영광 핵발전소와 근접해 있다. 노화된 발전소 사고가 자주 나다 보니 주민들의 걱정이 많다. 아예 무심한 사람도 많고 걱정에 땅이 꺼지는 사람도 많다.

"이장이 걱정을 합디다. 발전소가 열이 뜨거워져서 시동을 멈췄다는디 지은 지 오래돼서 여기저기 고장이 나서 그러는 거 아닌지 모르것다고. 쩌그 보이는 지붕이 까논 양파처럼 희게 생긴 저것이 영광 원자력 발전소인디 생긴 지 30년이 폴세 넘었지라. 다행히 발전소를 쉬게 해서 열을 식혔다고는 하지만 내 생각은 그래라우. 무엇인가 단단히 고장이 났으니 그런 사고가 난 것 아니냐. 사람도 병이 들면 열이 나고 그러면 약을 먹거나 병원으로 가거나 그러지라우. 그란디 원자력 발전소가 뜨겁게 달궈지면 강냉이 튀밥 터지듯 발전소가 터져버린다 합디다. 소련에서도 그렇게 터져부는 바람에 지금도 거그는 사람이 못 산다고⋯. 해방되던 해 원자 폭탄이 떨어져 일본 사람들 살이 다 녹고 우물 속으로 뛰어 들어가 죽고 빙신이 돼서 죽었다는 말을 나도 해방 후 일본에서 돌아온 동네 사람헌티 듣고 솔찬히 겁이 나드만. 저 발전소도 사고가 나서 터지면 원자 폭탄 떨어진 거와 진배없다는디. 사람이나 짐승이나 저기 연기에 쐬이면 다 죽거나 녹아버린다는디. 참말로 그 말이 사실인지 아닌지 알 수가 없단 말이오.

쩌렇게 눈에 빤히 보이는디도 아무도 알켜주들 안 헝게. 저 안에서 콩을 튀는지 폽을 튀는지 먼 수로 우리 같은 늙은이가 알것소. 이미 나 같은 늙은이맨치 못 쓸 만큼 낡았다는디 그만 돌려야 허는 것 아닝게라. 이런 걸 알면 누가 옆에 와서 살라고 하겠어라우. 나도 내 자식헌티 손주 델꼬 와서 살라고 말 못 허겠소. 몇 년이나 내가 더 살지 모르지만 내 자식들은 이 땅에 머 심거 고구마도 옥수수도 주고 자픈디. 콩 타작 허면 된장도 담가주고.

저그서 사고 나면 바람 한번 휙 불면 내 코에 닿을 거리 아니요. 숨을 쉬고 살아야 하는디 코를 틀어막을 수도 없고 어찌란 말이오. 이짝저짝 바람 불면 한동네인디 어디로 피해야 하는가. 속이 답답헌 디 차라리 모르는 것이 약인가. 불난리 물난리는 보고 도망이나 가지만 눈에 안 보이는 연기는 먼 수로 피할 거여. 어쩌요? 어쩋게 궁리가 있소? 있다 허면 내가 찍어줄랑게."

주름진 노인이 황토밭에서 고구마를 캐다 말고 하는 소리를 묵묵히 들었다. 고창에서도 영광 원자력 발전소의 둥근 돔이 훤히 보인다. 나는 우리나라의 원전 기술이 그렇게 허술하다고 여기지 않지만 사고는 예측 불가능하기 때문에 원칙을 지키는 것이 가장 중요하다고 생각한다. 그리고 고구마 캐는 노인께서 원전에 대해 이토록 공포심을 갖게 한 원자력 발전소와 지방 행정이 주민들을 대하는 자세가 문제라고 생각한다.

왜 자세히 안전 운영에 대해 설명하지 않는가. 신속하고 투명하며 솔직하게 소통하고 지역 주민의 협조를 구하지 않는가. 감추고 거짓말하는 사이에 의심은 점점 확대되고 의심이 확신이 되게 만드는 것 아닌가. 위험 시설일수록 솔직해질 필요가 있다.

노인은 말하지 않았지만, 영광 발전소의 문제는 열 사고뿐만이 아니다. 최근에 격납고(원전 사고가 날 때를 대비해 방사능이 새어 나오지 못하게 시멘트로 167cm 두께로 발전소를 감싼 벽)에 사람이 들어가 누워도 될 만큼 동굴같이 뚫린 큰 구멍이 발견되었다. 10cm밖에 두께가 안 남았다는데 그것을 수십 년이나 모르고 있었다는 것이다. 작은 구멍은 100개도 더 된다는데 시멘트를 제대로 다지지도 않고 발라 구멍이 숭숭 뚫린 것으로 추정된다. 공사 중에 기본 원칙을 제대로 지키지 못했다는 뜻이다. 부실 공사로 인한 구멍은 다시 공사를 한다 해도 안전 점검이 허술했다는 비판을 면하기는 어려워 보인다.

성수대교가 무너진 까닭도 삼풍백화점이 무너진 까닭도 기본 원칙을 지키지 않은 부실 공사와 안전 점검의 미비 때문이다. 특히 원전은 만에 하나 방사능이 유출되는 사고라도 난다면 상상하기 어려운 피해를 발생시키기 때문에 안정성에 대한 강화는 그 어떤 시설보다도 중요하다.

게다가 정읍·고창은 원전 소재지가 아니라는 이유로 각종 제도적 지원으로부터 소외당하고 있다. 국회에 진출하면 원전을 둘러싼 불합리한 제도를 반드시 바로잡아 방사능 공포로부터 지역 주민이 벗어날 수 있도록 하겠다.

현행법으로는 원자력 발전소가 있는 소재지만 지원 대상이어서 지원을 받는다. 그래서 사고가 나면 방사능 피해를 고스란히 겪어야 하는 바로 옆 3km 거리의 고창과 정읍은 직간접 피해 지역이지만, 영광이 지원받는 지역 발전 시설세를 정읍·고창은 못 받고 있다. 정읍·고창도 지원 대상에 포함해야 한다.

입암의 독성물질연구소에 대해서도 일부 시민은 "1년에 실험실에서 죽어가는 동물이 수천 마리, 수만 마리며 사스, 에이즈, 에볼라 바이러스도 실험동물에 주입되고 있다"며 "만약에 사고가 발생해 세균들이 누출된다면 정읍은 혹성 탈출 같은 위험 도시가 될 수밖에 없다"고 괴담에 가까운 이야기를 한다. 안전성평가연구소도 원래는 원자력연구소로 원자력 발전기가 있지만 공개하지 않고 있는 위험 시설이라고 확신하고 있었다.

완벽하게 위험이 제거된 것은 아니지만 우리의 삶은 기술의 발전이 가져온 열매를 누리고 있다. 위험 사항을 감출 것이 아니라 투명하게 공개하고 설명해 만일에 발생할 수 있는 위험에 대해 숙지시키고 방책을 공유하는 것이 지역에 위치한 위험 시설의 기본적인 임무다. 그 시설들이 서울이나 부산 같은 대도시 한복판에 세워지지 않고 지역에 세워지는 것 자체가 이미 위험을 안고 있기 때문이 아닌가. 지역 발전에 공헌한다며 안전을 위협하는 시설들을 지방에 유치했으면 만에 하나 그 위험에 노출될 수 있는 지역민들에게 친절하고 자세하게 설명해야 한다.

낙후된 원자력 발전소의 위험성은 국가가 책임져야 한다. 그리고 국가 정책의 방향을 제시하며 지역 주민의 안전을 지키는 것은 국회의원의 몫이다. 안심하며 살 수 있는 지역구를 만들기 위해 노력해야 한다.

아기 키우기가 걱정입니다
― 아기는 모두 함께 키워야 합니다

서울 횡단보도 앞에는 정자나무 그늘 같은 그늘막이 세워져 있다. 땡볕 아래 서서 신호를 기다리는 것은 불볕더위에 힘겨운 일이다. 그늘막 아래서 임부가 편안하게 스마트폰을 들여다보는 사진에 몹시 흐뭇한 적이 있었다. 여성이, 노인이, 어린이가 살기 좋은 곳이 결국은 모두가 살기 좋은 곳이다.

우리나라 출산율이 0점대로 떨어지면서 우려의 목소리가 커지고 있다. 정읍도 마찬가지다. 어린아이를 데리고 다니는 젊은 엄마들과 이야기 나눌 기회가 있었다. 눈치 안 보고 아이를 데리고 놀러 갈 넓은 키즈 카페가 있었으면 좋겠다고 했다. 아이를 낳는 순간 홀로 집 안에 유배자가 된다고 했다.

아이를 어린이집에 보내지 않고 집에서 키우고 싶어도 그렇게 되면 무인도에 아기와 함께 고립된 것 같아서 어쩔 수 없이 보낸다고 했다. 또 종일 아이와 단둘이 몇 년을 있게 되면 누구나 저절로 우울증에 걸린다고 했다. 자유롭게 친구를 만날 수도 없고 마음 편히 커피 한 잔, 점심 약속도 할 수 없노라고 둘째는 정말 못 낳겠다고 고개를 저었다.

정읍 같은 시골에서 자라면 우리 애가 서울 같은 대도시에 사는 아이들에게 경쟁에서 뒤처질까 벌써부터 걱정이고, 아이가 휴대폰만 달라고 떼를 써서 걱정이고, 후쿠시마 농수산물이 나도 모르게

292

우리 아기 입으로 들어갈까 봐 걱정이고, 맞벌이하지 않으면 아파트 대출과 자동차 할부금, 아이 교육비도 걱정이고, 아이 키워놓고 무슨 일을 할 수 있을까 걱정이고, 아이는 자라서 제대로 밥벌이할 직장이 있을까 걱정이고….

어느 순간 걱정 대잔치가 돼버렸다. 아이를 낳아 기르는 일이 대한민국에서는 가장 극한 직업인 것처럼 느껴지면서 돈으로 출산을 장려하는 일은 한계가 있을 수밖에 없다는 생각이 들었다. 요즘 부모들은 뱃속에서부터 영어 테이프 듣고 태어날 때부터 영재 교육 듣고 딸, 아들 구별 차별 없이 자란 세대다. 이전의 부모들처럼 희생으로 묵묵한 생을 살았던 세대가 아니다. 출산과 육아로 자아실현이 막히는 데서 오는 우울증과 불안은 모성애 부족, 부성애 부족으로 윽박지를 수 없는 인권 문제라 할 수 있다. 경쟁이 심각한 교육 제도와 환경 문제, 방사능 문제, 스마트폰 등 우리 사회가 갈수록 출산과 육아를 힘겹게 하는 요소들이 존재한다.

"노인복지관이 있으니 할머니 할아버지들은 모여서 식사도 하시고 취미 생활도 하시잖아요. 아기 키우는 부모들을 위한 복지 시설도 있었으면 좋겠어요."

"어떤 복지 시설이 있으면 좋을까요?"

"아기를 봐주고 엄마들에게 마사지도 해주고 요가도 할 수 있고 식사도 제공하고. 아기 안고 업고 하다 보면 몸이 아파요. 밥 차려 먹을 틈도 없어요. 태어나서 가장 열악한 식사를 하고 있어요. 나를 위해서 달걀프라이도 사치라니까요. 달걀이 있어도 그래요."

"수영장을 다니고 싶어도 아기를 맡길 데가 없으니 힘들어요. 아기를 봐주는 엄마 수영반이 생기면 좋겠어요. 아기 키우는 데 돈 많이 드니 아기 엄마는 수영장 할인도 해주면 좋겠어요."

"주말이 돼도 아기랑 놀러 갈 데가 마땅치 않아요. 키즈 카페가 생겼으면 좋겠어요. 애들을 돌봐주는 분들도 있어서 남편이랑 데이트 좀 할 수 있게요."

"순천에 갔더니 자연 놀이터가 있어서 좋았어요. 아이들이 휴대폰 생각이 안 나게 재밌는 놀이터가 있으면 좋겠는데. 기계로 된 놀이기구 타는 것보다 나무에 오르고 큰 줄에 매달리고 또래 아이들과 위험하다 싶은 놀이를 하는 걸 오히려 즐거워하더라고요."

"내장산에 야생 놀이터를 만들어주세요. 그 옆에 키즈 카페도 만들고."

"저도 어릴 때 산속에서 다래 덩굴에 매달려 타잔처럼 소리도 지르고 그랬는데요. 참새 잡으러 초가지붕에도 올라가고 물고기 잡는다고 개울에서 텀벙거리고."

"요즘 아이들은 스마트폰만 있으면 굴에 빠진 파리처럼 빠져나오지 못해요."

"책도 안 읽죠."

"몸으로 놀지도 않아요."

걱정에 마음이 무겁기만 했지만, 또 다른 이야기도 있었다.

"아기 낳기를 잘했죠. 얼마나 예쁜데요."

"딸이 보고 웃어주면 힘들었던 일이 다 녹아버리죠."

"애를 안 낳았으면 세상을 반절도 모르고 살다 갔을 것 같아요."

"동생 낳아주고 싶기도 하고 형편만 된다면 더 낳고도 싶을 때가 있지만 정신 줄 단단히 잡아야죠. 지금 같은 상황에 또 낳게 되면 소용돌이에서 헤어 나오지 못할 거예요."

"금수저, 은수저는 못돼도 흙수저로 만들고 싶지는 않아요."

"어떻게 하면 아기 낳기 좋은 세상이 될까요?"

"출산 연금을 줬으면 좋겠어요. 아기 낳은 부모에게는 연금을 국가에서 대신 내주면 좋겠어요. 아이 기르는 데 돈이 다 들어가니 국민연금도 못 넣고 있어요. 그 생각하면 걱정이죠. 우리도 부모님께 용돈 못 드리고 사는데, 우리 아기들이 커서 엄마 아빠 먹여 살릴 기대는 눈곱만큼도 할 수 없죠."

"저도 그 말에 찬성이에요. 출산과 육아로 직장 생활 못 하는 엄마들에게 육아 수당을 주거나 연금 납부 해주면 마음이 가벼울 거예요."

"솔로인 친구 만나면 애 낳은 거지라고 농담하죠. 그건데 그것이 농담이 아닌 농담인 거죠."

"아이도 엄마도 행복한 세상이었으면 좋겠어요. 미래에 대한 걱정 좀 안 하고 살고 싶어요."

"국회의원 되시면 꼭 출산 연금법 만들어주세요."

"15세 미만 미성년자에게는 법으로 스마트폰을 팔지 못하게 하는 스마트폰 규제법도 만들어주세요."

"공공 예산으로 부모와 아이들이 즐겁게 찾아갈 수 있는 키즈 카페랑 자연 놀이터도 꼭 만들어주세요."

"대학생들에게 생활비도 지원해주고요. 그래야 미래를 걱정 안 하고 아기를 키울 수 있어요."

"아기 키우기 좋은 도시라고 소문나면 인구가 저절로 늘겠죠?"

"국회의원이나 시장이나 출산율이 진짜 걱정이면 아기 엄마들인 우리 마음을 먼저 알아줘야 한다니까요."

"대한민국에서 아기를 낳는다는 것, 이건 단지 돈 문제뿐 아니라 인생 문제라는 걸 알아야 해요."

"다시는 산부인과 의자에 앉기 싫어서 더 아기 안 낳을 거예요."

"남자들은 잘 몰라요."

"예. 좋은 말씀 잘 들었습니다. 제가 더 생각하고 국회의원이 되면 법으로 만들도록 노력하도록 하겠습니다."

어머니는 흙으로 숨을 쉬신다 — 케어팜

어머니가 서울 구기동 연립 주택 담장 옆을 길게 일구셔서 사래 긴 밭고랑 서너 개를 만들어 고추도 심고 상추도 심으셨던 까닭에 나도 도시 농부로 행복한 순간을 보낼 수 있었다. 어머니께서 노후에나마 방에서 발 쭉 뻗고 텔레비전이나 보는 편한 삶을 살게 해드리는 것이 효도라고 내심 생각했던 적이 있었다.

그러나 그것이야말로 어머니에게는 가장 불편한 삶이었다. 물고기가 물에서 숨을 쉬고 살 듯 어머니는 흙에서 숨을 쉬고 사셨다. 해가 뜨고 바람이 불고 비가 오고 계절이 바뀌는 천지자연의 시간에 따라 어머니는 곡식과 채소의 씨를 뿌리고 기르고 거둬 먹고 나누며 생을 사신 것이다.

나 또한 그 좁다란 밭고랑에 토마토를 심고 아로니아나무를 심고 호박과 가지를 따며 작지만 확실한 행복, 소확행의 기쁨을 누렸다.

특히 가짜 뉴스 음해, 부당한 모함, 억울한 처분, 배신과 음모의 인간관계에 직면했을 때 가장 낮은 곳에 엎드려 채소와 작은 풀벌레를 품어 기르는 흙의 겸손함과 너그러움, 생명에 대한 사랑을 깨달으며 나 자신을 성찰할 수 있었다.

철이 바뀔 때마다 꽃이 피고 열매 맺고 시드는 모습을 보며 사람도 때가 있다는 것과 내게서 일어나는 일들 또한 아직 때가 아니어서 발생하는 일일 수도 있다는 여유를 얻기도 했다. 그리고 내가 흙을 묻히며 가꾼 채소와 열매로 김장을 하고 절임을 하고 그 반찬으로 밥을 먹으면서 삶이 온전해지는 뜨거움도 맛봤다.

"어머니가 치매가 와서 아무래도 혼자 지내시기는 어렵겠네."

끊었던 담배를 다시 태우며 깊은 한숨을 쉬는 친구들이 나이를 먹을수록 늘어난다. 우리 또래 중 부모님의 희생, 형제들의 희생으로 공부하고 취업하고 안정된 삶을 사는 이들이 많아서 부모님을 모셔야 한다는 강박감이 남다르지만, 현실은 그렇지 못하다. 맞벌이 부부도 많을뿐더러 아들, 며느리, 딸들도 자식 키우고 이제 겨우 한숨 돌리는 환갑의 나이에 이르다 보니 치매에 걸리신 부모님을 집에서 온전히 돌보는 것은 실현 불가능한 일임을 인정하지 않을 수 없다.

"열 자식이 부모 한 명 못 모신다고, 그 말이 딱 맞는 말이네."

친구는 담배 한 개비를 더 태운다. 형제들의 의가 상하고 부모님은 결국 요양원으로 가는 수밖에 없다.

"고려장이 별것인가. 요양원이 고려장이지. 집에 가고 싶다고 하시더니 이제는 멍하니 침대에 앉아 나도 못 알아보시네. 인지 능력이 급속도로 떨어지는 것이 보여. 꽃이 피는지 비가 오는지도 모르시고 종일 갇혀서 주는 영양식 입으로 떠 넣고 그렇게 하루가 가니….

지난번에는 요양원 뜰에 휠체어를 태워 산책을 시켜드리는데 뻐꾸기 소리가 들리더군. 그 소리 듣고 어머니가 오동나무 꽃필 때라고 밭에 메주콩 심어야 한다고 두리번거리시는데 눈물이 나더군. 어머니 모시고 시골집 가서 메주콩도 심게 해드리고 좋아하는 머윗대도 뜯어 깻국 끓이게 해드리고 싶네.

기억은 깜박깜박해도 평생 몸으로 하신 일은 몸이 기억하니 고향 집에서 사시는 것이 좋지. 요양원은 감옥이나 마찬가지야. 나도 요양원에서 말년을 보내야 한다 생각하면 끔찍하네."

하지만 친구는 직장을 그만두고 처자식을 남겨두고 어머니와 고향으로 내려갈 수 없었다. 빈집에 홀로 남겨두지 못하니 요양원에 남겨두고 도리를 다하지 못함을 자책하며 월요일이면 직장으로 출근한다. 남의 일이 아니다. 내 일이다. 나 또한 친구와 같은 딜레마에 빠지지 말란 법이 없다.

내가 신문에 난 케어팜에 대해 눈이 번쩍 뜨이게 된 까닭이다.

'네덜란드에는 농가에서 치매 환자를 돌보는 케어팜이 1,000곳이 넘는다. 의료진과 복지사들이 방문 횟수를 정해주면 낮에만 농장에서 머무는 낮 케어팜도 있다. 이곳에 오면 일을 할 수도 있고 다양한 사람을 만날 수 있다. 개인이 부담하는 이용료는 한 달에 2만원. 나머지는 정부에서 지원한다. 농장은 자급자족을 원칙으로 운영되는데 치매 노인들은 자기가 할 수 있는 일을 하면서 계속 움직이고 이야기하고 웃으며 돌보기도 하고 돌봄을 받기도 한다.

핵심 가치는 자급자족이다. 한 농장에 등록한 35명은 양상추를 따고 오리에게 모이를 주고 장작을 팬다. 알아서 할 일을 찾는다. 수리공 출신 요한은 공구를 자유자재로 다루며 떨어진 문짝, 고장 난 농기구를 손본다. 재단사 출신 그레타는 '케어팜 친구들'의 옷을 전담 수선한다. "집에 있을 땐 하루가 너무 길었죠. 여기 오면 온몸의 세포가 쿵쿵 뛰는 걸 느껴요"라고 말한다.

병원이 아니라 농장에서 치매 환자가 살면 어떨까? 치매는 100세 고령화 사회의 가장 심각한 질환 중 하나다. 2030년까지 137만 명까지 늘어난다고 한다. 정읍 인구의 10배가 넘는 숫자다. 치매뿐 아니라 중풍 같은 뇌졸중 등 누군가 아프면 가족 중 한 사람은 희생을 감수해야 한다. 케어팜이 만능 해결책이 아니지만, 네덜란드에서는 정부의 복지 서비스 중 가장 손쉽게 이용할 수 있는 선택지가 되었다. 소규모 농가들에 사회적 약자를 불러다 돌봐주고 추가 소득을 얻게 했다. 일거양득의 대안이다.'

지금의 치매 요양원은 침대뿐인 병실에서 침대 하나에 누웠다가 일어나고 영양식을 혼자 식판에 받아 입에 떠 넣는 일상의 무한 반복일 뿐이다. 나의 어머니와 친구의 부모님, 또 나와 친구가 충분히 몸을 움직이고 꽃과 동물, 나무와 채소 곁에 다양한 친구와 어울리며 삶의 마무리를 행복하게 할 방법을 고민한다. 고창과 정읍의 들과 산과 마을을 보며 흙에서 숨 쉬는 케어팜을 상상한다.

우리 곁의 허 황후들 ― 다문화 가정을 보며

"엄마랑 말이 안 통해요." "우리 엄마는 글을 잘 못 읽어 숙제를 도와주지도 못해요."

고향에 내려와 보니 눈이 크고 피부가 까무잡잡한 아이들이 많다. 아버지는 한국인, 어머니는 외국인 여성인 아이들이다.

"아이들은 우리말과 글을 잘하는데 엄마들은 한국말과 글에 서투르다 보니 문제가 심각합니다. 엄마가 책을 읽어주거나 공부를 도와주지 못하니 학습 능력도 떨어지고 유대감도 약해요. 어렸을 적에는 먹여주고 입혀주는 걸로 만족하지만 나이가 들수록 아이들은 엄마와 가장 많은 이야기를 나누면서 성장하는데 어느 순간부터 엄마가 말과 글을 나눌 수 없는 이방인으로 느껴지는 것이죠. 사춘기 아이들은 친구들과 교실에서 겉돌기도 합니다. 아이들뿐 아니라 시부모님이나 남편하고도 대화가 통하지 않으니 외국인 엄마들은 우리나라에서 얼마나 외롭고 힘들겠습니까. 마음이 아픕니다."

고개가 끄덕여지지 않을 수 없는 말이었다. 교실에 다문화 아이들 수가 더 많다는 시골 초등학교 선생님 얼굴은 걱정으로 가득 차 있었다.

우리 집 아이들도 미주알고주알 엄마와 온갖 이야기를 하며 자랐다. 아버지인 내가 모르는 비밀도 많고 나 모르게 엄마가 해결해주는 일도 많았다. 그런데 낳아준 엄마와 낳은 자식이 말이 통하지 않는다니. 그보다 더 큰 슬픔과 괴로움이 어디 있겠는가. 선생님의 말씀을 들은 후로 그 생각이 머릿속에서 떠나지 않는다. 비단 다문화 엄마들의 곤란만이 아니라 다문화 가족 전체의 어려움이 눈에 선했다.

그런 차에 태인에 갔다가 신기한 이야기를 들었다.

태인 허 씨들의 조상은 가락국 김수로왕의 왕비 허황옥으로 지금의 동남아시아 인도의 아유타국 공주였다는 것이다. 우리나라 역사 최초의 국제결혼이었다. 허 황후는 10명의 아들을 낳았는데 맏아들은 아버지 김수로왕의 성을 받아 김해 김 씨로 왕이 되었다. 둘째 아들은 어머니 성을 받아 허 씨가 되었는데 그 30대손 허사문이 고려를 세운 왕건의 사위로 시산(태인)에 정착해 태인 허 씨의 조상이 되었다는 것이다. 그래서 김해 김 씨와 허 씨는 아버지 어머니가 같아 지금도 혼인을 하지 않는다는 이야기였다.

지금 우리나라에 살고 있는 다문화 여성들의 어려움을 듣고 난 후여서 단일 민족이라고 하는 우리나라가 국제결혼 2,000년의 역사를 가진 나라라는 점도 흥미로웠고 외국인 여성이 황후가 되었다는 점도 남다르게 느껴졌다.

지금은 지구가 한 동네인 글로벌 시대이고 한국은 세계 13위의 경제 대국 아닌가. 지금 초등학생인 다문화 아이들은 20년 후 국제 사회에서 외가 나라와 친가 나라를 잇는 소중한 인물들이 될 것이다. 한국인과 결혼한 다문화 여성들은 2,000년 전 허 황후와 다를 바가 없다. 우리들 곁의 허 황후다. 다문화 아이들 또한 한국의 아이들과 마찬가지로 한 집안의 귀한 공주님 왕자님인 것이다.

한국에 사는 이들은 모두 소중한 한나라 사람들이다. 특히 우리 고장은 당나라에 유학을 다녀온 무성서원 최치원의 역사를 봐도 알 수 있듯이 예로부터 국제 교류가 활발한 곳 아닌가.

다문화 가정의 어려움을 알면서 해결 방법을 고민해본다.

무엇보다도 우리말과 글을 자유롭게 배워 쓸 수 있고 역사 문화에 대한 이해를 높일 수 있는 교육 환경을 마련하는 것이 우선일 것 같다. 한국에서 이방인으로 살지 않게 다문화 가족을 위한 다양한 프로그램, 졸업장, 장학금을 상상해본다. 아이들이 1년에 한번쯤은 부모님과 외가를 방문할 수 있게 돕는 방안도 마련해야 하지 않을까? 그래야 아이들이 외가 나라의 친척과 유대감이 생기고 외가 나라의 문화도 배울 수 있을 것이다.

한국에서 전북에서 정읍·고창에서 사는 사람들은 누구나 존중받고 행복할 권리가 있다. 배려 받고 성장하는 속에서 우리의 미래 또한 넓어지고 다양해지고 즐거울 수 있다.

세계 문화유산인 무성서원이 있는 태인에서 다문화축제가 열리고 다문화 여성들의 친정과 시가 사람들이 펼치는 다양한 문화를 함께 즐기는 국제적인 문화 행사는 불가능할까? 누군가 뜻을 세우고 책임 있게 준비한다면 분명 꽃이 필 것이다.

"저는 아빠는 한국인, 엄마는 외국인이에요. 그래서 좋은 추억이 많았어요."

"저는 엄마는 한국인, 아빠는 외국인입니다. 그래서 더 재미있었어요."

"한국에서는 엄마 아빠가 누구든지 정말 행복하게 살 수 있어요. 한국에 태어나서 정말 행운이었어요."

20년 후 다문화 가정의 젊은이들이 웃으며 이런 말을 할 수 있도록 긴 안목으로 정책을 세우고 집행하는 것 또한 정치의 중요한 임무라고 곰곰이 생각한다.

정책을 심는 사람

지금은 성장 신화를 버려야 미래가 보이는 수축 사회의 시대라고 한다. 2017년 정읍시는 축소 도시로 분류되었다. 내가 태어나던 1960년대 28만 명이었던 인구는 50년이 흐른 2018년 기준 11만 명 수준으로 줄어들었다. 지방 소멸 위기를 보여주는 상징으로 언론에 소개되고 있는 것이 정읍의 현실이다. 당장 인구 증가는 세종대왕이 살아온다 해도 불가능해 보인다. 수축 사회 시대에 정치인의 인구 증가 공약만큼이나 공허한 약속은 없는 것 같다. 아무도 성공하지 못한 공약이다.

한 평이 채 되지 않은 고시원이나 쪽방촌에서 사는 서울 인구는 10만 명이다. 서울 인구의 1%가 창문도 부엌도 화장실도 따로 없는, 숨만 쉬어도 옆방 눈치가 보이는 공간에 존재한다. 일용직 노동자들과 최저 임금 아르바이트를 하는 청년 학생들이 바위틈 조개처럼 납작하게 붙어 생존한다.

텅텅 빈집들, 노인들만 남아 있는 농촌과 서울이 서로 상생할 방법은 없을까?

"서울에 해마다 학교를 그만두는 학생이 10만 명입니다. 그 아이들이 어디에서 무엇을 하는 기회를 주는 것이 제일 좋을까요? 시골에 가서 역사와 생태를 눈으로 보고 요리도 해보고 소리도 질러보고 춤도 추고 그런 시간이 필요하지 않겠습니까?

시골에 아이들이 머무를 수 있는 생태학교나 농사학교, 역사학교가 있다면 교류를 하고 싶습니다. 서울에서 일자리 찾는 청년들은 200만 명입니다. 서울 아니라 서울 밖에서 길을 찾아볼 기회를 주려고 합니다. 해마다 수백 명씩 한 달에 200만 원씩 지원하면서 1년 동안 서울 밖에 정착할 곳과 방법을 찾을 기회를 제공하려 합니다. 정읍·고창에서도 함께해주십시오."

지난 8월 박원순 서울시장이 정읍에 와서 나와 함께 토크쇼 도중 시민들 앞에서 한 말이다.

기회와 자격이 주어진다면 정읍·고창의 구체적이고 실질적이며 장기적인 정책을 입안하고 준비하고 실행하고 싶다. 서울과 정읍·고창이 상생하는, 그리하여 대한민국 어느 곳이든 우주의 배꼽으로 동네마다 행복한 중심이 되어 서로 숨 쉬고 활기차게 살아나는 해결 방책을 찾고 싶다.

장 지오노의 『나무를 심은 사람』을 생각한다. 황폐한 황무지에 끈기 있게 나무를 심고 가꿔 그 숲에 물이 흐르고 새가 날아오고 꽃이 피었다. 그러자 사람들이 다시 찾아들어 농사를 짓고 아이를 낳아 기르며 축제를 열고 마을이 만들어졌다. 살기에 행복하고 아름다운 곳으로 사람들은 모여든다. 정읍·고창은 자연이 이미 아름답다. 삶이 행복한 곳으로 만들어야 한다. 엘제아르 부피에 노인이 쉬지 않고 나무를 심었듯 나도 끈기 있게 정책을 심고 가꾸는 사람이 되고 싶다.

당장 시설을 유치해 사람과 돈을 끌어오겠다는 거품 같은 공약이 아니라 100년 밖을 내다보며 자긍심 넘치는 고장을 기획하고 싶다.

소득이 안정되고 학교에서 직장에서 가정에서 또 혼자 있을 때도 편안하고 쾌적한 삶이 가능한 정책은 가능할까? 그저 뜬구름 같은 상상이 아닌 실현 가능한 예산과 방법이 있는 정책을 세우고 난제를 해결하기 위해서는 시간과 능력, 의지가 필요하다.

때로는 예기치 않은 방법으로 문제가 해결되기도 한다. 기계총에 엿을 붙여 치료하듯이 우리 사회의 난제들도 기계총과 같은 것이다. 문제에 대해 깊이 공감하고 열린 마음으로 소통하고 지혜를 모으면 유레카를 외칠 수 있는 정책을 이끌어낼 수 있다고 나는 믿는다.

늦가을

기차 타고 고향 집에 오면 들에는 벼가 노랗게 익어 고개를 숙이고 있다.
푸른 감잎 사이로 바알간 홍시감이 배시시 보석처럼 붉고
석류나무 석류는 또 엄마 보러 왔냐고 이를 내놓고 웃는다
대추도 호박도 달달하게 물들고
수수는 새를 피해 양파망을 머리에 쓰고
코스모스 한들한들 김장배추 푸릇푸릇
밭둑에 어머니는 들깨를 타작하고 계셨다.

고창 중산리 이팝나무

하지에 심은 모포기가 뿌리 내리는 입하
고창 대산면 중산리 이팝나무 덩실덩실 꽃핀다

오래전
배고픈 시절에 보아서 잊히지 않는가

만 명이 숟가락 들고 달려들어도
산만한 저 흰쌀밥 산더미
한 구탱이도 축내지 못할 거여

괴치의 손화중 농민군들
저 꽃나무 지나 무장으로 갔다 허지 않능가

천하만민 배부른 세상을 만들어볼라고
어쩌코롬 나라와 백성 살려볼라고

논둑의 노인이 그렇게 일러주셨다.

어머니 - 봄날 월담

개는 짖는데 어머니는 대문을 열어주시지 않는다
살구꽃은 환한데 불이 켜지지 않는다
막차로 도착하여 택시 타고 도착한 고향 집
어머니 뜬눈으로 기다리실까 전화 없이 도착한 집
온 동네 개들이 따라 짖고 어머닌 기척이 없으시고
봄밤에 담을 넘는 일은 어린 시절에도 못해본 일
보청기를 빼놓고 잠드신 어머니
불을 켜니 그제야 눈뜨시고
꿈인지 생시인지 한참을 그대로 누워 쳐다보신다
어머니 준병이 왔어라우
아이고 내 새끼 밥은 묵었능가
환갑이 내일모레인 아들이
담장을 넘어 고향 집 어머니 옆에서 단잠을 잔다

영원의 진달래 고분

그 옛날 삼한의 사람들은 사랑하는 이들을
차마 얼굴에 흙 뿌려 땅에 묻지 못했다.
돌로 방을 지어 그 안에 눕히고 문을 닫았다.
살살이꽃, 숨살이꽃, 뼈살이꽃 들고
바리공주가 오길 기다리는 동안
겨울이 가고 봄이 와 눈물도 아물었을 것이다.
지금도 영원 천태산
나지막한 구릉 돌방무덤 문 앞에는 분홍 진달래가 핀다.
가끔씩 서늘한 돌방무덤에 눕는 이들이 있다.
숨이 멈추면 또 다른 세상으로 건너가는 것이라고.
물처럼 바람처럼 살다 갈 일이라고
해탈과 초탈이 그 안에 있다고.

어머니 - 겨울 천원역

내 새끼 왔능가
한밤중 마지막 열차에서 내리면
호야등을 들고 기다리시던 어머니
내 손을 잡아보고
내 얼굴을 쓰다듬어보고
얼릉 집에 가자
시라기국에 저시사리 무쳐놨응게
이불 아래 묻어놓은 밥그릇
증조부 제삿날은 음력 섣달
천원역은 눈발 흩날리는 날 많아
호야등 앞세운 어머니 손 잡고
노루처럼 네 발자국 딛던 밤길

똥 냄시의 비극

똥 냄시 숨이 막힌다고
추석에도 아들딸 손자가 올 생각 안 허고
올라오라고만 허는디
그래도 추석은 나락 익고 감 익고 대추 익고
고향 집 마당에서 달 보고 꽃 보고 해야 추석 맛인디
숨을 못 쉰다 헝께 어쩌 것서라우
나도 밥을 묵다가도 바람 한 번씩 불어오면
에욱질에 숟가락을 놓는디
저 도야지들이야 살제 주인들은 여그 살간디요
산다면 이라고 냄새 핑겨 지도 숨 못 쉬제
연변의 조선족 부부가
개처럼 벌어 정승처럼 쓰자고
꾹 참고 돼지막 지키고
주인이나 아들 손자 모두 다
시내에서 젤로 값나가는 아파트서 산다요
거그는 이런 똥 냄시 안 낭게
우리 같은 늙은이들 다 죽으면 냄새난다고 허는 입들도 없을 거라고
세월만 가라고 험서 콧배기도 안 비칭게라요.
돈은 그놈들 차지고 똥 냄시는 우리 차지지라우
참말로
콧구멍만 비틀어 막고 죽을 날 기다리고 있소

무장읍성

내가 할아버지가 된다면
어린 손주 데리고 오고 싶은 성
성루에 올라 연 자세 풀어가며
연 날리는 법을 알려주고 싶다
토끼풀 꽃 깔린 언덕에서
손가락에 꽃반지 묶어주고
수백 년 느티나무마다 매미 우는 여름엔
무장객사 마루에 팔베개하고 누워
전봉준과 손화중의 이야기를 들려주고 싶다
해마다 봄 여름 가을 겨울 오고 싶다